吉永進一セレクション

Yoshinaga Shin'ichi Selections

第二巻

横山茂雄編

洗脳・陰謀論・UFOカルト

吉永進一

国書刊行会

はじめに

横山茂雄

『吉永進一セレクション』第二巻にあたる本書には、八篇の論考と一篇のインタヴューを収録する。各篇の初出の時期は一九九一年から二〇二一年、すなわち、著者の三十代半ばから最晩年に及ぶ。ただし、内容に即して三部に分ける構成としたので、必ずしも初出の年代順には並んでいない。また、掲載された媒体が紀要、論集、一般誌など様々にわたるため、各篇のスタイルはかなり異なる。

第一部「一九七〇～九〇年代のカルト的場」には、「日本の霊（スピリチュアル）的思想の過去と現在――カルト的場の命運」（二〇〇二年）と「余はいかにして「類似宗教学者」になりしか――吉永進一インタビュー」（二〇一一年）の二篇を収める。前者は、宗教社会学の用語「カルト的場（cultic milieu）」をキーワードに、欧米からの影響を踏まえつつ、明治から一九九〇年代までの日本における霊的思想のおよその流れを辿る。著者自身の若き日の実体験に基づいて論じられるのが大きな特徴をなす。後者は著者に対する長いインタヴュー――「類似宗教学者」とは著者が自分を称するのに用いていた言葉である。こちらはさらに自伝的内容に富んでおり、著者の研究がいかにして形成されたのかが具さに語られる。なお、著者の来歴に関しては、本書巻末の編者解説で大幅な補足をおこなっているので参照されたい。

第二部「カルトと洗脳」に収めた「US新宗教団体洗脳説を洗う――信者は本当に人格を変えられてしまうのか?」(一九九二年)、「回心と洗脳――救済と心理学の関係について」(二〇〇一年)、「記憶の中の悪魔――「悪魔教恐怖」論」(一九九九年)の三篇は、いずれも「カルト」――現在の日本で一般に流通する意味、つまり、オウム真理教などに代表される集団――をめぐる諸問題を扱う。換言すれば、「信じる」とはいったい何なのかという根源的な問いに関する考察となっている。

第三部「陰謀論とUFOカルト」冒頭の「ユダヤ・メーソン陰謀論の誕生」(一九九一年)は、題名の示す通り、十八世紀後半から十九世紀にかけての欧米におけるイリュミナティ、ユダヤ・フリーメーソン陰謀論の略史。続く三篇「円盤と至福千年――ヘヴンズゲイト論」(一九九八年)、「円盤に乗ったメシア――コンタクティーたちのオカルト史」(二〇〇六年)、「陰謀論と円盤をめぐる、二、三の事柄」(二〇二一年)は互いに密接に繋がる内容で、いずれも内外のUFOカルトやコンタクティーに焦点を当てて、その千年王国思想、終末論、さらに右派思想、陰謀論などとの結びつきを検証、分析する。

第二部、第三部に収められた論考は著者が長年にわたって追及してきたテーマ群を核としており、貴重な情報、独自の所見を含む。のみならず、昨今の状況を鑑みるにつけ、きわめてアクチュアルな意義を有するものと信じてやまない。

洗脳・陰謀論・ＵＦＯカルト　§目次§

はじめに　横山茂雄　i

I　一九七〇~九〇年代のカルト的場——或る「類似宗教学者」の回想

第一章　日本の霊的(スピリチュアル)思想の過去と現在——カルト的場の命運　5

第二章　余はいかにして「類似宗教学者」になりしか——吉永進一インタビュー　31

II　カルトと洗脳

第三章　US新宗教団体(カルト)洗脳説を洗う——信者は本当に人格を変えられてしまうのか?　121

第四章　回心と洗脳——救済と心理学の関係について　131

第五章　記憶の中の悪魔——「悪魔教恐怖」論　153

III　陰謀論とUFOカルト

第六章　ユダヤ・メーソン陰謀論の誕生　187

第七章　円盤と至福千年——ヘヴンズゲイト論　203

第八章　円盤に乗ったメシア——コンタクティーたちのオカルト史　235

第九章　陰謀論と円盤をめぐる、二、三の事柄　269

凡例

一、誤植や明らかな間違いなどは訂正し、さらに、意味を明瞭にするために句点を整えたり、改行をほどこすなどの編集をおこなった。

一、表記の不統一や不整合については、はなはだしい場合を除き、原文を尊重してそのままとした。

一、欧米の人名のカタカナ表記は、基本的に『リーダーズ英和辞典』（研究社）及び『リーダーズ・プラス』（研究社）に準拠して統一した。ただし、両辞典に立項されていないものについては、その限りでないし、著者の表記法を残した場合もある。

一、各論文名は基本的に初出のままであるが、本セレクション全体の体裁を統一するために、見出しを新たに加えたり副題を付けるなどした。

一、引用文は、欧語文献と邦語文献の双方において、可能な限り原典と照合し修訂した。

一、引用文が旧漢字・旧仮名づかいの場合は、著者の方針にしたがって、常用漢字・新かなづかいに改めた。

一、初出時の本文における（　）に入った長い註記は、本セレクションの体裁を整えるために、巻末註に移動した。

一、〔　〕は、編者が不明瞭な文意を補ったり簡潔な註を付けたりするのに用いた。

一、和暦には（　）内に西暦を補った。

一、書誌情報や出典は、可能な限り補った。

一、初出時に挿入されていた図版は基本的に収録しなかった。

洗脳・陰謀論・ＵＦＯカルト

I

一九七〇~九〇年代のカルト的場——或る「類似宗教学者」の回想

第一章　日本の霊的（スピリチュアル）思想の過去と現在——カルト的場の命運

はじめに——一九七四年のブックリスト

手元に一冊の小さな同人誌がある。一九七四年にある学生サークルから出されたもので、『オカルト・ブック・リスト』と題されている。(1) 全一八ページで手書き、ガリ刷りという素朴な体裁ながら、序には「オカルト（未知なるもの）から、物見遊山以上のものを学びたいという願いがそこにはある（中略）我らの時代を〈人間の時代〉にすべく生きる全ての人に贈りたく想う」と大真面目に謳われている。その内容は、円盤コンタクティーのアダムスキー、予言者ノストラダムス、スプーン曲げの超能力者ユリ・ゲラー、古代宇宙飛行士説（宇宙人が文明をもたらしたという説）のデニケン、ムー大陸、ソ連の超心理学などの際物、『老子』、『荘子』、『易経』、『法華経』といった宗教経典、神智学を紹介していた三浦関造の一連の著作、眠れる予言者エドガー・ケイシー、インド系宗教のヨガナンダ、霊的教師クリシュナムルティ、正食の桜沢如一、白光真宏会の五井昌久などの霊的指導者の著作、さらに当時のベストセラーの中から、自己啓発的に読まれた寓話『かもめのジョナサン』、こういった本がそれぞれ短いコメントと共に紹介されている。

現在、こうした類の本は書店の精神世界の棚に行けば、リストアップしきれないほど並んでいるが、『ザ・メディテーション』誌（平河出版社）が「精神世界」という語を用い始めたのが一九七七年と言われる。精神世界と呼ばれる知識が流通し、セラピスト、ヒーラー、チャネラー、グルらと、ワークショップを遍歴する人々（クライアントやオーディエンスたち）から構成されるネットワークが本格的に出現するのは一九八〇年代に入ってからだろう。このブックリストは、その直前に出されたものであるが、アダムスキーからクリシュナムルティまでを含めた、そのセレクションには、「序」に謳われたとおり、げてもの扱いされる分野から実践的な知恵を引き出し、自らと社会を成長させようという理想と意気込みがうかがえる。日常倫理から限界を越える超心理までを含めて「こころ」を考えようとしていた彼らは、今ならオカルトというよりスピリチュアルと形容できるだろう。

新しい霊的な運動は、一九六〇年代のアメリカにおいて、ドラッグ経験と学生運動の敗退から、東洋宗教や西欧の魔術、あるいは霊的な心理療法へと若者たちが向かったことから始まると言われているが、当初はニューエイジという言葉もなく、オカルト、スピリチュアルといった語が一般的であった。日本においても、高学歴のエリートが対抗文化あるいは学生運動を経て、人民の中の代替知を発見したという図式で語られることもある。一九六〇年代までの、マルクス主義、実存主義などで固めた学生たちの教養が解体し、山岸会などのコミューンへの参加などを経て、その後の新霊性運動が用意されたともいわれる。もっとも、ここで紹介した『オカルト・ブック・リスト』を編集した学生たちは、そうした「教養」の風土とは無縁の場から出てきた。

一九七〇年代半ば、ユリ・ゲラーやデニケン、桐山靖雄の密教、コリン・ウィルソンの『オカルト』（新潮社、一九七三年）などによるオカルト・ブームに触発されて、いくつかの大学にUFO超心理の研究団体が誕生し、このサークルもその一つであった。一面ではアメリカの流行に合わせて〔雨後の〕筍のように出現した流行であり、交流していた団体や能力者たちも若者が多かったが、サークルの周囲には昭和三十年代の円盤ブームから続く研究団体や円盤カルト、戦前からの歴史を持つ心霊研究協会など、古くからの「場」も存在していた(2)。

このサークルは二重構造になっていた。中核にはブックリストを編んだ求道者的な学生がいたが、周辺には好奇心から参加した学生たちがいた。今から振り返ると、前者の学生たちは、意識と文明の進化を信じ、科学と宗教の合致する地点を探り、組織に属することなく、個々人の自由な自己実現による精神運動を目指したという、まさに島薗進のいう新霊性運動の典型例であった(3)。魚座の時代から水瓶座の時代へ、物質的な世界から精神的な世界へ、が彼らの標語であった。

それに対して、後者はESP実験の統計処理を行う科学主義者とブッキッシュな実証主義者たちの集団で、いわばスケプティカルな学生たちといえる。時に後者の学生は、前者の学生の説教臭さに鼻白むこともあったが、しかし、いずれにしても世間離れしたサークルであったのは間違いない。

スピリチュアルな学生たちは、決まったグルがいるわけでも、アメリカでのヒッピー体験などがあるわけでもなく、ネットワークの中を浮遊しながら、わずかな出版物と口コミから情報を積極的に吸収し、霊媒と宇宙人とヨギの哲学で自己を形成しようとしていた。先に挙げたブックリストでよく読まれたものは、アダムスキーが金星人から伝えられた宇宙哲学、エドガー・ケイシーのリーディング（催眠状態での霊的メッセージ）、そしてベアード・T・スポールディング『ヒマラヤ聖者の生活探求』（全五巻、霞ケ関書房、一九六九年）などであった。スポールディングは、今も読まれ続けるベストセラーだが、日本の仙人よりもヒマラヤの行者への憧れが先行していたのは、インド、ネパールが精神的に高い土地であるというイメージが流布していたからだろう(4)。

彼らは、その後、サークルとは別の組織を作り、小さなミニコミ誌を刊行し、本格的に新しい精神運動を開始しようと試みた。そのまま進めば、グル不在のまま、自分たち自身が求道者から導師へと成長していったかもしれないが、中心メンバーの就職が決まり卒業すると、組織は簡単に解消していった。

さて、スケプティカルな学生たちはどうしたかと言えば、やはり卒業し就職していった――で、話は終わらない。正直に書いてしまうと、現在、この文章を書いている私も、その一人であった。とはいえ「回心」したわけでもない。他人事のように言えば、歴史に対象を求めることで、スケプティカルとスピリチュアルの間の曖昧なスタンスを保ったまま、現在に至る、ということである。ただ、「間」にいることで得られる視点もあり、中には有用なものもあるかもしれない。

ともかく、数年間、自称円盤コンタクティーや自称超能力者たちと会話した経験から、私が興味をもったのはこういうことである。宗教でもなく、束縛もないが、一定の傾向をもった知識が流通し、各自がそれぞれに合わせて知識を採取し編集し、時には共鳴者を獲得できるような場[5]――それはニューエイジ、精神世界、あるいは島薗進のより包括的で普遍的な用語を借りて言えば新霊性運動と呼ばれるものの原型――に、私は偶然参入する機会を得たわけだが、この場は、どこからどう発生してきたのだろうか。その先行形は何であったのか。もちろん欧米からの輸入品がその大枠をなすにしても、何らかの日本的なものに接木して定着したはずであるが、その根は何であったのか。そして、ニューエイジ、精神世界を「新しさ」から切ることができるならば、逆にそのような霊的な運動を「古さ」から切ることもできないか。そこに、歴史条件に関係ない、人間的な状況の馬鹿馬鹿しさと、その中の希望と美しさとを見ることができないのか。以来、そう考えてきた。もっとも、それは長い話になる。ここでは日本におけるカルト的場の概要を、世界観と歴史と現代にわたって簡単に説明してみたい。

1　世界観

秘教思想からオカルト・メタフィジカル思想への流れ

まず、どういう思想が、このような場の背景に想定されるのか、欧米の場合を簡単におさらいしておくと――。

「秘教」〈esotericism〉と総称される、十九世紀より前のヨーロッパ大陸における、占星術、カバラ、薔薇十字主義、錬金術、メーソンなどの思想と行法が、まず核としてあるとされる。十八世紀は革命と理性の時代の裏側で、秘密結社を場として、さまざまな秘術が盛んに行われた。自然の中の潜在力を認め、そこに操作的に関与することで自らを変容させるような術と知識が蓄積された時代であり、とりわけ影響力の大きい人物がスウェーデンの神智論者（聖書の幻視的解釈を行う者）スウェーデンボルグと、ウィーンの医師で催眠現象の発見者メスマーである。前者は天界や地獄に往来し、天使と会話したことで有名であり、いまだに彼の霊界記録は読まれ続けている。後者は催眠現象の発見者であるが、彼の体系は動物磁気という生命エネルギー流体を基礎にした疑似物理学的なものであった。

十九世紀中葉以降、アメリカで新たな霊的運動が発生する。スピリチュアリズムと神智学とニューソートである。霊媒による死者霊との交信を中心とした素朴なスピリチュアリズムの信仰体系は、簡便さ、開放性の点で、それ以前の秘教的伝統から大きく変わった。神智学は、ヘレナ・P・ブラヴァツキーとヘンリー・S・オルコットが一八七五年にニューヨークで結成した神智学協会に始まる。スピリチュアリズムから出発した運動だが、急速に秘教的色彩を強め、七九年に二人がインドへ移ると東洋宗教を加え、ブラヴァツキーは、西洋と東洋の宗教と秘教の百科事典的な（しかし理解し難い）知識体系を構築した。ニューソートは、精神の操作による治病法として始まったが、治病だけでなく、健康法、精神修養法、成功哲学として展開し、積極的思考などの大衆的心理学もその末裔に当たる。さらに一八九三年の世界宗教大会を機に、インドのヨガが直接紹介されるようになる。この時評判を呼んだヴィヴェーカーナンダがヴェーダーンタ協会を設立し、急速に支部を増やしていく。二十世紀はじめのニューソートとヨガの流行は、当時のアメリカ人が身体と心理的操作技法をいかに渇望していたかを示している。

二十世紀初頭までに、アメリカでは、通信教育と出版によって、こうした秘術や秘教が市場に流布し、カードはすべてテーブルの上にさらされていた。その中でこれらの思想は自由に再編集され、さらに新たな霊的な思想をもたらした。それはメタフィジカル思想と総称されているが、二十世紀前半、西海岸を中心に非常に多くの霊的、オカルト的出版物が一般向けに出されている。カルマ、輪廻、複数の身体、意識の進化、超人の存在、オーラなどの神智学系のアイディアは、そうした出版物を通してさらに一般に広まっていった。このようなアイディアがニューエイジに受け継がれたことは言うまでもない。アメリカの新宗教研究者Ｊ・ゴードン・メルトンは、ニューエイジは結局この「オカルト・メタフィジカル」思想に根ざすと、指摘している。現在でも、書店の分類で、日本の「精神世界」に当たる棚は、西海岸では〈metaphysical〉東海岸では〈occult〉となる場合が多い。

メタフィジカル思想の特徴から見た欧米と日本の相違点

　このメタフィジカル思想が、ニューエイジの場を提供したのであり、日本の精神世界の場もその流れを引いていると考えることができる。さらに言えば、その思想上のコアは十八世紀から現在まであまり変化せずにきたように思われる。そこから基本的な三つの特徴を取り出して、日本と欧米の差異について少し触れておきたい[6]。

　第一の特徴に「照応（コレスポンデンス）」あるいは「感応」と呼ばれる原理がある。AとBとの離れた存在の間に、何か因果的には説明できない作用が働く。時間的に働く場合は予言ともなり、空間的には魔術や、超心理学でいうテレパシーにもなる。

　西欧の霊的な思想では、このような世界観を説明する際に、「不可視の流体」で説明することがある。もちろん、逆に、そうしたメカニズムを立てずに、因果論とは別のルールが宇宙の根本には働いているのだという説明も可能であり、ユングのシンクロニシティはその例である。しかし、そうした少数の例を除いて、何らかの疑似因果関係を想定する場合が多い[7]。特に「流体が充満した宇宙や人間社会」は頻繁に出てくる。たとえば、大気電流を吸収する永久機関を製作した十九世紀の霊媒J・M・スピア、戦後、大気中に充満するオルゴン・エネルギーを操作する機械を製作した精神分析医ヴィルヘルム・ライヒに至るまで、ほとんど形をかえずに繰り返されている。

　ところで、いくつかの文献を読んで気づかされることは、欧米のメタフィジカル思想では流体のメカニズムが重視されるのに対し、日本の宗教思想ではその点があまり重視されないことである。

日本の新宗教には「生命主義」と総称される特徴があり、大いなる存在から人間に向かって生命が流れているといった信仰がある。しかしその生命の流れについての細かな論は不在で、むしろ生命の源泉の存在それ自体が救済となり感謝すべきものとされる。

ハネグラーフは、西欧ではデカルト的哲学によって一旦脱神秘化された世界観との対決が、秘教思想の方向に影響を及ぼしたと指摘している。要するに、近代科学の宇宙観では万物はばらばらになっている。これがどういう仕組みでつながるか、何か説明原理が必要とされる。一方、日本では、霊的思想とデカルト的な批判的思考が同時期に流入してきたが、近代以前の宇宙観が残存しているために、「つなげる」部分の説明が不要になっているのかもしれない。

第二の特徴は、人間の神性である。ニューソート、神智学などに大きな影響を与えた超絶主義者ラルフ・ウォルド・エマソンが有名であるが、霊的な思想では、一般的に、人間の霊性には神的な部分があると説かれる。しかし人間の内面が神的なものだけでないことは、誰でも知っている事実であり、むしろ神性は獲得しにくいものである。神智学は、人間の身体＝意識の連続体を七層で構想し、その上位部分のみに神性を置くことで、この欠点を克服しようとした。この人間観は、現代のトランスパーソナル心理学者Ｋ・ウィルバーに至るまで続く。

ところでこのような内的神性の発想は、人の原罪を強調し、神と人との断絶を重視する主流派キリスト教、とりわけカルヴィニズムとは対立する点である。ところが日本においては、この発想は大乗仏教の本覚思想（あらゆる存在に仏性があるという説）や、さまざまな形の精神力主義などを経て、戦前のメインカルチャーの一部になっている。現在では、これが脱力して、「そのままの悟り」といった表現で続いている。さらに視野を広げれば、自然物に霊性を認めるアニミスティックな発想につながり、この思想の裾野は広い。その点は、日本とアメリカの大きな相違である。

第三の特徴は、他の教義に対してキリスト教のように排他的ではなく、包含的という傾向である。神智学の場合は、超古代に存在した一つの真理が現在さまざまな形で発現しているので、逆に世界の宗教や哲学を比較研究することで、その真理に至るとされる(8)。

思想の比較は類似物の結合につながる。発見の喜びと驚きとともに、一つの思想は類似した他の思想をもたらす。その結果、最初のブックリストにも挙げたように、沈没大陸と超心理と円盤といったさまざまなカードが机の上に散乱することになる。そうした場に、ときおりカリスマが現れて、テーブル上に線を引き、カードを集め、そこに形を与え、全体を意味あるものにする。線がはっきりしていればその体系は安定するが、想像力の躍動や驚異の念は薄れていき、最終的には天使の数を数えたスコラ学のように、「霊的な」という形容詞だけが残り、内閉し、退屈な知識となる。霊的な思想全体が物質主義的な世界観の代替パラダイムとされることは多いが、実際には、その中でも小さなパラダイム交替が常に生起している。

さらに、もう一点。アメリカでは、ニューエイジャー、キリスト教ファンダメンタリスト、科学主義的な懐疑論者の三者が鼎立しており、ファンダメンタリストと懐疑論者のニューエイジ批判は、日本では考えられないほどに凄まじいものがあるが、しかし日本では、懐疑論者が育つほどには、批判的思考も魅力あるものとは思われていない。そのために自己意識も境界線もはっきりせず、文化全般にそうした傾向が広がっている。そのような点が、アメリカと日本の似て非なる部分かもしれない。もっともそれは最初からそうであったが。

2　歴史

明治二十年代——日本仏教界が果たした欧米秘教思想の輸入

日本に欧米の秘教思想が伝わったのはかなり古い。神智学協会は一八七九年インドに本部を移し、会長オルコットは翌年からスリランカで仏教復興運動を起こして大成功を収めている。明治十九年（一八八六）に彼の『仏教問答』（仏書出版会）が邦訳されたことが契機となって、低迷していた日本仏教界を改革するために、京都の平井金三が、明治二十二年（一八八九）、オルコットを招聘する。もっともこの時、彼は仏教護教者の役割に徹し、神智学を伝えたわけではない。

明治二十年（一八八七）、これも京都であるが、西本願寺の普通教校に反省会という組織ができている。明治最初の組織的な仏教改革運動である。この会の関係者が、接触に成功した海外「仏教徒」からの寄稿を集め、月刊誌『海外仏教事情』を創刊している。海外の仏教者とは、ほとんどが神智学徒に他ならなかった。実は戦前、戦後を通じて最も多くの神智学文書が翻訳掲載された雑誌は、この『仏教事情』と『反省会雑誌』であった。また、秘教的スウェーデンボルグ主義者フィランジ・ダーサ（スウェーデン系アメリカ人のペンネーム）の主著『瑞派仏教学（スウェーデンボルグ・ザ・ブッディスト）』（博文堂）が明治二十六年（一八九三）に翻訳されているが、この一種の対話編は、スウェーデンボルグはチベット仏教徒であったという前提で、さまざまなオカルト文献を混ぜ合わせた一大オカルト奇書である。しかし、これらの翻訳はいずれも跡形もなく忘れ去られている。

もっともその影響はすべて消えたわけではなく、影響を受けたと思われる人物の一人が鈴木大拙である。大拙は渡米後に、別の秘教的スウェーデンボルグ主義者と知り合い、帰国してからは、明治四十三年（一九一〇）から立て続けに四冊の翻訳と一冊の研究を出版することになる。さらに、その大拙訳『天界と地獄』（英国倫敦スエデンボルグ協会、一九一〇年）をかなり忠実に利用したのが、出口王仁三郎の『霊界物語』である。特にその四七、四八巻には、この書の影響が色濃く見られるという。(9)

ともかく、明治二十年代は、仏教復興と同時に、井上円了が妖怪学研究と迷信撲滅を開始した時期でもある。当時はクリティカルな思考、科学的思考が新しい思想であり、魅力で輝いていた。それが変わり始めるのは明治三十年代後半から四十年代にかけてであった。

明治三十・四十年代――催眠術と修養の流行

その一つの表れが、催眠術の再流行である。当時催眠術は心身全般の病気の治療法として効果を挙げていたが、中でも霊術家の元祖と言われる桑原俊郎（天然と号した）は、治病から一歩進んで、精神力によって物理的な現象を起こすことにも成功し、彼の弟子の内一人は念を凝らして家屋を震動させることもできたという。明治三十六年（一九〇三）から『精神霊動』などの著作を出版しているが、その思想は大正の霊術時代を予兆するものとして触れておく必要がある。

まず、個人の精神の内奥と大きな我が同体であるという理論に立つ。これは霊術一般に共通の精神観である。そして、それまで流体的、疑似物理的であったメスメリズムの説明枠組みを、日本的なアニミスティックな枠組みに置き換えて、換骨奪胎する。催眠術は精神が精神を操作する術であるが、無生物にも意志があり、その意志を操作することで物理現象を起こすと彼は説明している。

物、皆、共通の精神あり、大活動心あり。（中略）此の精神は万象一如である。(10)

先に述べたように、欧米の近代の秘教思想には、デカルト以後の宇宙観がその出発点にあり、それとどう対決し、どう解体していくかという戦略があった。対して桑原の場合は、いまだ魔術的な世界観が残存している。彼が超克すべきは自らの前近代ではなく、押しつけられた近代性であり、それは西欧の最新科学によって克服できるとされる。

西洋的物質的研究の為めに掩われて、説けば迷信と云われ、語れば愚と評せられて、東洋の哲学宗教は、維新以来、我国では屛息して居った。処が、その迷信と云っておったことが事実と

なって、今、西洋で驚き始めたのである。(11)

何ゆえに、戦前の日本の霊的思想は、日本の外に真理の中心を求めなかったかは、この一文でも分かるだろう。日本こそ霊的思想の中心という説は、たとえば大本時代の浅野和三郎が神智学を評して、九分九厘まで正しいが、大事な一厘が欠けているとしたように、その後も根強く続く。これを最終的に総括したのは、敗戦後、日本は物質で負けたのではなく精神力で負けたと評した鈴木大拙である。

ところで日本の場合、そのような奇跡的現象を専らとする修験や行者などの職能者は存在していたわけである。天然は、専門外の者であっても煩瑣な儀礼がなくても奇跡的現象は可能であり、それは単に精神力によるのだ、と喝破している。桑原の功績は、要約すれば、催眠術の限界を広げ、こころを超えた領域にまで踏み込み、心身の技術を一般に開放し解体、再構築したことである。宗教臭さ、迷信臭さのない、論理的、主知的な解説文、書籍を購入するだけで誰にでも実践可能な方法、こういった点が彼を霊術という近代的な心身技法の祖としているのである。

もう一つの時代の変化を告げるものは修養の流行である。現在、修養と言えば、日常的な倫理、精神的な態度の涵養に過ぎないが、当時はそこに身体の操作法も加わっていた。学問と身体の作法を統一的に学ぶ儒学の伝統がよみがえったとも思われるが、ともかく、明治末年にかけて、新渡戸稲造、松村介石などの精神訓話と同時に、岡田虎二郎の岡田式静坐法、二木謙三、藤田霊斎の腹式呼吸法、さらに参禅会が、教師、学生などの間に大流行を見た。

とりわけ岡田式は実業之日本社から出た解説本が大ベストセラーとなり、明治四十四年（一九一一）で入門者二万人に及んだといわれる。静坐法は、禅とも儒教の静坐とも異なり、彼独自の方法であった。興味深いことは、呼吸法を行っていく最中に、身体が自動運動を起こし、座敷を跳ね回る者が続出したことである。さらに、呼吸法をしていると千里眼などの能力が発揮されるとの噂もあった。おそらく、宗教的ではないが霊的というような場が成立したのは、この静坐法からではなかったかと思われる。岡田は教義を体系づけることはなかったが、岡田の語録を読む限り、単なる病気治しでも精神の問題でもない、しかし今までの宗教では表されない何か、日常を越えて本来的な自分（内的霊性）を発揮していく方向を示唆していた。

こうした予備段階の上に、本格的にカルト的場が形成されるのは、心霊、霊術、霊学という相通じ合う三つの言葉が流行した大正年間になってからであろう。

明治末から大正期――オカルト・ブーム

心霊研究関係の著作が多数出版されたのは、明治末から大正終わりにかけて、欧米で再流行した心霊研究が遠因となり、明治四十三年（一九一〇）の福来友吉の千里眼事件が直接の契機となっている。先に挙げたように大拙がスウェーデンボルグの翻訳を開始するのが明治四十三年であり、ブラヴァツキーの『霊智学解説』（博文館）も同年である。心霊哲学者、高橋五郎も同年から多数の著作を出版している。オリヴァー・ロッジ、H・カーリントン、メーテルリンクなどが翻訳され、哲学、思想系の指導的学者たちが寄稿していた『丁酉倫理』誌には、早稲田の岸本能武太による岡田式静坐法の連載記事と、欧米の動向として心霊研究関係の記事も盛んに紹介されていた。

実際の心霊研究は、二十年代に神智学を紹介した平井金三が、明治四十年（一九〇七）に、道会というキリスト教と東洋宗教の折衷的な新宗教を興した松村介石と共に設立した「心象会」がその嚆矢である。欧米の心霊研究の方法に倣って、特殊な能力者ではなく、普通の人々の透視やテレパシー能力を実験していた。福来友吉が大学の職を辞してからは、大学人で彼の後に続く者は消えてしまい、日本の心霊研究は、霊媒と交霊会中心のいわばイベント指向の研究（もしくは実践）が主体になっていく。科学的研究を旨とする心霊研究は乏しく、オーソドックスな研究方法を取った平井金三の心象会はむしろ稀有な例に属する。日本の霊的思想の背景にある、対決すべき自然科学的世界観の不在という点がここにもうかがえる。

霊術は、その術と体系において、桑原天然を祖と考えていいだろう。典型的には、催眠術を応用したプラグマティックで近代的な修法と、内的霊性と大霊の一致といった生命主義的な体系とを利用して、治病や超能力獲得を謳う療術師たちが霊術家である。その中で最も勢力を誇ったものが、田中守平の主宰する太霊道である。手先に起こした自動運動を患部に移すことによって治療を行うという単純な方法、国家主義的な倫理、ことさらに漢字を多用した宣伝文句などによって多数の信者を集めた。彼以外にもさまざまな治病を行う術師が存在し、昭和三年（一九二八）に発行された

『霊術と霊術家』（霊界廓清同志会編、二松堂書店）には、霊術師が一一二三名収録され、全国ではさらに三万人いたとされる。もちろん、今となってはその痕跡はほとんどない。僅かに、中村天風は精神訓話と積極的思考として残り、臼井式霊気療法はアメリカにわたったことで生き残り、そのお手当て療法は今では大流行を見ている。あるいは中国の外気功が太霊道の影響を受けた可能性も示唆されている。(12)

大正期には、これらに加えて、大本教の霊学が盛んに信者を集めていた。大本教の神学は、出口なおの神言と、出口王仁三郎の習得した言霊学と鎮魂帰神の法といった霊的技術（つまり霊学）とが複雑に絡み合ったものであるが、大正年間は鎮魂帰神の法が布教に多用された。審神者（サニワ）が神主（霊媒）に神を憑依させ、神と交信し、神の正邪を判断する技法である。これは維新の頃に国学者の本田親徳が完成させ、長澤雄楯に伝え、それを出口王仁三郎が受けついだものであり、霊術や心霊が無視していた「神」を復活させたことは重要である。内的な霊性ではなく「私ではないもの」が直截に出現することは、霊術や静坐法で同様の自動運動には慣れ親しんでいたとしても、衝撃的であったろう。しかし、霊学は、変成意識状態を管理する点、神々が人格的というよりは機能的である点で、必ずしも前近代的なものではない。さらに神智学などの西欧の霊的思想との親和性が高いことも、この神道霊学の系譜の特徴であった。

一時大本に入信した浅野和三郎、谷口雅春、友清歓真らは、終末予言の期限となっていた大正十年（一九二一）前後に離脱し、それぞれ心霊科学研究会、生長の家、天行居を興す。彼らはいずれもアメリカのメタフィジカル思想に親しみ、神智学のリードビーターの思考形態論などを知っていた。またいずれの著作にも、先端的物理学の話題が登場してくるが、彼らは、一方でオーラなどの超物質的な身体観を、ニュートン後の物理学で検証する可能性を探り、他方で神道的霊魂観との接合を探っていた。しかも、このような魔術的なオカルト生理学や心理学と同時に、谷口のように、悟りの風光が共存している点は日本的であろう。

敗戦から一九七四年の『オカルト・ブック・リスト』まで

このような大本系の霊的思想家たちの間で構成された知識の場は、戦後は生長の家を中心として、関口野薔薇や十菱麟といった人物によって、さらにメタフィジカル思想やエドガー・ケイシー、アダムスキーなどの思想を加え次代に伝えられていったが、ここでは細かな点にまで立ち入る必要はないだろう。要は、メタフィジカル思想が、細々と続いていた日本の霊的思想の、アイディアの供給源であり続けたということである。冒頭のブックリストにあった、スポールディングの「ヒマラヤ聖者」が、メタフィジカル思想を仮託して語るための代物であり、彼らが自己形成のよりどころとしたものは、インド思想ではなくて大戦前にアメリカで生み出された霊的な思想だったことを指摘すれば充分だろう。

ただし、『オカルト・ブック・リスト』に一つ新しい要素があるとすれば、たとえば大陸書房であったかもしれない。アメリカでも、発生当初のＵＦＯサブカルチャーはＳＦや探検秘境ものと同じく男性向けパルプ雑誌のジャンクヤードにいたように、日本でも秘境と沈没大陸とオカルトは大陸書房が専門で出版していた。大陸書房に代表されるような、そうした不思議現象への好奇心や力への信仰、実験への蛮勇と突破への意志といったものを特徴とする男性的サブカルチャーの存在が、当時のカルト的場の特徴であった。

3　その後

その後の学生時代

歴史の話は以上で終わる。

ところで大学生の私はどうしたか、少し話の続きを書こう。

当時、私たちのサークル以外にも、いくつかの場があった。『S』[13]という小さな幻想文学誌の手伝いをさせられていたせいで、そうした場の隅にも身を置いたことがある。『遊』（工作舎）や『迷宮』（白馬書房）や『ヘブン』（エルシー企画、アリス出版、群雄社）など、当時のサブカルチャーと連動した場には、時にはラジニーシの人たちもやってきていた。ニューアカデミズムが流行する直前である。当時は、それほど情報が少なかった。もちろん幻想文学とオカルトで自己形成することは、あまり勧められたことではないが、精神世界の棚に並ぶ本だけで自己形成できてしまう状況と比べてどちらがいいか、明言できない。

一九八〇年、私はグルジェフを特集した手書きのコピー誌を発行し、三〇〇部があっという間に売れた。(14) グルジェフは、それまでの停滞した霊的思想状況に革命を起こした、シュタイナーなどと並ぶ、二十世紀を代表する霊的思想家の一人である。神智学などのそれまでのオカルティズムの脳天気さを批判した点が、その時はしっくりきたのかもしれない。ともかくそれで私の冒険は終わった。以後二〇年、古本の埃の中に埋没してきたので、現場がどうなっているか、ほとんど知識は持ち合わせていない。とても批評などというおこがましいことは言えないが、ただ、狭い知見からの私見に過ぎないというお断りをさせていただいた上で、二、三の事柄について書いておこうと思う。

一九八〇年代以降——霊的思想の先鋭化と拡散

一九八〇年代以降には、霊的思想の先鋭化と拡散という、正反対の動きがあった。先鋭化していったのは、意外にも、『ムー』（学習研究社）、『トワイライト・ゾーン』（ワールドフォトプレス）という子供向けオカルト雑誌であった。一九八〇年代半ば以降、こうした雑誌の内容は、実はかなり高度なものになっていた。クロウリーやグルジェフなどの西欧秘教について、信頼性はともかく、内容の濃い記事がいくつも掲載されており、そのレベルは海外のオカルト雑誌と比べても遜色ないものであった。一九七〇年代わずかに入ってきた秘教的知識は雲散霧消するかと思っていたが、むしろ先鋭化していたのである。そこでは、スケプティカルなオタクたちと、スピリチュアルな求道者たちが微妙に交錯していた。ともかく、こうした雑誌を背景に出現したオウム真理教が高い知識を集積できたのも、さほど不思議はない。

これらの雑誌以外にも、日本の霊学・霊術を復刻した八幡書店を始め、国書刊行会、たま出版、工作舎、春秋社など、それまでと一変して出版社が増え、労せずして本格的な情報も集まる時代になった。最近ではこの傾向がインターネットによってさらに強まっている。わずかな手間をかければ、細かい情報まで入手できるのである。しかしこの利便性は、裏を返せば、どんな思想や情報もクリックで出現する状況になり、情報の間の重要性が区別できないフラットなパースペクティヴの中に、思想が置かれる危険性が出てきたということである。

スピリチュアルな思想は最終的には個々人のものであり、逆に言えば、一つ一つの思想にはその思索者の人間的深みが背後にあるはずだが、そうしたニュアンスはホームページからはうかがえない。それだけではどの情報を取り、どれを捨てるべきか分からない。しかも情報は多量に溢れている。個人個人が宗教や秘教思想をパソコンの前で自由に編集できる時代になって、つまり素人が簡単に専門家になれる時代だからこそ、おそらく改めて切望されているのは、どのカードを捨てるべきか教えてくれる信順できる人格の力だろうと思う。

拡散という点では、シャーリー・マクレーンとチャネリング（宇宙的存在との霊的交信）の流行がある。これはスピリチュアリズムの伝統の強さと、ニューエイジが対抗文化ではなくなったことを示していた。考えてみれば、日本にも芸能人心霊物というジャンルはあり、それらとシャーリー・マクレーンの間に本質的にはそう差はないのかもしれないが、ともかく、これによってアメリカだけでなく日本の一般家庭の主婦にまで霊的思想が広がった。さらに、西荻窪のプラサード書店が、手書きのミニコミ誌と洋書のペーパーバックが詰まった濃密な空間を、ハーブと石の置かれたおしゃれな空間へと改装し、一九七〇年代にヒッピーたちのものだったエコロジーと自然食は、今では中年の主婦のものになっている。私が現在住んでいる田舎の小さな町にさえ、主婦たちが自主的に運営する自然食の販売組織がある。

地域共同体がほころび、ケアが金銭で買われる時代に、そうした場に集まる人々の理想と志は、希望をつなぐに足るものである。しかし、こうした組織を経由して「陰陽食」「Oリング」の類も入ってくる。それらの効果と理論はどうなのか、超心理実験を手伝った経験からいえば、科学的宇宙観を越えることはそう簡単ではないが、主婦たちは葛藤もなく、一片の効能書きでひょいとまたいでしまう。効能書きを保証するものが、近代科学であろうが、陰陽理論だろうが、何でも構わない。

このような効果優先の発想は、日本の霊性思想の特徴かもしれない。途中で判断を停止してしまい、あるがままを受け入れる。漢方薬でも鍼灸でも、私たちは、現実が正統科学といささかずれていても気にしない。効けばいいのである。それは現実の複雑さを受けとめる上で欠かせない、実に健全な態度ではある。しかしそれだけでいいのか。バブル期には、即席の効果を求めたせいか自己啓発セミナーが流行している。セミナーに集中的に通い、そこで何らかの経験を得て、自らを積極的に変えていく。目的と限界がはっきりしている点で、スピリチュアルとは似て非なるものであった。不安定さと自由さに欠け、トレーニングの場の権力構造に固着しやすい。

こうしたセミナー・トレーニングと、たとえばグルジェフのような秘教的ワークとの違いは何か、効果からすれば同じようなものではないか。ずいぶん以前、たまたま来日したアメリカ人のグルジエフ主義者にｅｓｔ（セミナー・トレーニングの一種）との差を尋ねたことがある。その時の回答は、「あれは弱い」というものだった。何が弱いのか、ずいぶん後になって気がついた。確かに一瞬の即効性はあっても持続性がないために、繰り返し通わなければならない。また逆に手段が自己目的化していく。グルジェフが弟子に向かって過酷に「もう結構」と切り捨てたように、関係を止める瞬間がないからか（師匠が責任を持って関係を切らなければ、いつ弟子は弟子であることを止めて人になるのか）。しかし、こんなことでさえ分かったのは、ライフ・スペースのような事件が起こった後のことであったが。

九〇年代の雰囲気――包み込むスピリチュアリティ

一九八〇年代、九〇年代とトランスパーソナル心理学が、オーヴァーグラウンド化してきていることも大きな変化だろう。それは二十世紀までの秘教的伝統を非聖化し、近代化させた体系と見ることもできよう。伝統的技法を近代化して一般的に運用されている手法といえば、シュタイナー教育や、日本では吉本内観がそうである。内観法は吉本伊信のものに限らず、さまざまな変形が新宗教団体で使用されている。現在では「こころの時代」や「癒し」というネーミングのもとに、さらにさまざまな技法とワークが流通しているが、しかし、そうした心理療法は、スピリチュアルなものが経済原則に支配され、生産性強化だけを目的に再編されかねない危険性を孕んでいる。

九〇年代の風景を眺めてみると、「こころ」それ自体の訓練よりも、ヒーリング・グッズとしての宝石類や風水などが流行してきたように思われる。「占い」も同じく流行しているが、これらの示すところは、努力せずにスピリチュアルなエネルギーを引き込もうという態度である。「修行するぞ」という叫びから、「そのまま」という慰撫へと、バブルがはじけ、低成長時代に入った社会を背景にしているとはいえ、あまりに分かりやすい反応ではある。しかし、「もの」に込められた霊性をあらためて発見する機縁になったわけである。「もの」というメディアは、時にライヒのクラウドバスター（彼の考案した雨降り機械）のような奇矯さと、オタク的な固着の危険性を孕みながらも、何かの可能性を示唆しているようにも思われる。

オウム事件については詳細な研究が多数出ており、不勉強な私はコメントする立場にない。ただ、大きな流れを見ると、スピリチュアリティの主役が女性に移行したことによる霊性文化の変化が、その背後にあったように思われる。つまり突破していくようなスピリチュアリティから、包み込むようなものへと、明らかに変わってきている。オウム真理教は男性系文化の末裔に属し、女性的な霊性の包囲網の中でよけい焦り、先鋭化していったのではなかろうか。アナクロな、七〇年代の霊性サブカルチャーの中に萌芽としてあった夢想を悪夢として現実化してしまったのかもしれない。しかし、これは雑駁な感想にすぎない。

おわりに

昨年、グルジェフの翻訳者であるA氏とほぼ二〇年ぶりで会った。彼は変わらずにワークを続けていた。ワークを求めて来るものは拒まず、去る者は追わず、しかし続ける人はそう多くないようである。彼は気負いもなく、背伸びもせず、世間の中にいて、仕事をし、生活をしながら、ただ当たり前のように、さらりとワークを続けていた。そういえばそれがグルジェフの示した第四の道であったか。七〇年代も捨てたものではなかったのかもしれない――私は、そう思った。

第二章　余はいかにして「類似宗教学者」になりしか
――吉永進一インタビュー

はじめに

以下は、二〇〇九年七月十二日に工学院大学新宿キャンパスで行われた宗教学者・吉永進一氏へのインタビューである。一九五七年生まれの吉永進一氏は、京都大学在学中に伝説的なオカルト研究会「近代ピラミッド協会」を設立し、同大学院（宗教学専攻）を修了後、現在、舞鶴工業高等専門学校・准教授を勤められている。吉永氏は、近代における霊性や神智学の研究など、従来の宗教学ではあまり取りあげられることの少なかった領域で目覚ましい業績を発表しておられ、その一端は、岩本道人の名前で発表された数々の論考、そしてホームページでの密度の濃い記事などからもうかがい知ることができる。ご本人の自称に従うなら「類似宗教学者」ということだが、後学にとってはオカルト研究とアカデミズムのつながりを掘り当てる先駆にして先頭ともいえる存在である。

今回は、こちらのたっての希望にお応えいただき、ご自身の歩みをオカルト研究史の流れと重ね合わせながら回顧していただいた。オカルトが熱かった六〇―七〇年代、そのころのことを語りたがらない当事者が多いなか、改めて吉永氏にはその勇気とご厚意を感謝したい。オカルトについて語るとき、つい原理的な立場をとって硬直化してしまうか、衒学をふりかざしながら高みからの啓蒙にいそしむか、いずれにせよ言葉の最悪の意味でのアカデミックな態度におちこんでしまいがちななか、熱意と冷静のバランスをとりながら飄々と言葉を積み重ねる氏の立場は、アカデミズムの立場からオカルトを研究しようとする者にとって、極めて示唆に富んでいるように思えてならない。

なお、インタビューは研究会の第二部として、ご自身の作成された年表とハンドアウトに従って、橋本順光が主な聞き手となって行われ、その後に活発な質疑応答が続いた。

二〇〇九年七月十二日（日）　一四時三〇分～一八時　工学院大学二七F二七一〇共同セミナー室

聞き手　橋本順光

1　前半――高校から大学院時代

橋本　まず、このインタビューの動機といいますか目論見を申し上げたいんですけども、吉永先生のお仕事で、一番感銘を受けましたのは、ほかの研究者にはなかなかみられない独特の距離感というか、間合いなんですね。オカルトの世界にどっぷりつかっていながら、頭は沈まないというか、はまりこむところは全くない、そしてオカルトだけでなくオカルトを取り巻く環境ですとかコンテクスト、宗教学など歴史的な文脈をしっかりおさえる。いわば、オカルトを居丈高に切り捨てたり冷笑することなく、視線が暖かいながら、冷めているといった、そうした絶妙な間合いが非常に私には新鮮でした。

英語圏や日本のアカデミズムのほうでは、九〇年代あたりから、それまで非常に異端視されていたオカルト的なものを大きなコンテクストで読み直すという研究が続々と出てきたんですけど（ジャネット・オッペンハイム『英国心霊主義の抬頭』一九九二年、原著は一九八五年や、一柳廣孝『「こっくりさん」と「千里眼」』〔講談社選書メチエ、一九九四年〕）、その先取りをなさっていたのが吉永先生ではないかという気がしています。実際、吉永先生を取り巻く人々には、そのようなお仕事の走りとなった人がたくさんおられて、オカルトな人々と同時にオカルト研究の人々のこともお伺いできればと思っています。

そこで、ちょっと目論見といいますか、とっかかりとして大きな話をしますと、七〇年代オカルト・ブームの一種の鬼っ子として、九〇年代の「オウム」と「と学会」があるかと思うんですね。「と学会」と「オウム」は、たぶん六〇年代・七〇年代にほぼ同じような少年時代――というのはほぼみんな男だからなんですけども――を送っていたんじゃないか。同じような少年時代を送って、同じようなものを見たのに、中高でちょっとみなさんそれぞれ違ったものを読んで、大学でそれぞれ違った人に会って、一方は一線を越えてしまったみたいな（笑）。それをオカルトに取り憑かれることなく、かといって悪魔払いをすることもなく、ずっとつぶさに見ておられたのが、たぶん吉永先生ではないのかという気がしています。

「と学会」とも、もちろん「オウム」ともちがって、オカルトへの距離を変えることなく、お仕事をたんたんとなさっているというのが、私には、言葉の最良の意味でのアカデミズムの鑑ではないかという気がしていまして、そうした視点からオカルトの話ですとか、オカルトを取り巻く現象の話、それとご自身の活動みたいなものをおうかがいできればなと思います。吉永先生には、ご連絡さしあげてすぐに快諾いただいたんですが、そのあとブログにそのあたりに触れて、ついに私も歴史を語る方になった、年をとったな、という感慨と、歴史を語る権利と同時に、歴史を騙る権利もあると、書かれていまして、今日はぜひその語りと騙りとの両方のお話をおうかがいできればと思っています。それではどうぞよろしくお願いいたします。

一九七〇年代前半

吉永　そうですね、疑似記憶研究家ですので、記憶っていうのはその場で勝手に作り出すもんだというのが持論ですから、勝手に作り出させていただきます。

ついこの間、ここにいらっしゃる藤田さんと葛西さんと一緒に、「宗教と社会」学会でスピリチュアリティのパネルをやって[1]、何かいろいろ喋った後、藤田さんから本を頂いて、論文の抜き

	『血と薔薇』創刊（一九六八年十一月）
一九七〇年	Expo 70 『季刊NW－SF』創刊（一九七〇年七月一日）
一九七一年	『黒の手帖』第一一号（一九七一年五月） 『遊』創刊（一九七一年九月）
一九七二年	『まんがNo.1』創刊（一九七二年十一月） 『パイデイア』第一二号（一九七二年）日本的狂気の系譜
一九七三年	『幻想と怪奇』創刊（一九七三年四月一日） 『UFOと宇宙』（一九七三年八月―一九八三年七月） 『幻想と怪奇』第三号（一九七三年九月一日）黒魔術特集 『別冊新評　澁澤龍彦の世界』（一九七三年十月十日）
一九七四年	『幻想と怪奇』第六号（一九七四年三月一日） 『GORO』創刊 『ユリイカ』増刊号（一九七四年七月）オカルティズム特集
一九七五年	『牧神』創刊（一九七五年一月十日） 『幻影城』創刊（一九七五年二月一日） 武内裕『日本のピラミッド』 『エピステーメー』[2]創刊（一九七五年七月） ユリ・ゲラー来日

刷りを頂いて、それを読んでたら、藤田さんっていうのは実はカルトが好きだと書いてあって。よく考えたら自分もそうだなって思って。根っから好きなのはしょうがないですけども、困ったもんだなあとつくづく思います。

最初のきっかけは一九七〇年に『ＳＦマガジン』を読み始めてからでしょうか。それから、道を踏み外したような気がします。当時の田舎の中学二年生にしては、少々風変わりですね。ＳＦファンはクラスに数名いる程度で、そう多くはなかったです。これは、さらに遡れば『少年マガジン』とか、大伴昌司の悪影響を受けているのかなあ。

運悪くというか、初めて買った『ＳＦマガジン』が、筒井康隆の『脱走と追跡のサンバ』の連載が始まった号で、それが面白かったものでどんどん普通じゃないＳＦの方に傾斜していってしまいました。当時流行のニューウェイブＳＦを読み始めて、『ＮＷ－ＳＦ』を購読したり、ずいぶんひねた中学生でしたね。今は競馬評論家になった山野浩一が発行していた雑誌で、先日、当時のものをもう一回引っ張り出して目次を見たら、塚本邦雄とか平岡正明が書いてるんですね。そこらへんから平岡正明のファンになったんだと思います。そこから『黒の手帖』『まんがNo.1』とか面白がって読んでいたので、オカルトというよりは、サブカルチャーファンだったのかなあ。しかし、田舎の普通の公立中学ですから、こういう趣味についてはずっと孤立無援でした。

『ＳＦマガジン』でもうひとつ覚えているのは、「ＳＦスキャナー」っていう海外ＳＦを紹介する欄があったんですよ。最初は伊藤典夫、その後は浅倉久志と団精二と鏡明が交代で担当して、団精二つまり荒俣宏ですが、荒俣さんがリンゼイの『アルクトゥルスへの旅』が面白いとか書いていると、中学生だからついその気になっちゃうじゃないですか。浅倉久志がジョン・スラデックの『ミュラー・フォッカー効果』が面白いとか書いていて、読みたいなあという、そういう英語のSFを読みたいなあという執念がたまっていたので、幻想文学研究会の鬼の読書会にも何とか落ちこぼれなかったのでしょう。

高校に入った頃、『幻想と怪奇』が創刊（一九七三年）されました。創刊号はあまり出回らなかったんですよね。二号からだいたい本屋に並ぶようになって、それからぼちぼちと『幻想と怪奇』を購読したり、澁澤の『異端の肖像』（桃源社、一九六七年）などを読んでました。種村の『ナンセンス詩人の肖像』（竹内書店、一九六九年）も好きでした。僕の基本はC調ですから。

高校ぐらいからSFよりも、幻想文学や怪奇小説を読むようになりました。でも、本が手に入らなかったですね。古本屋で、桃源社のゾッキ本を買ったり、あとは図書館で『日本巫女史』の復刻（中山太郎、八木書店、一九六九年）やせりか書房から出た『エリアーデ著作集』を借りたりしていました。平田篤胤も少し読んでたんだけど、何でだろう。でも一番決定的だったのはC・A・スミスの『魔術師の帝国』（創土社、一九七四年）という本です。当時、幻想小説をたくさん出してた創土社でしたか、そこが出してた。蜂谷昭雄先生が訳された本で、内容はウィアードテイルズ系の怪奇小説でしたが、これを読んでたら、後書きに京都大学幻想文学研究会って名前が載ってるんですね。[3] 高校生ですし、僕も人間が単純ですから、京大には幻想文学研究会があるのか、じゃあ京大に行こうと思いました。もっとも一回目の入試は失敗して京都で浪人してたのですが。京都に出てきて驚いたのは、当時の関西は『プレイガイドジャーナル』とか、若い連中のサブカルチャーがとても威勢がよくて、静岡の田舎から出てきた浪人生には、そこが驚きでした。

橋本　高校のときにユリ・ゲラー来日ってあるんですけども、ユリ・ゲラーとかその当時のテレビが、ものすごくオカルトが熱かったですよね。その点、先生の中高時代はどうだったんですか。

吉永　その頃からオカルトはもう卒業したぞという意識があって、高校生なので生意気ですから、こんなものと馬鹿にしつつも、でもやっぱり見ちゃうんですよね。やっぱりその頃から距離を置きつつ、面白いなと思ってたのでしょうね。卒業したぞと思っているのに、気がついたらまだ留年しているような感じです。

橋本　では武内裕の『日本のピラミッド』（大陸書房、一九七五年）に出会うのは大学に入ってからなんですか。

吉永　浪人時代じゃないですか。

橋本　当時、『ＧＯＲＯ』という雑誌が確か武内さんの後追いみたいな感じで、よくそのあたりの日本のピラミッドを検証するような記事を載せてました（たとえば『日本のピラミッド』のハヨピラの写真は『ＧＯＲＯ』からの転載と明記）。

吉永　そうですね。当時の若い者のオカルト趣味を満足させる雑誌だったわけですね、『ＧＯＲＯ』がね。

橋本　同時に性欲も……。
吉永　そうそう。オカルトとエッチっていうのは、一緒に出てくることが多いですね。
橋本　じゃあ浪人時代に大陸書房の伝説の『日本のピラミッド』を……。
吉永　うーん、読んでた気がしますけどね。
橋本　衝撃はやはり……。
吉永　うん。このとき、高校卒業のときに『牧神』も創刊されるし、『幻影城』も出るし、『ピラミッド』も出るし、『エピステーメー』も出るし、っていう……。
橋本　浪人生としては困りますね（笑）、勉強の邪魔ばっかり……。
吉永　まあ、そうですね。
橋本　勉強の合間にこうした本は……。
吉永　うん。他に楽しみ無いですから、浪人生。今だったらネットやるとかね、ブログ書くとかあるんですけども。

一九七〇年代後半――幻想文学研究会から『ソムニウム』

橋本　確か理学部でしたね、最初に入られたのは。
吉永　それ言うのか（笑）。すいません、実は理系なんです。理学部に入りまして、恥ずかしながら。勉強しようって入ったっていうのではなくて、もうクラブに入ろうと思って入ったクチですから。一応生物学科ですが、まったく勉強してません。それでも卒業できたのは、日高敏隆先生の良い意味の放任主義のおかげです。感謝してます。

橋本　幻想文学研究会に入ろうと思ってからも、なぜ理学部を選ばれたんですか、文学部ではなくて。

吉永　単に高校時代は国語も英語もできなかったからですね。しかし理学部を卒業して何になるというイメージもなくて、本読んでる仕事にいけたらいいかなと。

橋本　じゃあこういうのもあって、理学部に入られて幻想文学研究会に行こうと……。

吉永　それが大学に入ったはいいが、どこに幻想文学研究会があるのか分からない。ＵＦＯ超心理研究会っていう広告がやたらあって、なんでこんな馬鹿なことをやっているクラブがあるんだと思って、行ってみたんですよね。行ってみたら、そこにＹさんがいて。私の二年上の先輩でして。どうも話を聞いたら、幻想文学研究会って要するにＹさん一人、いやもう一人いて二人だったかな。本まで出すくらいなら、もうちょっと人がいっぱいいて、盛んにやってるって思ってたのに[4]。騙されたと思いつつ、しょうがないなあって、そのまま両方入ってしまったんです。

それで、幻想文学研究会はなんで会員が全然いなかったかというと、蜂谷先生という教養部の英語の先生を囲んで読書会をする。これが英語の読書会をするのですが、ペーパーバックで毎回一〇ページは進む。これをみんなが嫌がって寄りつかなかったみたいです。やさしい英語だったらいいんだけど、イギリスのファンタジーですから難しいんですよ。それで、どんどんみんな脱落していって、その中で僕だけ鈍感なせいか、残ったということです。

橋本　先生は英語が強いですよね、オカルト好きって、語学ができる人ってあんまりいないように思うんですけど、先生は英米のことに詳しくて……。

吉永　高校時代は理系ですから、あまり英語はできませんでしたよ、大学に入ってからもやっぱりできない。でもYさんは断トツにできましたよ。なんでこの人、こんなにできるんだと。それに

一九七六年	『幻想文学通信』創刊号（京大幻想文学研究会、一九七六年七月）デ・ラ・メア「巨人」、ファージョン「巨人と小人」 C. S. Lewis, *That Hideous Strength*（読書会）
一九七七年	Charles Williams, *Many Dimensions*（読書会）
一九七八年	
一九七九年	『ソムニウム』創刊号（エディシオン・アルシーヴ、一九七九年十月二十五日） 平田篤胤『稲生物怪録』（読書会）
一九八〇年	『ソムニウム』第二号（一九八〇年四月二十五日） 『ソムニウム』第三号（一九八〇年九月二十五日）
一九八一年	『ブックレビュー』第一号（一九八一年八月十六日） 『ソムニウム』第四号（一九八一年九月十日）
一九八二年	『ブックレビュー』[5] Special Issue（一九八二年七月三十日） 『特殊古本雑誌』創刊号（岡山市、福笑商会発行、一九八二年十一月六日。限定九部）

顧問の蜂谷先生が、すごくて、難しい英文を初見でさらさらと訳されるんですよ。どうやったらこう読めるのか、その時の驚きは忘れません。

橋本　普通、大学に入ると、自分では読まなくなってくるので、大学生になると弱くなっちゃうことが多いんですけども。やっぱりこういう研究会読書会もあって英語の書物をどしどし読まれたんですか。

吉永　どしどしではなくて、毎回、冷汗三斗でした。でも中学時代からの飢餓感みたいなものがあるから。

もうひとつのクラブでも会誌を作っていたので、幻想文学研究会でも会誌を作ったのですが、人数がいないので根気も続かない。これは創刊号だけで終わりました。

それで、幻想文学研究会では、読書会だけではつまらんと思って、「百鬼夜行館」と銘打って怪奇映画の自主上映もやりました。映画部の人間に協力してもらって、一六ミリフィルムを名古屋あたりの会社から借りて上映しました。やはりYさんが選んだのだと思いますが、最初は中川信夫の『女吸血鬼』と『東海道四谷怪談』を西部講堂で上映しました。その時にポスターを作ってもらったのがYさんの高校時代の友人のGさん。その後、『ソムニウム』の発行人になる人。

しかし、こんなことやってりゃ勉強なんてやるわけないですね。

橋本　幻想文学研究会には新しい人は全然入ってこなかったんですか。新入生をオルグするとか。

吉永　いや、宣伝もしていたんですが、なにしろチャールズ・ウィリアムズの *Many Dimensions* のような、ずいぶん難しい作品を読んでいたので。長く続いたのは、僕とYさんと異常心理小説コレクターのSさんと、そのくらいかなあ。児童文学研究会と間違えて入ってきた方もいたか。後にSF評論家になるAさんも、数回やってきたことはありますが。

七九年だったと思います、英語の読書会ばかりでは会員が根づかないので日本語も読もうということになって、Yさんの提案で『稲生物怪録』を読んだんです。足穂のリライトしたバージョンも面白いけど、それじゃあ元ネタを読もうと。僕も含めて、平田のお化け物からの影響は大きかったですね。

僕が『稲生物怪録』で一番好きなのは、お化けの場面ではなくて、主人公が一人でご飯を炊いで食べるという、あの生活の描写が一番好きですね。本当に夏休みの合宿をやってるような、海の林間学校に行ってるようなね、なんかああいう爽やかな感じがして。

橋本　七九年に『ソムニウム』が創刊されています。

吉永　これは幻想文学研究会の機関誌ではないのですが、会員がかかわっていた雑誌です。Yさんの、さっき言いました知り合いのGさんが、同志社を出て工作舎に入ったんですが、その一方でエディシオン・アルシーブという編集プロダクションを京都に立ち上げて。それで雑誌を出すことになって『ソムニウム』という幻想文学雑誌を出し始めるんです(6)。編集の中心はYさんと仏文のTさん、それにイギリス史のKさん、この頃は怪奇小説の専門家だったAさん。みんなまだ院生ぐらいだったかなあ。『ヘブン』の連中とも交流があったり、当然工作舎とも付き合いがあったり、学者の卵とサブカルチャーの人たちとのネットワークのようなものがあったのかなあ。
編集実務の中心だったのは、生田耕作の姪のIさんです。僕は写植貼りの手伝い。まだカッタ
ーと糊で編集していた頃。

橋本　荒俣宏さんとはどういう……？

吉永　荒俣さんとはYさんがたぶん最初にコンタクトしたんだろうと思います。一九七七年頃で、
まだ荒俣さんがサラリーマンしてる頃ですよね。そこから黒魔団のAさんを紹介されて。荒俣さ
んは荒俣さんで、その後工作舎に入ったりしてますが。

橋本　じゃあ『ソムニウム』の同人といいますか、このメンバーは……。

吉永　いや、同人ってもんじゃないですね。その前からの知り合いです。イデオロギーで人が集ま
ったんじゃなくて、その逆。それに京都の北白川の半径三〇〇メートルくらいに下宿が固まって
いたんですね（笑）。本当に下宿もみんな近かったんで。夜中に集まってよく話をしてました。
『ソムニウム』のエディシオン・アルシーブもそこにありましたし。
ただ中心だったYさんが岡山に赴任してしまったり、売れなかったりで、『ソムニウム』も四
号で終わっています。幻想文学研究会の方も、僕には文学は分からないし、八〇年頃には消えか
けていたように思います。

橋本　それで、一九八六年に蜂谷先生が逝去。
ただまあ『ソムニウム』については、他の方に改めてインタビューされた方がいいでしょう。

吉永　亡くなっちゃったんですねえ。

橋本　若くして亡くなられましたよね。

吉永　若かったです。[7] 京大から甲南女子大に移られて数年したころですかね、たまたま僕の知り合いのお父さんが蜂谷先生と陸軍幼年学校の同期で。ご病気という話は最初そこから聞いたのかな。

橋本　幼年学校卒業なんですか。

吉永　蜂谷さんは幼年学校卒業。最初は理系だったという話を聞いたことがあります。そこから文学部へ。蜂谷さんも本当に教養主義の方で、本らしい本を残してないんですよね。訳書はいくつもあるのですが、著書は最期に遺稿をまとめられたのが一冊あるだけだと思います。[8]

橋本　先生は自身のHPで、教養主義というと、ものすごく本を読むけど、本人自身はあまり書かないっていう先生をご紹介されていましたよね。

吉永　そういう見本みたいな方ですね。専門は英詩ですが、つねに勉強をしていた方で。ホワイトヘッドも訳されています。ミルトンの『失楽園』を暗記していたり、インド・ヨーロッパ言語はだいたい読めたと思います。ペルシャ語も読んでました。ペルシャ語をロシア語の辞典で読んでたっていう。

橋本　ペルシャ語とロシア語とを並べてっていうエピソードは本当のことだったんですね（笑）

吉永　本当（笑）。蜂谷先生のお家は大阪市の南にあって、お家を訪問すると、食卓で本を読んでるんですよ。何を読んでいるんですかって聞いたら、オマル・ハイヤームを読んでる。ペルシャ語で読んでるんだって。へーすごいですねっていって。で、これはロシア語の辞書なんですけどねっていって、先生いわく、ロシアは辞書が安いんですよって（笑）。そこで人間の差を感じてしまいました。そういう方だったですね。

橋本　話がそれますけど、生田耕作先生の授業を受けられたりとか……。

吉永　受けました。フランス語を落としたんで（笑）。やり直しフランス語で授業を受けに行ったら先生が来ないんですよ。最初行ったら五〇分くらい待っても来ないんですよ。で、後で聞いたら最後の一〇分くらい来て授業したって言うんですよ。次から今度はこっちが授業に出なくって。最後のテストのときに一回だけ顔を見ましたけどもね。それだけでした、接触というか接点というのは（笑）

一九七〇年代後半――UFO超心理研究会と近代ピラミッド協会

森洋介　じゃあ超心理研究会はどなたが作ってたんですか。

吉永　Aさんっていう方です。僕が入学したときにすでに理学部の五年生だったかなあ。さっき話の出た『GORO』っていう雑誌には、彼が中南米に行って、クスコなどの遺跡を見てきたっていう記事とか出ていて。そういう記事を見ていたので、僕もふらふらUFO超心理研究会（略称、U超研）の入部説明会に出席したんだろうと思います。

ここも決して大きなクラブではなくて、各学年に三、四名ほど。理系の学生が多くて、僕の学

一九七七年	『ピラミッドの友』創刊号（近代ピラミッド協会編集、京大ＵＦＯ超心理研究会発行、一九七七年十一月二十日）「ピラミッド宣言」、「伊予国大洲巨石遺構調査報告」、「広島県比婆山系葦嶽山」、「トンカラリンと岩倉のトンネル遺構」、「東九州疾走！　資料編」、「三輪山調査抄録」、「ピラミッド基礎講座　速習編」 十一月祭「武内裕」講演会。
一九七八年	
一九七九年	『ピラミッドの友』第二号（近代ピラミッド協会編集、京大ＵＦＯ超心理研究会発行、一九七九年四月）フランシス・キング「オカルト・リヴァイヴァルにおける民族主義的要素」（上）、「竹内古文献と神体山巨石遺跡との接点を求めて」、「大湯環状列石について――諏訪富多氏に聞く」、「神智学概説」、「神智学運動略史」 『ピラミッドの友』第三号（近代ピラミッド協会編集、京大ＵＦＯ超心理研究会発行、一九七九年八月）Ｊ・Ｍ・ロバーツ「秘密結社の神秘的淵源」、「日本における巨石遺跡研究史」、「オカルト・リヴァイヴァルにおける民族主義的要素」（下）、「心霊研究とスピリチュアリズム」、「心霊学と霊術家」 京大十一月祭　グルジェフ講演 『ピラミッドの友』第四号（近代ピラミッド協会編集発行、一九七九年十二月三十一日）「聖別された肉体――オカルト人種論とナチズム」、「異端霊術標本集」、「エリファス・レヴィとの対話」、「東京オカルト界解剖」、「神智学協会とメシア運動」、「意識の拡大と人格の成長」
一九八〇年	『ピラミッドの友』第五号［終刊号］（近代ピラミッド協会編集発行、一九八〇年四月三十日）「真理への旅――グルジェフ、その半生」、「西欧の秘教的「スクール」」、「感情の訓練について」、「Ｇ氏は語る」、「七の法則」、「グルジェフの「自己」心理学」、「なにゆえベルゼブブはわが太陽系にいたのか」、「グルジェフとマスメディア」 七月五日　グルジェフ・ムーブメント公演（草月会館） 『迷宮』第三号
一九八六年	『オカルト・ムーヴメント』（創林社、一九八六年）

年は理学部が二人と文学部が一人だったかな。超心理実験やＵＦＯ観測会をやったり、キルリアン写真のようなガジェットを作ったりすることもありました。超心理実験は井村宏次さんの影響が大きかったかな。もっとも、夜中誰かの下宿にたむろして一晩中馬鹿話をしたり、酔っ払って鴨川を歩いてわたったり、そういう馬鹿なことをする普通の学生クラブでしたよ。

僕は代表になってしまい、『宇宙波動』という機関誌を編集したり[9]、十一月祭（大学祭）の企画をしたり、好き勝手なことをさせてもらいました。

その頃、ＵＦＯ超心理研究会っていうのは、京大だけじゃなくて東京にもできていて、ＳＦファンほどではないですが、こうした学生クラブ同士の交流ってのがわりとあったんです。例えば慶應とか日大とか東海大とか、東京に行ってそういう人たちの所に会いにいこうということがあって、その時に志水一夫氏にも会ったことがあります。

橋本　東京のほうの研究会の中心メンバーとですか？

吉永　そうです。東京の方では慶應、彼は慶應ですね。あと日大の人がいたかな。確か、荒井欣一氏のＵＦＯ展か何かをやってて、それを見るついでに会ったような気がします。東京教育大の方だったか、エドガー・ケイシーを翻訳してずっと出してる方がいて、その人とも会った記憶がありますね。

橋本　このＵＦＯ超心理研究会の十一月祭「武内裕」講演会というのは……。

吉永　十一月祭では、その筋では有名な人を呼んで講演してもらうことにしていて、井村さんにほぼ毎年ぐらい講演していただいていたと思います。
　それで、この年は、武田洋一[10]さんを招いたんですよ。武内裕名義の『日本のピラミッド』っていうのは、僕も含めて京大ＵＦＯ超心理研のみんなが愛読していたもので。

橋本　『日本のピラミッド』は簡単に紹介していただければと思うんですけど。武内さんっていうか、武田さんがいくつか日本の巨石文明を一種幻視というかでっち上げて、これは日本のピラミッドじゃないかっておっしゃいますよね。どういうところが一番、心に響くといいますか……。

吉永　日本のピラミッドというと、ご存じと思いますが、広島、庄原の葦嶽山のように、山中に人工物のような巨石が並んでいる山で、戦前の日ユ同祖論者でキリスト者の酒井勝軍が認定した擬似遺跡が有名ですね。ピラミッド形の山だけでなく、神道系の荒深道斉が遺跡と認定したような芦屋の巨石群とか、あるいは鳥居龍蔵がそこら中に発見した「ドルメン」の類とか。そういう、偽史であったり考古学であったりしますが、過剰な思い込みが先行して自然物に人工的な構造物を解読してしまう例は戦前からよくあるわけです。日本に（超）古代文明があってほしいという、近代日本の国民精神の陰画のようなものでしょう。おもしろいのは、木村鷹太郎は語呂だけで強引に古代史を日本に結びつけ、『上記（うえつふみ）』や『富士文献』では文書が証拠となり、『竹内文献』では神宝のようなものが証拠となり、酒井や荒深になると巨石が出てくる、証拠が肥大化していきますね。
　ともかく、そんな忘れ去られた日本のオカルト史を引っ張り出した上で、ピラミッドパワーに結びつけて読み物にまとめたのがこの本です。デニケンの宇宙人遺跡のように南米なんか行かなくても日本でも超古代遺跡が見物できるのが、貧乏な学生にとっての魅力だったかもしれませんね。

たぶん、そもそも、人間は石を見るのが好きなんでしょう。巨大な石を見るのは好きだっていう。これはかなり原初的な衝動ではないですか。だって今ネット上を見るとやっぱりそういう人たちがいっぱいいるでしょう。それともう一つは人工物なのか天然物なのか分からないという、その曖昧さが面白い。

武田さんは、多分、いろんな評価があると思うんですが、この講演会に来ていただいた時の僕の第一印象は関西弁でいう「いちびりな人」でしたね。

橋本　『日本のピラミッド』で紹介されていた「巨石遺跡」では、京大から近い芦屋、六甲は行かれましたか。

吉永　芦屋は何回も行きました。恥ずかしながら（笑）。何を見に行ったかというと、荒深道斉の超古代遺跡の写真集に剣座っていう三角錘の見事な岩が載ってるんですよ。こんなのが本当にあるのかって。これを探しに三回か四回くらい足を運んだ。馬鹿じゃないんですかね、本当に（笑）。色々とうろうろして、最終的には芦屋の水道の貯水池のすぐ傍で発見したんですけどね。なんだ、こんな所にあったのかって。

ともかく、その前のデニケンブームの時に先輩たちは南米まで行ったわけですが、私らは日本のピラミッドで阪急電車。安上がりでした。

いや、『日本のピラミッド』よりも、『地球ロマン』復刊第一号の方がずいぶん影響がおおきかったですね。しかも、〔同誌で〕日本のピラミッドをけちょんけちょんに書いている有賀龍太と、編集者の武田洋一と、武内裕が同一人物だという噂が伝わってきて、〝これはやられた〟と思いましたね。根がC調だから。

橋本　伝説の『地球ロマン』復刊一号ですよね。

吉永　すごく衝撃的でした。信じてるか、あるいは否定するか、どちらかという語り方じゃなくて、中立的で歴史的なアプローチも可能なんだと。これは目から鱗だったんです、本当に。それで、それに影響受けて、『ピラミッドの友』という雑誌を冗談で出したんです。武田さんが十一月祭に来るんだし、洒落で作ろうと。僕よりも真面目に巨石遺跡が好きだという先輩もいたので、U超研の会員で手分けして巨石を調べて、自称巨石遺跡を集めた雑誌を作ることにして、洒落なんだから題名も一番ばかばかしい名前にしようってことで『ピラミッドの友』、それから団体名はっていうと、近代宇宙旅行協会っていうのがあったんですね、極端な反コンタクティーで有名な。それをもじって近代ピラミッド協会って名前にしたんですけど。それから今に至るまでずーっと「近代」というのが、研究テーマになるとは思わなかったですね。いい加減な名前付けるもんじゃないですね、本当。

だから近代ピラミッド協会なんて、実体はないんですよ。『ピラミッドの友』も最初はオカルト史雑誌でもなくて、一号だけの雑誌で終わるはずだったんですが。

U超研では、先輩が南米にいった後、毎年一組がどこかへ遠征にいくような習慣があって、幻想文学の先輩でもあったYさんはインド、二年後に僕らもインドに行きました。そういうと、なんだか当時の宣伝文句じゃないですが、インド・ネパール精神世界の旅、自分を見つめてきたと思われると困るんですが、まったく経済的な理由、海外へ行ってみたい、インドは安い、それだけの理由でした。ニューデリーの本屋でブラヴァツキーの『シークレット・ドクトリン』や神智学の古本、レイ・ラインの本もどこかで買ったかな。インドへ行っても相変わらず古本屋回りしていたんで、なんかインドへ行った意味があるやらないやら。

橋本　U超研には外部からの影響はありませんでしたか？

吉永　円盤コンタクティーや能力者、研究家に会いにいったりしていて、世間には知られていないグル的な人物との接触はよくありました。

真光の道場へ見学にいったり、TM（〔Transcendental Meditation〕超越瞑想）を試したりしていました。ただ、みんな長続きはしてなかったようです。京大UFO超心理研が設立当初から一番影響を受けたのはエドガー・ケイシーだったと思います。『宇宙波動』にケイシーのリーディングを翻訳したり、あと年に一回程度、みんなでまとめてケイシーの協会A・R・Eに洋書を注文したりしていました。

でも、ケイシーの影響が大きかったのは、創立者の頃だったかなあ。僕らの学年の頃は、天下茶屋で生体エネルギー研究所を主宰して、超心理実験をやっていた井村さんの影響が強かったですよ[11]。僕らだけではなくて、同志社の超心理研[12]とか、関西一円の学生超心理研究者で彼のところへ出入りしていた人は多かったと思います。僕も井村さんとの出会いがなければ、霊術研究などに足を踏み入れることはなかったですし。

U超研の中には、シュタイナーやラジニーシをやってる人間はいなかったですが、当時の若手ニューエイジャーというか、ヒッピーの名残のような人の間にはラジニーシが広まっていました。ただグルジェフだけは僕が紹介したせいか、ムーブメントをやった後輩がひとりいたかな。

僕も三年生くらいになると、井村さんの生体エネルギー研究所へは定期的に行っていましたが、U超研の活動には段々参加しなくなりました。その頃から、オカルト史の研究をしたいと思うようになってきて、SFマニアの後輩が増えてきたU超研に違和感を持ったんだと思います。

シュタイナーでは、『ルドルフ・シュタイナー研究』を出されていた河西善治さんと会ったり、Gさんが同志社で開いた高橋巖の講演会を聞きにいったりしましたが、それは僕の個人的な趣味で、U超研の活動とは関係なかったですね。僕の周辺では、幻想文学＝『ソムニウム』関係の人たちの方が、そういうものには関心を持っていました。逆に、ラジニーシをやっている人たちが、『ソムニウム』のワークショップに来たりして。

橋本　『ピラミッドの友』が超古代史からオカルト史に変わるのは、いつ頃からですか。

吉永　『地球ロマン』の影響は強いですね。それと、Yさんがイギリス旅行で買ってきたフランシス・キングの『悪魔と鉤十字』。そこからジェイムズ・ウェブ、エリック・ハウとか、イギリスのオカルト史研究の本を読み始めたんだと思います。フランセス・イェイツも、この頃からかなあ。

橋本　これは全くの自主的ですか。蜂谷先生とは関係なく。

吉永　関係なしに。蜂谷先生はもっと真面目な方。彼は文学だけでなく、世界宗教聖典全集みたいな人で。ほんとうに教養主義の最後の世代なんですよ。だから読まれてる本も聖書とか仏典とかそういう大宗教の教典ばかりで、B級宗教専門のわが身を省みると、本当に情け無いですね。

橋本　でもフランセス・イェイツはアカデミズムの最先端じゃないですか。

吉永　これはイギリス史のKさんからの紹介だったのかなあ。

幻想文学＝『ソムニウム』関係の人たちというか、そちらの知り合いの人はみんなイェイツ読んでたというか。僕も少なくとも本は持ってました。*The Art of Memory*（1966）[13]とか *Giordano Bruno and the Hermetic Traditio*（1964）[14]とか。

橋本　ちょうど七〇年代くらいからイェイツがずいぶん人気になりますよね。イギリスとかのアカデミックで近世のオカルティズム、十七世紀のジョン・ディーですとか、記憶術ですとかの研究がすごく盛んになってくる。その辺りの影響はやはり？

吉永　イェイツは面白かったのですが、ただ宗教学からするとイェイツよりもD・P・ウォーカー。D・P・ウォーカーのほうが僕は面白かった。特に超越的存在を人格的存在とするのか、なんかエネルギーみたいなのにするのか、機械論にするのかっていう思想史の分析が面白かったです。

橋本　なくもがなの注釈をしますと、イェイツとウォーカーは、二人ともウォーバーグ――ヴァールブルグともいいますが、そのユダヤ系ドイツ人が亡命してハンブルクから移設したウォーバーグ研究所っていうのがロンドンにありまして、そこで研究していました。ここは凄いコレクションを持っておりまして、オカルティズムとか絵画とかを研究していた一大拠点になりました。それで山口昌男さんとか高山宏さんとかから紹介され、日本にも影響を与えたんですけども、日本でも人気のイェイツに比べてウォーカーはちょっと通好みですよね。

吉永　そうですね。フランセス・イェイツの研究書を読んでたら、ウォーカーがゲイだったたっていう話を知って、うーんってなんかわけわからず感動しちゃいましたね。

橋本　一九七九年の十一月祭ではグルジェフ講演会をされていますね……。

吉永　えーっとですね、この前後にですね、京都にイーデン・ウェストっていうグルジェフのグループが存在していたんです。(15) イーデン・ウェストの人たちは、七八年くらいから京都のライブハウスとかでムーブメントの公演をやってるんですよ。僕は澁澤の『異端の肖像』に刺激されて、大学一年の頃、英語の勉強をかねてウスペンスキーの『奇蹟なるものを求めて』(16) を読んでから、グルジェフのファンだったんですよ。それで、どういうきっかけか忘れましたが、そのイーデン・ウェストの中心人物だったAさんとの交流が始まって。彼らが発表の場が欲しいって言うんで、じゃあ十一月祭で発表したらっていうことでお呼びしました。確かアメリカから偶々イーデン・ウェストの本部の人が来たっていうことがあって、その方に英語で講演してもらったこともあります。それが十一月祭だったかどうかは忘れましたが。

ともかく、この頃には西洋オカルト史を研究してみようっていう気持ちがはっきりしてて。それでYさんがフランシス・キングを翻訳するので、それを出したいというので、面白かろうってことで、『ピラミッドの友』っていう名前を使って西洋と日本のオカルト史研究の雑誌を出そうって第二号を出したんです。これは大学三年の後半に準備して、出たのは四年の四月ですかね。ここまでは体裁はガリ刷りですね。

橋本　吉永先生は、これ本当に驚いたんですけど「神智学運動略史」をすでにここで書かれてるんですよね。

吉永　そうですね。なんか本当に僕は昔から今までやってることは変わらない。

橋本　これ物凄く先駆的じゃないですか。神智学の運動をアカデミズムのほうから、信者側ではなく略史っていうか概説を書こうってのは。八〇年代には英語でも本が出ますけど……。

吉永　そうですけど、種本があって、無署名の本なんですけど、超心理研の先輩がアメリカで買ってきた神智学史の本があって、それを簡単に要約して出したものです。ポイント・ロマ派からの視点で書かれたものなので、アディヤールに対してはかなり手厳しい内容でした。

で、三号からは手書きオフセットにして、毎号三〇〇部、一冊三〇〇円にすれば、半分売れるともとがとれると楽観的な計算でスタートして、五号まで出したら終わりにしようと最初から計画してたんです。まあ、全然売れなかったのですが。

三号はキングの翻訳の後編と、J・M・ロバーツ……これはイギリスのちゃんとした歴史家なんですけど、その *The Mythology of the Secret Societies*（1972）っていう本の十八世紀のオカルト秘密結社を論じた部分がとても面白かったんで、大同一さんって方に訳してもらったんです。彼も今は大学の英語の先生です。変わった人で、僕も幻想文学研究会に入るために京大に来ましたっていうのは、いい加減酔狂だと思ったんですが、彼なんて、高校出た後に二、三年スタジオミュージシャンやって、それから一念発起してUFO超心理研究会に入るために京大来ましたって（笑）

橋本　岩本という筆名はこの時からですかね？

吉永　いや、忘れちゃった。とにかく巨石絡みで作ったペンネームでしょう。

橋本　で、『ピラミッドの友』の四号ですが……。

吉永　僕は『ピラミッドの友』の四号が一番よくできた本だと思ったんですけども、これが一番売れなかった（笑）。なにしろ、これはまだ不良在庫がある（笑）

橋本　この四号は後の仕事に繋がるような……。

吉永　ええ。「聖別された肉体――オカルト人種論とナチズム」、「異端霊術標本集[17]」、それから「東京オカルト界解剖」とか。四号に寄稿している片山雅樹という方も今は大学の先生をしていますが、その「意識の拡大と人格の成長」っていうのは割と先駆的な記事だと思いますけどね。アサジオリなどの、サイコセラピーについての比較論です。

本当にこれはよくできたと思ったんですけど、全然売れなかったですね。具体的にどこで売れなかったかっていうと、プラサード書店。今日もさっきプラサード寄ってきたんですけど、橋本君がプラサード知らないって言うからじゃあ一回見とかなきゃいかんって。プラサード行って……たぶん僕は七八年か七九年にできて間もないくらいから通ってると思います。

置いといてよって一〇冊くらい置いたんですけど、本当に売れなくて。もう凄い悲しい思いをしてたんですが。

ともかく、文学部に学士入学するので、こんなことは止めようということで、五号で廃刊にする予定にしていたんです。

橋本　宗教学に入って、こういう神智学史をなさろうと……。

吉永　いや、全く思ってなかったですね。全く思ってない（笑）。本当に。とにかくこれは足を洗おうと思って（笑）。足を洗うために五号で終わろうと。終わるのは思い入れがあるグルジェフで行こうということで、イーデン・ウェストの皆さんに協力してもらいました。あとは、幻想文学＝『ソムニウム』関係、ムーブメントを踊っていたU超研の後輩などを動員して、手持ちのグルジェフ本の記事を翻訳して完成させました。
中心人物だったAさんとは何年か前に再会したんですが、ずっとグルジェフのワークを続けています。今会っても本当にさっぱりとして、すーっとした人です。悪くすれていく人が多いこの世界にあって、稀有な例だと思いますよ。

とにかく、いい加減に作った本なんですが、これがアホみたいに売れたんですね。これだけは僕の手元に二冊しかない。残りは全部売れちゃったんです。プラサードに持って行ったら、プラサードで驚くほど売れて、あそこで一回、週間売り上げの第二位までいったんですよ。週間だったか月間だったか忘れたんですけど、あそこの売り上げ第二位ってたまたま新聞に載ったのかな。なんだこりゃっとか言ってみんな驚いて、ひっくり返っちゃった。さっきも言ったように、ラジニーシの人たちとも交流があったんで、みんながダイナミック・メディテーションしてる横で売って回ったんですよ。そしたら飛ぶように売れたんですよ、これも。

七九年は「聖別された肉体」の資料調べとか、「霊術家」の資料調べとか、なんか他人の本の資料調査を手伝っていたんです。で、ついでに自分も日本の心霊本とか調べていて。この頃は関西だと天理図書館に行くしかなかったんですよね。天理図書館に行って、カードをめくって古い本を探して。今はもう、国会図書館パソコンで一発ですけど。

八〇年に出た『迷宮』の三号に井村さんが『霊術家の饗宴』（心交社、一九八四年）の原型となる、かなり内容の濃い長文記事を寄稿していて、僕もついでに日本の心霊本についての歴史を書きました。[18] まあ今みるといい加減な文章で、平井金三の記述も間違いが多いんだけど、平井も含めて、今やってることがここに書いてあると思うと、なんかとても情けなくなります。

橋本　一貫して書かれてることは本当に驚きました。それでこの『迷宮』三号にある書評も面白くて、武邑光裕さん——八〇年代に活躍されたメディア研究者で、今は東大から札幌市大へ移られましたけど——がこの『ピラミッドの友』終刊号の紹介をしてるんですよね。『ピラミッドの友』は京大ＵＦＯ研究会を母体として昭和五十年にガリ版刷りで始まったといって、武内裕の『日本のピラミッド』を原動力とし、『地球ロマン』と共振しているようで面白い。で、昨年、武田洋一氏と京都に行ったとき、京大ＵＦＯ研の代表である吉永進一氏らと会って、近代オカルティズム研究が歴史的空白となっていることに気づかされ、感銘を受けたというようなことを書かれていました。

吉永　感銘かどうかは知りませんが。

橋本　『迷宮』の第二号ですと、ここで「INFORMATION」の所で、「近代ピラミッド協会の代表メンバー・吉永進一も月に一度は上京、「日本近代心霊学史」の執筆打合せ。同協会は初発的には武内裕のピラミッド論を契機としたものであったが、急速にオカルト史志向を強め、会誌『ピラミッドの友』を近々『邪教天国』と改題するとの噂もある」〔二七三頁〕。

吉永　月に一度は上京ってのは大げさですけど、迷宮編集部は何度か訪問してました。一つは『迷宮』の原稿の関係で、もうひとつは草月会館でグルジェフのムーブメント公演会が開かれることになって。これはわりと大きなイベントだったんです。僕が武田さんにイーデン・ウェストを紹介したら武邑さんが乗り気になって。武邑さんは若いのに演劇業界にも顔がきいたようで、裏方に結構立派な人をひっぱってきて。なんか有名人も観に来てたらしいんですけどね。

一九八〇年代――研究対象から研究者へ　不適応宗教学者

橋本　八〇年に『ピラミッドの友』を終えて、理学部も卒業され、文学部の宗教学科に学士入学されるわけですね。これもちょうどお伺いしたかったんですけど、宗教学だと、そのころですと柳川啓一率いる東大宗教学科が異色でしたよね。イニシエーション的な……新興宗教、新新宗教に実際に潜入して、レポートを書かせるっていう、宗教社会学の一極限までいくような、文化人類学に近いようなことをやる東大宗教学があって。そこから異才といいますか、中沢新一なり、島田裕巳、四方田犬彦、そして植島啓司という人が続々と。最近、『遊』の工作舎から、四方田犬彦さんの『歳月の鉛』（工作舎、二〇〇九年）っていうのが出まして、その頃のことが非常に生々しく書かれていてご存じかと思います。一方で京都の上田閑照先生ってのはお名前からわかる通りお坊さんですし、実際、京大の宗教学は、厳密には哲学というか宗教哲学ですよね。たとえば西谷啓治っていう、お経のような、私には何言っているのかよくわからないような先生が初代の主任なわけで、いわゆる宗教学とは違いますよね。

吉永　なんで宗教学に入ったかっていうと、TさんというYさんの中学時代からの友人がいまして、彼が法学部から文学部に学士入学して、宗教学にいったんですよ。で、僕も理学部を卒業して文学部に入りたい。文学部で平田篤胤を研究するところはないですかねと文学部の先輩に尋ねたら、そんなもんできるわけないじゃないかって言われて。そうかあ、じゃあ他にどこがあるって言ったら、宗教学だったらラテン語が無いぞって言われて。古典語がないという理由で宗教学にしたようなもんですね。

橋本　どうでした、上田閑照先生のところって？　上田閑照はご存じの方が多いと思うんですけど、エックハルトのようなドイツの神秘主義と禅の比較といった、特異な研究で有名ですから、吉永先生みたいな研究とはちょっと異質といいますか……。

吉永　そうですね、全然ちがいますね。

橋本　それだけに京大の宗教学科の中では……。

吉永　えーっと、当時京大の、一九八〇年ごろの宗教学っていうのは、上田先生自身に宗教的というか、達人っぽい雰囲気があるんで、それを求めてくる学生もいましたよね。作務衣を着て受講している学生とか。宗教哲学といっても、日本的、京都学派的な宗教哲学なので、どうしてもそういう雰囲気が出てくるんですが。

それでも学部生、院生は、まずはドイツやフランスの哲学をやらないといけない、という暗黙の了解がありました。

ただ、さっき言った一年先輩のTさんがユング心理学で宗教学にいくという話だったので、それなら僕もエリアーデでいいかなと思い、調子にのって入ったんです。するとフロイトをやっている人間とか、リクールを研究している人もいて、それにオカルト史研究を趣味にする人間もいて、偶然ですけど何人か同じような傾向の人が集まった世代があったんです。その世代だけは京大宗教学でも異質かもしれません。裏京都学派と自称してるんですけど。今でも研究ではお互いに刺激しあっています。

橋本　そうした中では上田閑照先生の授業はすごく地味な感じが……。

吉永　上田さんから教えていただいたエックハルトに何か影響を受けてるということはないんですが……そもそもわからなかった（笑）。だから、例えば禅の話ならば机をがたがたさせるという話が何回聞いてもよくわからないですけれども、先生の周りには深い人格からおのずと生まれる雰囲気みたいなものがあって。

上田先生っていうのは大学院の演習のときに僕らがとんでもない発表をしても、熱心に聞いて質問してくれるんですね。それはすごく勉強になりました。こういう風に人に対して聞くものかっていう。学問というのは聞くことから始めなきゃいけないんだなあって。その厳しさを見せられました。とにかく厳しい。

あとは京都学派だなと思うのは、やっぱり他人事ではないというところかな。オカルトでも何にしても、客体として取り出して整理するっていうのは苦手ですね。最終的にはどうしても自己に戻ってこないと、問題は本当の問題にならないだろうという気はあります。そこらへんは京都学派かもしれません。

橋本　じゃあこうしたフィールドワークみたいなのは全然……。

吉永　宗教社会学ではなかったからできなかったですね。

橋本　そうですよね。フィールドワークは他のところではあっても、宗教哲学ではどちらかというと全然ないですね。宗教社会学ではないので。

吉永　ただ考えてみたら、僕はフィールドから来たようなもんですから（笑）。だから時々他流試合じゃないですが、「宗教社会学の会」なんかで宗教社会学の方の発表を聞かせていただくと、なんか甘いんじゃないかなって思うこともありました。予定調和的にまとまるんですね。新宗教はよかったたっていう。どこがいいんだよって思うんですね。ＵＦＯ超心理研とかを通じて、変な人を見てきたので。

橋本　東京のほうでなさってたお仕事っていうのは全然ご覧になったりってことはなかったですか？　ちょうど東京ですと、それこそ島田裕巳さんが……。

吉永　それは全然。噂は武田さんから聞いてたんですけどね。武田さんから柳川研ってところはすごいところだよって噂は聞いてたんです。新宗教団体に潜入調査をしたら戻ってこないんだよと。

橋本　武田さんはこのころの東大の由良ゼミとかに出入りして、その中でものすごく情報を仕入れてたっていう話ですけど。やっぱり京都にもそういう情報が武田さん経由で……。

吉永　僕は武田さん経由で聞いていました。東京のほうでは宗教社会学研究会というのがあって、新宗教の研究とか学問でもできるところがあるんだよって話は聞いていましたね。鎌田東二氏が『ソムニウム』に寄稿していたので、そちら経由でも聞きました。あと個人的な趣味で金光教の研究を読んで島薗先生の名前を見たりとか。やっぱり島薗さんの金光教の研究っていうのは、そのころ新鮮だったですね。ああ、こんなのができるんだって思って。新宗教研究っていうのは村上重良で終わってたのが、もう一歩進んだのができてくるんだなあって。

橋本　やっぱり柳川先生の遺産っていうか……。

吉永　そういうことになるんですかね。

橋本　そうですか。放任でいろんな面白い人を育てたって単純化はできないでしょうけど、やっぱり学統が続いてるような感じがしますよね。

吉永　学統があったのかもしれません。柳川さんは集中講義で京大に来られたときに二回くらい聞いてます。春風駘蕩というか、懐の深さを感じさせる人柄で、すぐにファンになってしまいました。

　で、柳川さんのおかげで湯浅泰雄先生のところに遊びに行きました。そうですね、さっき言ったユングをやってる年長の友人が、僕よりも熱心な湯浅ファンで、柳川先生から湯浅先生を紹介いただいたんで、二人で会いに行ったんですよ、『ピラミッドの友』を持って。まだ阪大にいらっしゃったころ、阪大の日本学の先生してたころですね。その頃はお時間もあったのかなあ。初対面なのに、まあまあ入れ入れっていって。まあまあ酒でも飲めっていって料理が出てきて。で、機嫌よくなってくると最後は全部超心理の話ばっかりなんですよね。パラサイコロジーがって（笑）。最初はパラサイコロジーっていってるんですけど、そのうちパラになってきて。パラがパラがと。そういう楽しい思い出があるんですけどね。それも柳川先生のおかげですね。

橋本　ところで、先ほどからユングをやられている友人の方が出てきましたが、ユングがある種、今とは違った熱と光を帯びていたころというのが、ちょうどこのあたりだったかなあって気がするんですけど。

吉永　そうですね。今はユングは河合隼雄の啓蒙のおかげで、当たり前のようになってしまっていますが、まだユングが秘教的な雰囲気を持っていました。

でも、ユングの影響はかなり広かったと思いますが、僕個人に限ると、ユングよりもエリアーデ、エリアーデも宗教学書よりも小説類の方が思い出が深いです。その頃、大学院入試対策でフランス語を勉強しはじめたのですが、エリアーデのフランス語は楽だからと僕が主張して、文学部の友達みんなで『セランポーレの夜』のフランス語訳を読んだりしました。エリアーデの小説に平田篤胤の怪談というのは、どちらも学者の余技といわれるかもしれませんが、むしろ彼らの本質を映し出してるように思います。

この頃、浅田彰が出てきて、ニューアカデミズムがブームになったりしますが、僕はオールドアカデミズムの人間だから、オカルト史がどうやったらオールドアカデミズムの枠に入るのか、それとも無理なのか、そちらの方が心配でしたね。

橋本　武邑さんとかがそろそろそっちに移行するころでしょうか。

吉永　そうですね。オカルトのほうから文化論のほうにね。

橋本　メディアは霊媒だみたいな話からうまくメディア論のほうに移っていきましたね、ニューアカの流行といっしょに。オカルトにいた人がニューアカのほうへ、中沢新一みたいにゆっくり……。

吉永　でも中沢氏の場合は、オカルトにいた人じゃなく、昔も今もずっとアカデミズムに足をおいている人だと思います。

橋本　なるほど、じゃあこのころは勉強をずっと……。

吉永　いや実は大学院にすべっちゃったので、一度、高校教員になったんですよ。八三年と八四年。それでも、もう一度大学院に行こうと思って、フランス語の勉強を兼ねて、ヴィアットの『ロマン主義のオカルト的源泉』(19)っていう、戦前に出たフランスの十八世紀秘教研究書があるんですけど、これを仏文の先輩でノディエを研究していたTさんにお願いして毎週一回読書会していました。これはかなり真剣にやってて、まだ立派なノートが残ってて。よくできたなあとか思うんですけど。

橋本　院試対策もかねてでしょうか？

吉永　このころはやっぱり近代西欧オカルティズムの歴史を書いてみようって気があったんでしょう。何を勘違いしていたんだろうと思うんですけど。だからフランス、イギリス、アメリカという流れで、一回オカルティズムの歴史を見たいなあってのがあったんですね。ただフランス語のほうはもう一回読みたいんですけど、なかなか時間がない。

橋本　一九八二年に伝説の雑誌『幻想文学』が、東雅夫さんと石堂藍という名編集者によって創刊されるんですけど、母体が早稲田大学の幻想文学会で。そこでオカルトでいうと浅羽通明さん。その浅羽通明が東さんと高校時代から同級生で。で、かなり浅羽通明さんはオカルトのほうに入れこんでいて、その反動かどうか『幻想文学』の中でちょっとした路線の対立があって、知のおたく批判をする浅羽さんは面白い書評を投稿されていたんですけど。そのあと浅羽さんの『澁澤龍彦の時代』（青弓社、一九九三年）の評価をめぐって、真っ向から対立した二つの書評が『幻想文学』に掲載され、そのせいかどうか決裂しちゃう。それはともあれオカルト系と距離を置くというのは『幻想文学』の売りでしょうね。あくまで幻想文学のみ一本でいく。クロウリーとかのオカルト系には距離を置く。クトゥルーをやってもそのへんは控え目と。そうした一線を越えないようにするっていう潔さが『幻想文学』にあったんでしょうね。

吉永　最初はそうかもしれません。ただ、石堂さんはその後『幻想文学』で神秘主義文学研究というかなり内容の濃い特集号を編集されていますが、そこではむしろ線を引いてないですね[20]。もちろん神秘主義とオカルトは区別すべきものなんですが。僕には石堂さんは手ごわい読み手、優れた批評家という印象があります。

それで、京大の幻想文学研究会ですが、これはたまたま複数の人間がＵＦＯ超心理研と人間が重なっていたという、かなり珍しいケースだったと思います。

なんていうか、わけの分からないものを、わけの分からないものとして、オカルトとか文学とか、ジャンルに分ける前のものとして受け取るべきではないかという気はあります。イデオロギーが先にあって……幻想文学とオカルトという風にイデオロギーで分けられるんではなくて、それ以前のイデオロギー化できない部分で等分に見ていたようなところはありますね。

橋本　幻想文学というのは文学として純粋に楽しめるものではなくて、こっちが引き込まれそうになるちょうどぎりぎりのものを扱っているというわけですよね。

吉永　そうでなければ幻想文学ではない、意味はないだろうと思います。それはYさんの影響が大きいのですが、チャールズ・ウィリアムズとか泉鏡花、散文それ自体が力を持っちゃって、ビジョンがどんどん、どんどん展開して現実を脅かしかねないようなものですね。

橋本　それで一九八四年に、[21]『世界のオカルト文学・幻想文学総解説』（自由国民社）というのが……。

吉永　出るんですかね（笑）

橋本　これが由良君美監修で東西のオカルト文学を紹介すると。このなかで由良ゼミ、いわゆる四方田さんの『先生とわたし』（新潮社、二〇〇七年）で有名になった由良ゼミがフルメンバーで出てくる。その中に関西系の人がいる。

吉永　京都の連中とそれと由良ゼミですよね。

橋本　それともちろん四方田犬彦さんが書いていて、それに富山太佳夫、高山宏さん、前川道介先生と。本当にこれは東西の幻想文学の人たちが総動員といった感じで、吉永先生は岩本道人名義で書かれていますね。オカルト文学研究家、岩本道人、そういう肩書きで。十四歳で中学生の時ですから、私は何も知らずに、岩本道人、ああ怪しげな人だなって。こうはなっちゃいけないん

だろうなって（笑）

吉永　そう、こうはなっちゃいけないよ（笑）

橋本　その中で先生が書かれていて、ブラックウッドの本とかもここで紹介されていて。私はすごく面白かったんですけど。これはどなたがもってきた話だったんですか？

吉永　たぶん。由良君美がYさんに発注して、これどうですかみたいな感じで『ソムニウム』の仲間で分担したんじゃないんですかねえ。

橋本　なるほど。ここでしっかりブラックウッドの『ケンタウロス』みたいなものも……。

吉永　この経緯は忘れてしまいました。

橋本　私は、このガイドでしっかりあっちにいっちゃったんですけど（笑）

吉永　そうですか、すいません（笑）

橋本　じゃあ由良先生とかもまるっきり……。

吉永　全然知らないですね。だからそれですれ違っただけで。

橋本　ところで、この頃『チベットのモーツァルト』（せりか書房、一九八三年）が出て、『サンデー毎日』で日本のピラミッドが特集され……。

吉永　並べる必要はないですけどね、この二つ（笑）。その時は知らなかったのですが、『チベットのモーツァルト』には、エディシオン・アルシーブのGさんがかなり噛んでたって、あとになってせりかの編集者から聞きました。

橋本　ついでにいいますと、『サンデー毎日』の日本のピラミッド特集って、手塚治虫がコメントしてるんですね。たぶん以前に『三つ目がとおる』でとりあげた関連で。『三つ目がとおる』は日本のピラミッドのネタをちょっと利用してますからね。

じゃあそれで大学院に八四年に……。

吉永　そうですね。八四年に入学して……。

橋本　卒業論文はなんだったんですか？（笑）

吉永　いやだなあ（笑）。えーっとね、学部の卒業論文はシャーマニズム。エリアーデの『シャーマニズム』じゃなくって、ロシアのとかいろんな国のを読んだんですね。それをエリアーデのシャーマニズム論にくっ付けたっていう、どうしようもない作文。

橋本　大学院での研究計画みたいなのは、このとき出すんでしたっけ？

吉永　そう、修士課程ではエリアーデをやりますっていったんですね。シャーマニズムじゃなくて、ちゃんとエリアーデやりますって。修論ではエリアーデの歴史概念について書いたんですけど、これももう一回書けるもんなら書き直したいです。

橋本　それで、『オカルト・ムーヴメント』（創林社）が蜂谷先生の亡くなったのと同じ八六年に出ています。この出版の経緯は？

吉永　これはGさんが創林社に口を利いてくれて[22]『ピラミッドの友』のアンソロジーを出そうということで。寄稿しているのは『ピラミッドの友』の寄稿者たちです。

橋本　これも文献案内と年表がすごくいいですよね。本当にこの当時のものでは最良のものだと思うんですけど。先生が作成されて。

吉永　忘れちゃった（笑）

橋本　復刊するとか別で出すとかいうことはないんですか？

吉永　みんな嫌がるでしょ。僕も絶対嫌だよ（笑）。神智学についてはなんか書かなきゃいかんだろうと思うんですけど、なかなか難しい。

橋本　それで八六年にはシャーリー・マクレーンの『アウト・オン・ア・リム』（山川紘矢・亜希子訳、地湧社）が出まして、ベストセラーになりましたよね。

吉永　はい。これで完璧に時代とはずれているということがわかりまして（笑）。まったくオカルトの時代ではないということがわかりまして。こんな本を読んでどこが面白いんだっていって、もう現代のことは研究するのを止めました（笑）

橋本　大学院では……。

吉永　博士課程に入ってから研究テーマをウィリアム・ジェイムズに変えたんです。いやこれは、エリアーデはこれ以上研究するんだったらルーマニア語を読めなきゃいけないだろうって。それはちょっとなあ、っていうのと、それとたまたま大学に入ってきた研究生がジェイムズの『宗教的経験の諸相』を読みたいっていってて。その頃宗教学で英語圏の研究していたのは僕しかいなかったので、付き合いで読み始めたんですよ、『宗教的経験の諸相』を。そしたらえらく面白いじゃんって（笑）。僕の方がはまってしまった。

橋本　そのおかげで。ジェイムズは一貫してなさってるんですか？

吉永　そうですね、やっぱり好きですね。オカルトの研究というか、オカルトの視座を作るときに、よく考えるとこれが一番参考になりますね。なにか誂えてあったような気さえします。

橋本　で、大学院は九〇年まで。

吉永　はい。

2　後半——オカルト史の立場

付録資料　オカルトな立場——あれでもなく、これでもなく

一　時代の変化とアプローチの模索——ＵＦＯ超心理研の人々

Ａ　人生派　エドガー・ケイシー、ヒマラヤ聖者の会

ＳＦ派　懐疑論

Ｂ　歴史研究　『復刊 地球ロマン』←→大陸書房、『オカルト時代』

現象研究　井村宏次・生体エネルギー研究所、本山博・宗教心理学研究所

←→ライン、超心理学

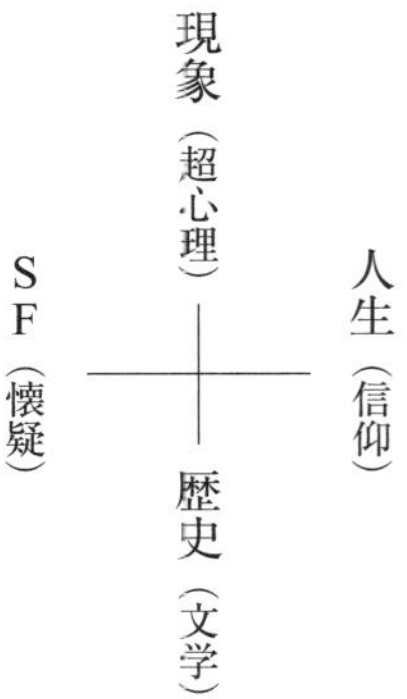

人生（信仰）
現象（超心理）　　歴史（文学）
SF（懐疑）

C
一九八〇年代。社会学研究の進歩、驚き、物足りなさ
一　「宗教社会学研究会」（東京）、「宗教社会学の会」（関西）の驚き
　　――アカデミズムでの可能性
二　宗教社会学の予定調和的議論――歴史と「毒」についての議論の不足
三　研究者の精緻で外在的な（etic）理論が、正当な判断を誤らせる可能性
四　都市民俗学の「安全性」

D
オカルトからニューエイジ・精神世界へ　男性B級文化から女性中心の文化へ
一九八六年『アウト・オン・ア・リム』翻訳出版
プラサード書店の変化

第二章　余はいかにして「類似宗教学者」になりしか

二　「オカルト通」たちの視点
二－一　新しい波
武田洋一――左翼とオカルト
井村宏次――現象への疑と信、宗教的信仰

二－二　Occult History（一九七〇年代～）
フランシス・キング――娯楽としてのオカルト史。儀礼魔術、ナチズムとオカルト
エリック・ハウ――詳細な叙述。メーソンリーとオカルト
ジェイムズ・ウェブ――懐疑論と筆力。ナチズムとオカルト

二－三　ＣＳＩＣＯＰ（一九七〇年代～）
一九七〇年代オカルト流行の際に発生――Marcello Truzzi vs. Paul Kurtz

二－四　anomalous phenomena の再発見（一九八〇年代～）
ジョン・Ａ・キール――男性雑誌における現代の語り部
ロバート・アントン・ウィルソン――リアリティ変容経験への賢者の視線

『フォーティアン・タイムズ』*Fortean Times*
——「現象」の再発見。*Fate Magazine* などに代わる anomalous phenomena の新しい語り方

三　「オカルト史」の歴史

三－一　一九七〇年代イギリス——オカルト史研究

Francis King, *Ritual Magic in England*（1970）.
Ellic Howe, *Magicians of the Golden Dawn*（1972）.
James Webb, *Flight from Reason*（1971）. 改題 *The Occult Underground*（1974）.
Richard Cavendish ed., *Encyclopedia of the Unexplained*（1974）.

三－二　一九七〇～八〇年代アメリカ——オカルト研究

Howard Kerr, *Mediums, and Spirit-rappers, and Roaring Radicals*（1972）.
Edward Tiryakian, *On the Margin of the Visible: Sociology, the Esoteric and the Occult*（1974）.
R. Laurence Moore, *In Search of White Crow*（1977）.
Howard Kerr & Charles L. Crow, ed., *The Occult in America*（1983）.

三−三　フランス——エゾテリスム研究

Auguste Viatte, *Les sources occultes du romantisme* (1928).

Antoine Faivre, ed., *Cahiers de l'hermetisme*.

Jean-Pierre Laurant, ed., *Politica Hermetica*.

三−四　アメリカ新宗教研究——オカルト史へ目配せした研究者

Robert S. Ellwood Jr., *Religious and Spiritual Groups in Modern America* (1973).

Robert C. Fuller, *Mesmerism and the American Cure of Soul* (1982).

Gordon Melton　辞典類、復刻

四　「オカルト史」の現況

四−一　スピリチュアリズム研究

Ann Braude, *Radical Spirits* (1989).

Alex Owen, *The Darkened Room* (1989).

Janet Oppenheim, *The Other World* (1985). 邦訳、ジャネット・オッペンハイム『英国心霊主義の抬頭』（和田芳久訳、工作舎、一九九二年）。

その他

Bret E. Carroll, *Spiritualism in Antebellum America*（1997）. 歴史研究、J. M. Spear

John Durham Peters, *Speaking into the Air*（1999）. 第二章がスピリチュアリスト

Helen Sword, *Ghostwriting Modernism*（2002）. 文芸批評

John B. Buescher, *The Other Side of Salvation*（2004）. 歴史研究

Todd Jay Leonard, *Talking to the Other Side*（2005）.

Jeffrey Sconce, *Haunted Media*（2005）.

Deborah Blum, *Ghost Hunters*（2006）. 邦訳、デボラ・ブラム『幽霊を捕まえようとした科学者たち』（鈴木恵訳、文春文庫、二〇一〇年）。

四－二　alternative medicine, New Thought, metaphysical

Norman Gevits, ed., *Other Healers: Unorthodox Medicine in America*（1988）.

Beryl Satter, *Each Mind a Kingdom: American Women, Sexual Purity, and the New Thought Movement, 1875–1920*（1999）.

Catherine L. Albanese, *A Republic of Mind and Spirit*（2007）.

四－三　Theosophy 研究

Robert S. Ellwood Jr., *Alternative Altars*（1979）.

Bruce F. Campbell, *Ancient Wisdom Revived*（1980）.

Gregory Tillet, *The Elder Brother: A Biography of Charles Webster Leadbeater*（1982）.

神智学協会以前の研究

Joscelyn Godwin, *The Theosophical Enlightenment*（1994）.

Deveney Godwin, Christian Chanel and John P. Deveney, *The Hermetic Brotherhood of Luxor*（1995）.

John Patrick Deveney, *Paschal Beverly Randolph*（1996）.

神智学協会以後の研究

J. Stillson Judah, *The History and Philosophy of Metaphysical Movements in America*（1967）.

Philip Jenkins, *Mystics and Messiahs: Cults and New Religions in American History*（2000）.

五　アジア、仏教との関係

Thomas A. Tweed, *The American Encounter with Buddhism*（1992）.

Arthur Versluis, *American Transcendentalism and Asian Religions*（1993）.

六　秘教研究の確立

Wouter J. Hanegraaff, *New Age Religion and Western Culture*（1998）.

七　研究機関など

一　University of Amsterdam（Wouter J. Hanegraaff）　雑誌 *Ariel*

二　Michigan State University（Arthur Versluis）*Esoterica*

三　Exeter Centre for the Study of Esotericism, University of Exeter（Nicholas Goodrick-Clarke）

その他は http://www.lamp.ac.uk/sophia/index.html を参照のこと。[23]

代表的な研究書のシリーズに SUNY Series in Western Esoteric Traditions がある。

八　欧米での歴史研究の傾向と課題

一　スピリチュアリズム研究の増加。メディア論との関係？

二　歴史的（十八世紀以前）秘教思想史研究の確立

課題

三　現代のニューエイジ・スピリチュアリティ研究と歴史的研究との間隙

十九世紀の歴史研究は比較的充実

二十世紀の歴史研究の不足

神智学運動史についての決定版的研究が不足

神智学↓円盤↓ニューエイジ（メルトン説）の十分な検証と叙述

四　東西交流という視角

五　心身技法の東西比較

オカルトの正体

吉永　この付録資料で「オカルトな立場」としたんですけども。宗教、レリジョンという言葉は新しくて、明治半ばの仏教雑誌などにはレリジオンとは何であるかという記事が載ったりしているんです。ただ、この言葉は宗教学という学問とセットになって、すでに一〇〇年以上通用してるわけですよね。少なくとも東大宗教学は一〇〇年以上経ってます。

ところがオカルトについては、オカルトとそれに対してセットになるような、例えばオカルト学というのはないんです。その理由は、常に名前が変わってるからなんです。オカルト、エソテリシズム、さらにその前は心霊であったりとか、あるいはアメリカだったらメタフィジカルとかね、いろんな名前で呼ばれてる。しかも実体として指してるものも微妙にずれたりするんです。ところが我々としては、どうも共通のようなものがあるような感じがする。そういう名称と定義などについて全然一定してないために、余計に立場……どこに視座を置くべきかっていう立場がみえにくい。もちろんそれ以上に、そんなものは本当にあるのないのといった素朴な懐疑から始まりまして、やっぱり非常にややこしい。

秘教という知識の性格については、少しまとめて補足しておきましょう。

秘教は、往々にして「忘れ去られた」という形容詞がつきます。

秘教の体系は、ゆるやかな想像力の連想によってつながるさまざまな知（たとえば、動物磁気、タロット、錬金術、占星術、カバラ、精霊魔術、天使論から、アトランティス大陸などの超古代史、永久機関のようなガジェットまで）が無際限に広がる原野の中に、領地を区切るようなもので、ブラヴァツキーやリードビーターのような体系家が時折出現してはそれらを一つにまとめ、新たな知をもたらします。基本的なパーツは、新しいものとして泡のごとく湧き出しているように見えますが、それらは常にそれ以前の概念の中に読み込まれていきます。たとえばメスマーの動物磁気は、パラケルススのアストラル光に読み込まれていきます。実際は当時の先端科学の影響が大きかったにもかかわらず、「忘れ去られた」感応関係の復活として解釈された。そのために新しい知識は、原野に広がる秘教的知識に接続され、原野はその範囲を広げていく。

近代秘教史の際限もない知識の混沌たるありさまは、このようなイメージで考えざるをえないのではないか、と思います。理論的な関係ではなく、想像力の連関によって拡大していく。神智学など秘教団体がつねに分裂していく根本的な理由の一つはそこにあるように思われます。原野はつねに拡大していくために、新たに領地を画定して中心を置き、新たな体系を作らざるをえない。ブラヴァツキーの世界体系も絶対的なものでもなく、新たな視角による新たな編集が可能であり、またそうした拡大しつつある知識の原野では、個人が主体的に定位して知識を編集していかなければ途方に暮れてしまうことになります。つねに新たな参照枠組みが出現して、知識のコンポーネントのひとつひとつに新たな意味が与えられるので、「忘れ去られ」たものとして「再発見され」ていく。

実際に、社会に流通する知識全体の中での余白部分に追いやられている時期があるということは、出版の状況を見れば分かりますが、それ以外に、「忘却」と「想起」が秘教思想の中で一定の価値を占めているということもあるかもしれません。

キリスト教のように、中心となる教義や宗教的知識の限界が一応設定されているわけではない。また信仰によって支えられているわけでもない。近代のキリスト教が科学と対立し、あるいは棲み分けを行うが、秘教は科学と親和的であり、そこへ越境していき、そのヘゲモニーを脅かしていきます。「余白」とか「うら」と呼ばれる原因は、つねに再編集されていき捉えどころのない点、科学的世界観と対立しているから排除されるのではなくて、棲み分けができないので「おもて」にしてはいけないという安全弁が働くのではないか、と考えています。

「いかがわしさ」という、曖昧ではあるが確固たる価値基準があって、キリスト教文化の場合には、科学との対立とかキリスト教との対立とかという単純なものではなくて、科学とキリスト教の対立と棲み分けを脅かすから、このレッテルが貼られるのではないか、と思います。これを日本ではどうなのかというと、科学的か否かというよりは、公の領域と私の領域の棲み分けを脅かすものが「いかがわしい」とされるのではなかろうかと思ってますが、それはまたの話としましょう。

交差点

吉永　そこで振り返ってみますと、確かに同じようなポジションにいる人間はあんまり多くないですね。これはなんでかっていうか、まあ今でもポジションを模索状態なんですけど、最初からどうも模索してて。

ＵＦＯ超心理研究会に入ったときに、そこにとりあえず「人生派／ＳＦ派」（付録資料　一―Ａ）とわけたんですけど、クラブ内の人たちが二手に色分けできたように感じたんです。もともとＵＦＯ超心理研を作られたＡさんって先輩は、この人生派というか、ケイシーを日本に紹介すると同時に道を追求する、といった肌合いの人で、のちにＵＦＯ超心理研とは別個にヒマラヤ聖者の会というのを作ってます。ここは『アクエリアス』っていう雑誌を出してますね。それから、『オカルト・ブック・リスト』っていうのをこの人たちが作ってます。僕がＵ超研に入った年にできた組織で、そのＡさんって方が中心に、Ａさんの一つ下のＮさんっていう方とＯさんって方と、学外のＭさんという人たちが中心になってやってたんです。そののちに出てくるニューエイジ――精神世界ですね、今だったらスピリチュアリティという――、まさにそういったのを先取りするような肌合いの同人誌を出しています。うまくいきませんでしたが、本当にこれで社会に意識革命をもたらして、出版としても持続的に活動していこうと考えていたんです。[24]

たまたまＮさんっていうのは今自分のブログをやってて、久しぶりに読んだりするんですけど、なんか全然変わってなくてほっとするんです。いや、僕は最初はこんな人生派の連中を敬遠してた部分もあるんですね、根がC調なもんで。でもやっぱり年をとってくると段々そういうのも分かるようになってきましたね。

それからもう一つは「ＳＦ派」っていうんですけど、ようするにのちの「と学会」にあたるような、オタクな人たちもかなり入ってて。超心理現象なんかこんな風に説明できる、そういうような批判を、クールな批判をするわけですけど。彼らにとって重要なのは情報なんですね。知識至上主義というか、情報を人より一つ多く持ってるっていうことが――オタクですから――どうも大事なことになってくる。志水一夫さんなんかはどうもそういう気配があったんです。一方ではビリーバーと呼ばれてるようですけど。

まあその二つの両極端があって、僕は揺れ動いてて。もう一方の次元として、軸として「歴史研究」――というかこれは正確には文学研究なんですけど。一方の端にあったのは――下のほうにあったのは――当時のモデルであった澁澤ですね、やっぱり。もう一方の「現象研究」のほうであったのは、もちろんラインとかの超心理研究です。例えば本山博の宗教心理学研究所とか――これは井の頭にあって、見学に行ったりもしてました。で、その二つの間で揺れ動いたんです。

井村宏次と生体エネルギー研究所

吉永　井村さんと生体エネルギー研究所というのは、僕にとっては決定的な影響だったんです。まあ生体エネルギー研究所と偉そうなことを言ってるんですけど、行ってみたら天下茶屋の汚いぼろぼろの家で。そこは井村さんの仕事場――洋服のタグを印刷するのが彼の仕事で。なんでその仕事をしてたかっていうと、ようするに超心理研究をするために自由な時間がとれる仕事を探してそれを始めたんだ、ということでした。

そのタグを印刷する機械があって、その横の空間で、超心理実験なるものをするんですよ。本当に手作りの実験でした。例えば感覚遮断実験なんかは、ピンポン玉を半分に切って目の前にぴっと貼り付けて、ヘッドホンを付けてという。ほんとに手作り。しかも、ピンポン玉に目が書いてあるんですけどね（笑）。これをつけると宇宙人になる。みんなに付けさせて笑うという、これが一回儀式になってる。

その中で超心理実験をやってて、最初はこんないい加減な実験でいいのかと思ってたんですけど、でもよく考えたら、笑わせるのも「手」なんですよね。つまり被験者を過剰な緊張下に置いていては、超心理の能力が非常に出にくい。彼はそこをよく分かっていて。だからギャグを飛ばして笑わせて弛緩させる。創造性というのは――枝雀じゃないですが――そういう適度な緊張と弛緩の中で出てくるものだと思います。そういう仕掛けをいろいろ積み重ねてあって、実験デザインひとつをとっても、いろんな意味で勉強になりました。

実験の先進性という点では、海外を含めて当時の他の超心理研究者にひけをとらなかったと思います。また井村さんは海外の書籍も多数取り寄せて、動向に目を配っていました。

地理的には、井村さんの研究所は、蜂谷先生のお宅もそう遠くない場所なんですよね。大阪下町文化の底力というか。

それで、井村さん自身なんですが、最初はこんな怪しげな場所で、なんという変なおっさんだと思ってたんですが。しかも強烈なことをぽんぽん言われる。若い者は人生指導までされてしまいますから、一回行って二度と行けないという人も多かったと思いますよ。

さきほど人生派、ＳＦ派と分けて、人生派には違和感があったと書きましたし、生意気盛りの頃ですから、井村さんのいろいろなアドバイスも最初は腹を立ててたんですが、よく考えてみたらその通りだと。強烈な使命感とか倫理観と同時にしたたかな世間知もあって。確かに大学の一年なんて、受験戦争をくぐってきたばかりで、まだまだ人間らしくない頃です。頭のほうはふわふわしてますし、体と心は殻のようなものに覆われている、これを一回脱ぎ捨てて地面に着地しないといけないいんですが、その時に井村さんや蜂谷先生のような、すごく高い目標に出会えたのは、幸か不幸か、やっぱり良かったんでしょう。

そこで、ヒマラヤ聖者の会ではなくて井村さんの方をとったというのは、井村さんの方は大阪下町の社会空間に適応していたからかもしれません。地に足をつけたところ、本音で語るようなところが安心できたのでしょう。

とにかく井村さんは行動力があって、徹底しないとすまない人です。超心理だけではいかん、やっぱり東洋医学をやらなければいけないっていって針灸の学校に入り直して、針灸の勉強をし始める。針灸を勉強したところで、今度は失われてた針灸の技術を回復させねばいかんということで脈診を始めたり。海外の人間に技術を伝えなければいかんということで外大の夜間に通って、英語をものにしたり。エスノポップに凝り始めた頃、インドネシアの会社と契約して、ケチャピスリン[25]の原盤を取り寄せてカセットを出したり。普通の人がもういいやと思うところから、さらにもう一歩も二歩も踏み込むんですよ。

彼自身にも霊的な能力があるのですが、その一方で霊的な経験に対してすごい批判的で、なんか経験して舞い上がっているような相談者はいつも厳しく現実的なアドバイスを貰ってました。そこらへんの現実と超現実とのバランスの取り方っていうのは、当然僕には――霊視能力も何もないですから――真似はできないですけど、それはすごく参考になったんですね。

井村さんは今は印刷やめて治療一本のほうにいってますけど[26]。一度誰か彼の治療院の社会学的な研究をされたら面白いですよ。彼は治療院の待合室を利用するんです、治療に。いや計算しているかどうか分からないですが。待合室の中にベテランの患者がいるんです。ボランティアというか、半ば協力者のような人。そういうベテランの患者が新しい患者に対してどういう心構えをしたらいいのか、病気に対してどういうポジティブな心構えをしたらいいのかっていうことを雑談の中で教える。つまり病者はどうしてもエゴセントリックになって固まっている。それを解きほぐして、他者への気配りをするようにしないと病気も治らない。それを患者同士でやるようにしている。

治療で最初はお金をとらなかった。なんで井村さんはお金をとらないんですかっていったら、お金をとったら甘えるだろ、患者が。患者はお金をとらないから迷惑を掛けたくないと思って、自分で病気を治す。そういう風に努力をする。そうしたら病気は治ると。ところが金をとったら患者は甘えるからだめだっていうんですね。

いろんな意味で、ここでは言えないようなことでも教えてもらったことはいっぱいあるんですけど。超常現象があるっていう立場、それからそれに対する懐疑の立場。それからさらにそれの奥にある、例えば信仰という……宗教的な信仰といったもうちょっと深い立場とか。そういったのが一つの人格の中で一緒になって、機に応じて出てくると。そういう風に客観的にいっちゃうとそれまでなんですけどね、かなりそれに影響があったってのは確かですね。

都市民俗学の安全性

吉永　そこに書いた「都市民俗学の「安全性」」（付録資料　一－C－四）っていうのは、例えば都市伝説というのは発生時には都市伝説じゃないわけですよね（笑）。つまりそれは現実なのかもしれないし、伝説というふうに括って安全になるかもしれないし。でも最初はわからないですね。ところが都市民俗学っていうふうな立場から伝承を括ってしまうと、もうそこで安全になっちゃう。それでいいのかなっていうことですね。

そもそもオカルトっていうのは……例えば宗教というのは宗教って言葉で括ったらそれで安全

性が確保できるわけですね。信じるものには何か見えると。信じる人のリアリティは尊重してあげましょうと。ということは、信じない人は見えないから安全だと、裏をかえすとこういうことですね。

ところがオカルトって形で提示されてる問題は、信じてない人にも何か見えちゃう。じゃあどうしましょうと。そういう危険性があるってことですね。それが無いってことであれば、オカルトって言葉でわざわざ取り上げることはないんで。信じる人の世界観は信じる人の世界観、そうでない人の世界観はそうでないといえるんですけど。もっと一般の世界観に突きつけられた問題としてあるんだってことを考えないと、オカルトの持つ怖さとか都市伝説の持つ恐ろしさ……恐ろしさですね、その部分を諒解できないんじゃないか。あまりにも安全なポジションから、安全にものを言い過ぎてるんじゃないのかなって恐れがずっとあったし、今でもあるんですけど。

それで僕は、さっき藤田庄市さんの本『宗教事件の内側』（岩波書店、二〇〇八年）の中で一番興味を持ったのは中川智正[27]の事件なんですね。中川智正が自発的に殺害におよんだのは巫病だったから——まあ、藤田さんは〝巫病〟っていう言葉で定義してたんですけど[28]——、〝巫病〟って言葉でいってもまたちょっと安全な立場でいけるわけで、そうじゃなくて現実に裂け目ができるような瞬間があったろうなと思うんですよね。そういったものがあるんだということを前提としないと、なかなかオカルトという言葉でこの分野を研究している意味はないんではないか、ということですね。

まあこれは宗教学でいうと歴史構成主義とか本質主義との議論にも通じるんですけど。僕は歴史によって構成されるものはいっぱいあるっていうふうに、それを前提とした上でなおかつ何か裂け目のようなものがあると考えたほうが世界は豊かではないかと。これはウィリアム・ジェイムズの考え方ですが（笑）。そういう心理的な立場というのかな、実存的な立場をとってるもので、やはりそういうふうに考えてしまうということですね。

オカルト＝男性文化

吉永　それでその次のDとしてあげた「オカルトからニューエイジ・精神世界へ」というのは、「男性Ｂ級文化から女性中心の文化へ」と。今日、オカルト研究会やってるのは男ばっかりであると（笑）、これがスピリチュアリティとなると女の子が寄ってくるだろうと。名前を変えたほうがいいんじゃないのかっていう。いや、これはさきほど橋本君とプラサードに久しぶりに寄ってみたんです。そしたら見事に女ばっかりだったんですね（笑）。これは、と思って驚いたんですけど。やっぱり僕が通ってたころのプラサードっていうのは見事に男ばっかりでむさ苦しい、ちょっと病気っぽい男がいっぱいうろちょろしてたわけなんですよね。

橋本　最初からエコとか自然食と結びついてました？

吉永　自然食とかエコっていうのは僕自身が最初から意識してなかったですから、わからなかったです。それは隣の高橋さんにまた聞いてみてください（笑）。彼はその人たちとお父さんがお付き合いがあるということなんで。どうなんですか？

高橋原　いや、最初は一階に長本兄弟商会という八百屋が一緒に入ってたりしたと思うんで。おそらく無農薬とインドっていう感じのものじゃなかったかと想像しています。

吉永　長本兄弟商会っていうのは最初からあったんですね。あそこの一階にね。プラサード自体は、インセンスを置いたりだとかニューエイジ化してるんですけど。

内部と外部の間――オカルト通の立場

吉永　僕もこういうアプローチが正しいというのは上手く言語化できないんですけど、先ほどから言ってるように、間合いを取っていうことで。それともう一つは、僕自身が外部的な人間なのか内部的な人間なのかっていう、なんか内部から成り上がったような感じが時々して。

「「オカルト通」たちの視点」（付録資料　二）と書きましたけど、先ほどから言ってるように、七〇年代の後半から、同伴知識人というか、オカルトの現場近くにいて、一定の距離を持って眺めている人たちから新しいオカルトの理解の仕方が出てきます。僕もそういう新しい人から影響を受けています。特に『地球ロマン』の武田さんの影響は大きいですね。武田さんのことについては飲み会のときに（笑）

イギリスでは、さっき言ったフランシス・キングとかハウとかウェブとかが七〇年代くらいから書き始めています（付録資料　二-二、三-一）。彼らはライターですが、ハウの一次資料調査は精緻ですし、ウェブのオカルト史全体の見通しなど、アカデミックな研究に匹敵する水準です[29]。ウェブは、十九世紀オカルトが、社会主義から菜食主義までの先進思想をつなぐ紐帯になっていたこと、それがさらに二十世紀にナチズムまでつながる流れを *The Occult Underground*（1974）、*The Occult Establishment*（1976）の二冊にまとめあげました。これらの本は、実はオカルト・プロパーというか、二十世紀のニューソートやスピリチュアリズムの「教祖」たちといったオカルト運動のコアよりも、そこから派生していく、政治との関係などについての議論がスリリングです。近代史を見直すヒントがいっぱい詰まってます。

それからアメリカでは、オカルト批判勢力の「ＣＳＩＣＯＰ」（付録資料　二―三）ですね。これはアカデミックな研究というよりは、アカデミシャンによる迷信撲滅活動というか、啓蒙活動です。七〇年代後半、オカルトという言葉の一般での流行を受けて、アメリカの英文学や社会学の学会でも少し流行した時期があって、この中で一九七六年、社会学の Marcello Truzzi と哲学の Paul Kurtz が中心になってＣＳＩＣＯＰ（Committee for the Scientific Investigation of Claims of the Paranormal）という団体を立ち上げています。超心理全般に批判的な合理主義者の Paul Kurtz が主導権を握って、超心理研究にも比較的寛容な Truzzi は辞めちゃっています。その後はかなり戦闘的な懐疑論路線をとり、一九八〇年代、キリスト教ファンダメンタリズム、ニューエイジに論陣を張っていました。

参加しているのは意外に心理学系の学者が多いです。心理学者は、心霊研究を実践したウィリアム・ジェイムズのような例もあれば、彼を批判したスタンレー・ホールのような例もあって、昔から両極端ですね。ＣＳＩＣＯＰについての社会学的な研究を以前読んだことがありますが、高等教育の進展で大学院生が増えたことがＣＳＩＣＯＰの勢力拡大の背景にあるのではないかという指摘がありました。

実は僕はＣＳＩＣＯＰの出した *Skeptics* という雑誌は何冊も持ってて、結構愛読はしてたんですけど。やっぱり懐疑っていうのは大事なときもあります、っていうか、ようするにゴシップはそっちのほうにたくさん載ってますんで（笑）、どうしてもそういうのを読んじゃうということです。まあ日本でも一応 Japan Skeptics という団体ができてて、一度僕も名前だけはどこかの委員になったことはあるんですけどね、無責任な話ですが。

それから付録資料の二－四に「anomalous phenomena」という項目を挙げました。イギリスでは七〇年代がオカルト史の収穫期だったとすると、八〇年代から新しい動きがあったような気がします。つまり、『フォーティアン・タイムズ』のような、蛙が空から降ってきたというような奇妙な現象報告や、オカルトからカルトまで、一般のマスコミの隅で報道されるような事件ばかり集めた雑誌が出ています。フォーティアンというのは、二十世紀前半に、ありそうもない奇妙な事件ばかりを集めた本を出していたチャールズ・フォート（一八七四―一九三二）に由来する言葉で、『フォーティアン・タイムズ』は一九七三年にＳＦファンだったボブ・リカードの始めた同人誌に始まるようですが、僕が目にしたのは八〇年代後半、Ｙさんから教えてもらったように思います。[30] クールなビリーバーというか、柔らかなスケプティクスというか、近代ピラミッド協会にとても立場が似ているので驚きました。それ以上に、体裁や文章が普通というか、いかにもオカルト雑誌というのではなく、全体に品のよさがあって、日本で類似の雑誌を探すとすると、ビジュアルにも気をつかっていた『Ａｚ』誌（新人物往来社、一九八七―一九九五年）でしょうかね。[31]

怪しげな話でも、ちゃんとしたライターがちゃんと書けば面白く読めるんだという、当たり前の話なんですけど。ようするにそれまでのオカルト雑誌っていうのは、手抜きのライターが手抜きで書いてたから面白くなかったわけで。で、『フォーティアン・タイムズ』なんかはちゃんと調べてちゃんと書いてくれる。ちゃんと出典を明らかにしてくれる。研究についての手がかりにもなりますし。僕はこれを読んで虚偽記憶とか悪魔教恐怖とか、そうした変な現象がアメリカで起こってるんだって初めて知ったんですね。だからそういう現代の新しい動きをキャッチするのにちょうどいいレーダーのような雑誌なんですけどね。

これに関連して anomalous っていう言葉が使われるようになって、九〇年くらいに anomalous っていう言葉を使った社会学系の分析を見たんですけどね、これも一時の泡で消えました。

ともかく、そうした日常とは異なった異様な現象ですね、そうした現象を語るっていうのが、かつては秘境雑誌、あるいは『オカルト時代』、あるいは中岡俊哉のような古くさいフォーマットがあったんですけど、それに変わる新しいスタイルっていうのは、『フォーティアン・タイムズ』よりも前からあって、その最初がジョン・Ａ・キールでしょうか。『モスマンの黙示』（南山宏編・監修、植松靖夫訳、国書刊行会、一九八四年）という傑作がありますので。まあ是非これを読んでいただきたいです。こいつどこまで本当のことを書いてるんだ、と思いながら読んじゃうんですけど。ついこの間亡くなりました。まあ八十歳だからいいでしょ。

それからその次のロバート・アントン・ウィルソン[32]というのは、キールと同じように男性雑誌のライターとしてスタートした人です。『プレイボーイ』で最初は書き始めた人なんですけどね。僕はこの人にもかなり影響を受けてますね。彼の本を読んで、見方がやわらかくなりました。そこまで懐疑にこだわらなくてもいいんじゃないかって。どういう人かって説明しづらいんですが、いわゆるニューエイジ文化の中では非常に辛口な方です。現実的な感覚に根ざした健全な批判精神と、超自然的への柔らかな感受性がうまくバランスが取れていて、そこらへんは井村さんにも似ていますね。

彼の数少ない翻訳では『サイケデリック神秘学』（浜野アキオ訳、ペヨトル工房、一九九二年）というのがあります、ドラッグについての立派なハウツー本です。こういうドラッグはこう使えっていう。これ読むとドラッグ云々よりはある種の正気、正気の保ち方っていうのはこういうもんかっていうのが非常に参考になると思いますね。ああいうそうしたドラッグであれオカルトであれ、狂気じみた世界の中でどうやって正気を保つかについての示唆を与えてくれる本ですね。とにかく僕はファンなんですよ（笑）。すんません。

さっきから間合いということを言っていますが、信と疑との間にいつも一定の間合いを常にとってるわけじゃないです、僕も。信じたり疑ったり驚いたりをずっと繰り返してるだけなんです。だからどこかでオタマジャクシが降った[33]といえば驚いて見に行きたいなと思います（笑）。まあもう学生じゃないので、簡単にはできないんですが。やっぱりもしかしたら世界はそうなのかなっていうですね、感情がわきますよね。それはやっぱり、その感情っていうのはそういうもんだというふうに、素直に受け取るべきだろうということですね。そこから先どう考えるかっていうのは各自の判断ですから。

オカルト史の歴史

吉永　付録資料の三－一から向こうでどういう学者がどういうオカルト史研究をしていたか、今までというのを、僕の知っている範囲ですから大したところはわからないですけど、とりあえず書いてみました。一九七〇年代のイギリスが盛んで、それから七〇年から八〇年にかけてはアメリカ、これはたぶん新宗教研究の余波を受けて、その中からオカルト研究……歴史に進んでオカルトの歴史研究がありましたが、これはだいたい文学研究ですね。メインは英文学。日本でも国文学ですよね。やっぱり宗教学ではできなかったんですよね、なかなか、こういうオカルト研究は。なんでだろうなあと思うんですけど。それからフランスのエゾテリスム研究は、これは十八世紀、十九世紀の研究ですね……十八世紀ヨーロッパの研究はやっぱりフランスが一番進んでます。アントワーヌ・フェーヴルの業績が圧倒的で、彼の『エゾテリスム思想』（クセジュ文庫、白水社、一九九五年）。あれは本当によくまとまった、すごくよくできた本だと思います。それからジャン＝ピエール・ローランっていうソルボンヌの先生が *Politica Hermetica* という雑誌を作って——これはオカルトと政治ですね——、民族主義運動、右翼とオカルトをテーマに雑誌をずっと出してます。最初はゲノンの研究をしたりとか、あるいはユリウス・エヴォラ。エヴォラはエリアーデの親友です。まあエリアーデ本人とオカルトや民族運動との関係についても本格的に誰か研究しないといけないと思うのですが。

それからアメリカ新宗教の中で僅かにオカルト史に目配せした研究者も出てますが、僕は一番参考になったのは、この一番上のロバート・S・エルウッドJrですね。この人の本、*Religious and Spiritual Groups in Modern America* は八〇年くらいに読んだと思うんでおすすめですけど、目から鱗でしたね。エルウッドはこのあと *Alternative Altars: Unconventional and Eastern Spirituality in America*（1979）という本を書いて、その中でブラヴァツキーを取り上げています。ブラヴァツキーの宗教学的な評価っていうのは、実はそれから先、あまり誰もしていなくて。結局エルウッドが一番今のところブラヴァツキーの評価ではポジティブ、ネガティブ含め合わせてよくできた評価だと思います。ただご本人はセオソフィストですけどね。南カリフォルニア大を引退した後はオハイのクロトナに住んでらっしゃると聞きました。

それからフラーは若いころ書いた本が今でもいい本だと思います。*Mesmerism and the American Cure of Soul* は、十九世紀のメスメリズムと心霊主義への関係ですね。

それからゴードン・メルトンは、僕はこの人の歴史研究というのは信頼しているんですけど、まとまった本がないんじゃなかったですか、編集ばかりで。宗教学のほうではみんなお世話になってる方ですね、宗教学の一部では（笑）

オカルト史の現況

吉永　付録資料四の現代の研究に移ると、スピリチュアリズム研究がここ最近はたくさん立て続けに出ているんですけど、なんでだろうなあ。どうもメディアの研究と絡めて、カルチュラル・スタディーズのような本が増えてはいます。昔からのビリーバーが書いている本もあります。

それから四－二に alternative medicine、代替医療とか New Thought とか metaphysical という、病気治しの観点というのを含めてですともうちょっとここらへんがたくさん出てもいいと思うんですが、これもあんまり出ていなくて。Beryl Satter の *Each Mind a Kingdom: American Women, Sexual Purity, and the New Thought Movement, 1875–1920* かな。僕はこれがまあまあ面白かったのと、Albanese の *A Republic of Mind and Spirit* は半分くらい読んだところで息が切れちゃった（笑）。とにかくこれはすごい。実はこの本を見るまでは、なんか僕も大戦間のアメリカ・オカルトについてなんか本が書けたらいいなという淡い幻想があったんですけど、こういうのが出ちゃうんで、もう止めました（笑）

神智学の研究はこれももっと盛んになっていいはずなんですが、なかなかいい研究が実はないんですね、まだ。さっきいったエルウッドの*Alternative Altars*。二つ目のキャンベルの*Ancient Wisdom Revived*、これは薄い本ですけども一応研究者が書いた研究書としては一番まとまってる本です。

次のティレットの*The Elder Brother: A Biography of Charles Webster Leadbeater*っていうのは、リードビーターの伝記。これもたぶん決定版だと思います。リードビーターはアニー・ベサントと一緒に第二期神智学協会を率いたオカルティスト、幻視者で、ゲイであったということは有名ですが。そういうのも含めて、すごいことまで書いてあるんですけど……大変すごいことまで書いているんですが、ちょっとここでは恥ずかしくて言えません（笑）。神智学協会につながる、それ以前のオカルト運動史の研究というのは少しずつ進んでいて、ゴドウィンの*The Theosophical Enlightenment*とか*The Hermetic Brotherhood of Luxor*とか*Paschal Beverly Randolph*とか、わりといい本が出ているんですけどね。なかなか全体を俯瞰するような総合的な研究というのは無いんです。

それから僕が一番興味があるPost Theosophical Societyというか、第一次大戦と第二次大戦の間の有象無象のグルについては、スティルソン・ジュダーとジェンキンズの二冊しかありません。ジェンキンズの本はわりとよかったですが、これに続く個別研究がほしいところですね。

それから付録資料五「アジア、仏教との関係」は、これは新仏教研究会で自分でやらないといかんところですね。その二冊の中ではTweedから僕は大きな影響を受けています。やっぱり突破口だったと思いますね。それまで仏教の歴史から神智学は排除されていたんですけど、Tweedが初めて仏教の歴史の中で正当に評価したんです。これはやっぱり大きかったと思うんですね。たいそう親切な先生で、私は見ず知らずのこの先生に突然メールで質問をして懇切に教えていただいたという思い出があります。それからその下のArthur Versluisはミシガン大学で秘教研究の学会をやっています。この人は切れ者だっていう印象ですね。すごく詳しい。この*American Transcendentalism and Asian Religions*は本当に詳しい本で圧倒されましたね。

それからいわゆる秘教研究をようやく確立したというのは、やっぱりハネグラーフの*New Age Religion and Western Culture*です。ハネグラーフのこの本を読んでいると本当に同世代だなという感じがするんですね（笑）。同じ本を読んでるじゃんっていう。ウェブの本とか参照文献に出てきてすごく面白いというか悔しいというか。

欧米での歴史研究の傾向と問題

吉永　付録資料八に傾向と課題を挙げておきましたが、これは皆さんにとってのというよりも僕自身にとっての宿題です。まあとにかく十八世紀までは歴史研究として認められているけれども、それを十九世紀を超えて現代まで、どうやってつなぐかというのが、ここらへんは力業が必要なんです。今のところハネグラーフとその門下から何人か出ていますけども、成功しているのはハネグラーフかなあ。あと先ほど出たAlbaneseもハネグラーフに刺激されてそれをやってます。

それから秘教運動というのは、東は東、西は西というわけではなく、やはり宗教運動と同じように近代に至っては東西交流があったと。これは僕の宿題です。霊術に対してのアメリカ・オカルトの影響はどんなもんかなっていうのは、これから調べなきゃいけないですね。

心身技法も、これは歴史研究というよりは一種の身体に関する文化論的な研究として誰かやったら面白かろうと思います。たとえば、日本だと腹式呼吸が霊術ではもてはやされる。で、言葉は二の次になる。ところがアメリカのニューソートではやはり言葉、言葉による治療というのが最初にくる。腹式呼吸というのは途中まではあったんですけど、途中からあまり言われなくなっちゃう。こういうのは何なのかなっていう。そういうことを含めてですね、技法について比較論を立てたら非常に面白いんじゃないのかなとは思ってるんですけど、なかなかできないですね（笑）

橋本　でもこうした欧米の研究の動向と軌を一にするようにして神智学研究と日本の近代研究をなさってらっしゃった？

吉永　アメリカの薔薇十字主義の元祖とされるパスカル・ビヴァリー・ランドルフにしても、僕は澁澤の『黒魔術の手帖』（桃源社、一九六一年）で興味を持って、『オカルト・ムーヴメント』のためにブラヴァツキーと神智学協会の発足を調べていたとき、ランドルフを改めて調べ始めたのですが、どうも同じ頃にアメリカ、フランス、イギリスの研究者たちが別々に研究を始めていたようです。ハネグラーフについてもそうなのですが、一九七〇年代のオカルトの流行がグローバルな現象だったので、同じ世代に属していると、洋の東西を問わず、同じような問題〔意識〕を持つということでしょうか。
　イギリスのある古本屋に、十九世紀のマイナーなオカルティストのレアな本のコピー本が出ていて、ゴドウィンの研究書に利用されていた本だったので、手紙に「まさかゴドウィンの旧蔵じゃあるまいな？」と書いたら、「なんでそんなことが分かった」と返事がきたことがあります。それほど研究者の人数が少ないということです。
　今はネットを通じて、海外の研究者と即座に情報をやりとりできる時代になったので、海外の動向も分かりますし、やっぱり負けちゃいかんぞという気もありますね。このままいくと日本の近代研究もアメリカ人の研究者が全部やっちゃうんじゃないのっていう恐れがあるんですよね、多少は。別にそれでも読めればいいんじゃないのっていう気もするんですけども。でもなんか悔しいじゃん（笑）
橋本　だからそのへんは今の日本の研究者の課題というか。吉永先生の研究がすごく面白いというのは、そうした……さっきハネグラーフの話が出てきましたけど、アメリカで出てきたのと本当に同時期くらいですよね。先生のそうした……『ピラミッドの友』とか拝見して本当に驚いたんですけど、こうした八〇年代、九〇年代を通して続々と出てくるオカルト研究は文学系が多いんですよね、物語研究の一貫で。たとえばスピリチュアリズムにはまったロバート・ブラウニングの奥さんで詩人のエリザベス・ブラウニングみたいに、虐げられた人間がその虐げられた境遇を語るというモノローグって女性霊媒師とおんなじみたいな。虐げられた人間の代弁と、女性のエンパワーメントと霊媒っていうのとならべて。文学研究者はジャネット・オッペンハイム以降近づきやすいテーマなんで、研究書がどっと出たんですよ。

でもやっぱり宗教学プロパーからなかなかまだ出てなくて、ちょっと弱さがあるんですよね。で、吉永先生がちょうどそのあたり、文学はY先生とおっしゃられていらっしゃったんですけど、境界線上にある文学にも非常に詳しいものですから、今後の研究の可能性は、両者の共同研究や統合にあるかなとも思います。

それでまあまとめますと、ちょうど七〇年代に同じようなオカルト・ブーム、たぶん世界的に同じようなものを見て、同じようなものに驚いた少年――ほとんど少年ですけども――、それが八〇年代、九〇年代に大学ですれちがって、九〇年代のある種オカルトに対する独特の研究書というか立ち位置の本が出てきたと。しかし、一般にはオウムがあって、合わせ鏡のような「と学会」が出てきてと、その構図に収斂されがちなんだけど、アカデミズムからできることは、やはり「と学会」ではなくて、吉永先生が行ってこられた第三の道ではないかという気がします。吉永先生がちょうど書かれていた「つねにとまどい、疑い、ためらい、信頼すること」っていうのは、その立ち位置を体現する言葉と思います。オカルトでもなく、かといってそれを居丈高に、それこそアカデミズムの最悪の意味での啓蒙臭と上から目線で笑い物にするのではなく、いわば内なるオカルトを切り捨てずに、対象に対する愛と鞭の両方を備えた融通無碍な距離感が研究にそのまま生かされている。しかもそれが七〇年代から一貫しているっていうのを、たいへん面白くお伺いすることができ、勉強になりました。まずは第一部終了ということで、吉永先生、長時間にわたってありがとうございました。

3　質疑応答

森　年表である程度語れなかったことをよろしいでしょうか。私は書誌学と名乗ることになるんですけど、基本的に単なる古本好きでして。そうしますと『ブックレビュー』のこと。どういうふうに創刊したとか、どういう人との関わりがあったとかをお聞きしたいと思って。

吉永　これ『ソムニウム』で出したんですよね、エディシオン・アルシーブで。で、なんだったかなあ……確か『ソムニウム』は終えて、もうちょっと一般性のあるものをということでだったろうと思います。Nさんが最後中心になったんじゃないかと思いますね、Special Issue のほうは確か。

森　ちなみに Vol. 1、Vol. 2 はどんな内容なんですか？

吉永　えっと Vol. 2 は Special Issue で、東京がテーマだったかな。

森　『ブックレビュー』ってもっと薄いやつですね。

吉永　薄いです。

森　ああ、あっちか。失礼いたしました。確かに編集の仕方が『ソムニウム』とかにデザインが似てますよね。

吉永　似てるんだけど、『ソムニウム』にあったこだわりとかが全然無くなっちゃって。普通っぽくなってあんまり面白くなかった、逆に。

森　たしかエディシオン・アルシーブはソムニウム叢書の名で幻想文学の本も作ってましたが、工作舎の、『遊』の京都別動部隊みたいにいわれてたことがあったらしいのですが。一種のカタログ雑誌っていう面も大きくありましたよね。

吉永　そうです。よくブックリストを載せていましたよね、『ソムニウム』。

森　本好きにとってはそこに食指がうごいてしまうわけで。まあさっきの分類でいうと、どっちかというとＳＦ派、知識情報重視派っていうのに結び付きやすいのかもしれませんが。

吉永　まあブックリストはみんな喜んで作ってましたね。本好きが多かったんで、みんなであれ入れようかこれ入れようかっていってワイワイいいながらやってたようです。

あのー、工作舎と同一視されるのはすごく嫌だなあ。いや別に僕は『ソムニウム』に中心的に関わった人間じゃないんであんまり言えないんですけど。発行人は工作舎だったから工作舎の影響は受けてますが、それ以外の人間は違いましたよね、かなり。みなさん、やっていることはともかく、学問においてはオーソドキシーを守るというタイプでしたね。

森　じゃあもう一つだけ。もう一つはですね、本に関する興味っていうのはいいんですけど、それが吉永さんの場合は『迷宮』に書かれたのが井村さんの影響だったのかもしれませんですけど、古い……近代日本の古本漁りでわかってくるような歴史的実証的研究の線があるじゃないですか。神智学絡みだとこうやって挙げられた英文の研究書がたくさんあるんですが、むしろそっちのほうがちゃんと調べて、資料集めてやってくれる人が少ないんで、初めて『迷宮』の吉永さんのを読んだときにおおと思ったわけなんですね。古本漁りから近代日本についての歴史的な研究心を立ち上げてくるような関心の持ち方っていうのは、もうちょっと……例えば京大に入ってからの付き合いの中でどういうふうにあったのかなと。あるいは元々……例えば挙げられているものだと七二年の『パイデイア』の「日本的狂気の系譜」ですか、これの影響とか。

吉永　いや『パイデイア』は僕はあとからですね。影響を受けたのは『地球ロマン』の復刊一号と先輩から感染った古本の病気があるんでしょうね（笑）。古本漁りは僕自身も中学生時代からでしたが、Yさんが凄くて、さらにその先輩で感染源といわれるKさんのマニアぶりがたいへんなものでした。そういうわけで、U超研には古本マニアはいませんでしたが、幻想文学＝『ソムニウム』のみんなはマニアだったので、即売会初日になると朝一番にみんな顔を並べるといった、そういう馬鹿馬鹿しい状況がずっと続いていたんですね。それが近代日本のオカルト史研究に戦略的に結びついたわけではなくて、そういう本が好きなので、いろいろ買ってる内に、結果的に「霊」の本が集まったということかなあ。

それに対しては、これを何か一つの学として作らなきゃいけないんじゃないのかなということ

をしみじみ思ったのはここ四、五年のことで（笑）

森　じゃあ『迷宮』にこれを書かれたときもそこまでは思ってなかったんですか？

吉永　さっきも言いましたが、井村さんが霊術本を調査していたときに、資料調査を少しお手伝いしたんです。そのとき改めて、日本の古いところにも、こんなにオカルト本があるじゃんっていうことに驚いて、まあそれこそオタク的な知識至上主義じゃないですけども、ちょっと自慢したいような気分で書いたっていうことですね。

それが自分自身の知識に繋がっているんじゃないのかっていうのをはっきりと思ったのは、『スピリチュアリティを生きる』（せりか書房、二〇〇二年）の中で日本のスピリチュアリティについて原稿を書いたんですけど[34]、それを書いたときにふと思ったのは、ああそうか、自分自身の立場っていうのは、こういう風に近代によって規定されていたんだっていうのを再認識して、それくらいからです。しっかり研究しないといけないんだって思いだしたのは。

橋本　クレス出版の復刻の解説のお仕事[35]なんかはその筋で？

吉永　ひとつは友人が代表になってやった、「宗教と心理療法」という題目の科研[36]があったんです。その題目なら、僕は霊術調査でいいだろうということで、比較的資金の余裕があったので、東京に何度か往復して、国会図書館で霊術本を読み漁っていました。その後、島薗先生からクレスに紹介していただいて、あの復刻につながったような次第です。

僕は普通の人のように現代からちゃんと見据えていくような視点がありませんので、一回過去に戻っちゃったらゆっくり現代まで帰ってこなくちゃいけない（笑）。今ようやく昭和初めくらいまできましたんで、あと四、五年すると何とか現代までくるんじゃないかと思うんですけど。そうしたら全部見られると思うんですけどね。ただその中でやっぱり自分自身の立ち位置であったりとか、七〇年代のオカルト流行であったりとか、オウムであったりとかいうのが、それ以前の近代の歴史の中で連動している、あるいは連動していると見なきゃいけないんだとようやくわかってきたのがここ四、五年ですね。

橋本　そうですか。外から見てると最初から関心がありそうにも見えたんですが、そうでもないんですね。

吉永　いや、右往左往していただけですね。あっち行ってびっくり、こっち行ってびっくりですね。だからまだ相変わらずびっくりしてますね。とにかく資料がこちらを呼んでいるというか、資料の調査に行くと、ほんと、いろんなものが出てくるんで。

ひとつ石をひっくり返したら何かでてくるんで、じゃあ次の石もひっくり返さなきゃいけないと思うわけじゃないですか。そうするとやっぱり出てくるじゃない。次の角まで行こうと思って次の角まで行っちゃうと、ああやっぱり次の角が見えてる。僕が何か意図をもって研究したというよりは、資料に引っ張られてきたっていう感じですね。

A氏　マニアックなことでお聞きしたいことがあるんですが。吉永さんが神智学と平行してやってらっしゃる霊術の研究のほうで、確か栗田仙堂とかがアメリカのニューソートであるとか身体技法やなんかを日本に持ち込んで、ある種霊術の看板を掲げてやっていくという人たちが確かにいて。ただ私がアメリカの方の文献がよくわからないのでなんともいえないんですが、あれは一体どれくらいちゃんと連動しているのか。つまり借り物じゃなくて、なんか理論だけ借りてきてこちらで適当に組み立てて作っているという雰囲気もなんとなく感じるんですけど。

吉永　面白いのはそれでいけちゃうところがあるんですね（笑）

A氏　なんでそれでいけるのかがわからないみたいな。

吉永　いや、それはですね。逆にそういうもんなんだと思ってもらったほうがいいんですけど、文化伝播というときに、例えば日本仏教が伝播するときに日本の仏教寺院で三〇年も修行してでないと仏教を伝えられないかといえば、そうじゃないんじゃないか。宗教とか身体技法とかのある部分では人間共通の部分があって、だから意外と本だけ取り寄せてもいけるんじゃないのかと思いますね。身体技法においても本だけでいけるんじゃないのっていう。催眠術の爆発的な広がりなどはまさにその例ですよね。桑原俊郎も、先生についてマンツーマンで催眠術を学んだのではなく、本を読んだだけで成功してしまう。

それから時間的にいえば一〇年くらいのタイムラグで大体入ってきますよね、わりと。一〇年くらいかなあ。日本人は同時代のアメリカの心身技法を結構読んでるんですよね。ただ僕も全貌がよくわかってないところもあって。あの時代のアメリカに行った人たちが、どういうふうに生活して、どういうふうに知ったのかとかね。なかなかわからないところもあるんですけど。

A氏　催眠術のほうで山口（三之助）さんでしたっけ。

吉永　山口はそうです、アメリカ帰りですね。アメリカで修行したっていう触れ込みでしたよね。

A氏　ただ彼なんかはわりとアメリカでこういうことを学んだと言いながら、あんまり長い間は活躍せずに弟子筋のほうに移っちゃうんですよね。

吉永　そうです。あれはまたアメリカに戻ったのかわからないですけど、消えちゃいますよね。

A氏　だからそういうのを一つ一つ潰していく必要があるのではないかと思い始めると、吉永さんにあと五〇年くらい長生きしてもらわないと（笑）。なんとか私が生きているうちに読ませて頂ければうれしいなあみたいな話になっちゃうんですが。

吉永　いつも仕事が遅くてすいません。具体的に言えば、ラマチャラカの影響だけはわかってるんですけど、あれが一番影響があったって。[37]ただラマチャラカを除くと一体誰がっていうのは、あとはわからないですね。

A氏　あとは吉永さんの御論文で教えてもらったのが、E・S・スティーブンソンがどういうふうに……まあ日本でのE・S・スティーブンソンというと、たいがい芥川龍之介との関係で、彼にある種の神秘学みたいなのを教えたというところでキーパーソンみたいに見られるんですが、そもそも日本に神智学を紹介した最初の人物の一人で、浅野和三郎ともやりあってていう。そのわりに全体像がわからない方だったのが、吉永さんのお仕事ではっきりわかったっていうことですごく感動したんですが。

『霊智学解説』（博文館、一九一〇年）を訳したもう一人、宇高兵作。あの方はどういう？

吉永　逗子開成中学校の先生です。宇高のお孫さんという方とコンタクトを取って、資料を少しもらったんですけども、一時期は開成の教頭まで務めていたはずです。その開成の歴史の中に出てきます。最近出た開成学園の校史にも出ているはずです。

スティーブンソンは杉村楚人冠とも交流があったり、明治三十年代半ばには仏教青年との交流もあったんですよ。

ただスティーブンソン関係で僕の宿題になっているのは、横須賀にですね、天華洋行という団体があって、それが大正十五年くらいの類似宗教団体のパンフを見ると、天華洋行っていう下に「霊智学」って書いてあるんですね。これは何なのか。関係があるのかどうかよくわからない。ただ中心であったのは渡辺薫美という海軍の事務員かなんかをやってた人で、どうもカリスマ的な人物だったらしくって。その人の関係の本も何冊か買ったんですけど、どこが神智学かよくわからない。もしかしたらスティーブンソンのロッジに出入りしていた日本人で、独立して旗揚げしたのかもしれないですけど。もしそれが独立して旗揚げだったら、神智学が教団を起こした唯一の例というか、数少ない例になるんですけどね。

A氏　横須賀にあったんですか？

吉永　横須賀なんですね。それがずっと宿題になってて、まだよくわからない。

A氏　すいません、マニアックな質問で。

吉永　いえいえ。スティーブンソンのほうは、あと……養子？　子供が二人いましたよね。[38] あれがどうなったのかというのは、調べに行ったんだけど途中で放っているんで。あれも本当はアメリカでどういう生活を送ったっていうのを調べなきゃいけないいんですけども。ちょっとそこまでやってられる余裕がなくって。

A氏　奥さんは日本人ですよね？

吉永　そうです。子供っていっても養子ですね。養子をもらっている。で、彼は貴族の出なんで、イギリスに行ったらもっとわかるのかもしれないんですけどねえ、そのスティーブンソン家のことが。だから面白い人ではありますよね。滞日期間も長くて、杉村楚人冠の時代から浅野和三郎までですからね、付き合いが。

A氏　芥川の草稿かなんかの中にスティーブンソンに関する話が出てまして、芥川はどうも家まで遊びに行っているみたいで。

吉永　そうですか。

A氏　ええ。で、スティーブンソンから二条派かなんかの花鳥の絵が欲しいので取り寄せてもらえないかとか、なんかそういう頼み事をされるくらいには仲が良かったみたいです。

吉永　ふーん、そうですか。スティーブンソンはアメリカの神智学雑誌に、日本文化についていくつか記事を書いていて、芸術の趣味もあったんでしょう。

A氏　芥川全集の草稿、公にはなっていない原稿なんですが、その中に「スティーブンソン君」という原稿がありまして。その中に彼のエピソードがいくつか出てきます。

吉永　芥川が「蜘蛛の糸」でポール・ケーラスの編集した仏教説話を下敷きにしたことについて、知人の仏教研究者が調べているんですが、芥川がスティーブンソンと仏教談義とかしていたら面白いんですがね。どうなんでしょうか。

藤田庄市　懇親会には出ないんで、ちょっと色々事情があって出られないもんで。感想みたいなもんなんですが、さきほど伺っていたら「オウム」と「と学会」がオカルトにこだわってるっていうんで、ああそうだよなって思って。まあ実は「と学会」の皆神龍太郎氏が吉永さんだけには敵わないって言ってて。鬼神を押さえつける人なんだろうなと。

で、もう一つ。オウムなんですけども、早川紀代秀の場合、オウムに入る以前なんていうのは――彼はこの七月で六十歳になるんですが――ニューエイジャーというか、全くオカルトなんですね、基盤が。ピラミッドパワーを作って自分でやってたとかね。それからTMにも入って続けていたようですね。マントラを唱えてとかね。それから無期懲役が決まった杉本繁郎っていうのがいるんですが、リンチ事件で仲間を殺したり、地下鉄サリンの送り迎えをやって。彼もオウムに入る前に――彼は非常にヨガにのめり込んで、彼自身が精神世界と言ってましたね――そういうのをやってて、それでグルを探してて麻原にいっちゃう。早川もそういうのをやっていく中で――今の言葉でいうとスピリチュアリティというのかな――当時の精神世界のところで、麻原の最初の超能力開発を読んでびっくりして入っていっちゃうということなんで。これはもっと実証的にオウムが生まれ出たところをやらんと〔いけない〕という気持ちが僕の中にはあり、吉永さんのそうしたのを聞いているとつくづくそう思うんですけどね。

で、先ほどの宗教っていうのは信じているものにしか見えないからそれを尊重しましょうという、まあ予定調和に自ずとなっちゃう。ところがオカルトというのは信じていない人にも見えてしまう、それはどうするんだという。だから科学と表裏一体なんでしょうけど、オウムは自分たちの宗教体験を科学的に実証しようとしたんですよ。サマーディのときの呼吸は少なくなるとなんで跳ね上がるかとか。そういう発想なんかでもオウムの怖さ、まあ吉永さんもさっき恐ろしさとおっしゃったんですけど、まったくその通りなんですね。だからそれはお話を伺いながら、改めて感じました。

オウムというのは犯罪の面からばっかり言ってて、オカルトが生み出したんだっていうところの指摘が、実証が少ない。ほとんどない。みんな触れてはいるんですけど、実証っていうのは、ようするに早川はこうだった、とかそういう意味なんですよ。だからこれからのオカルト研究の課題かなあって。それのやり方としては、裁判でほとんど登場してなくて知られてないんですけど、一審のときの本人供述ですね。それの調書なんかが一番頼りになるかなというふうに思います。まあもちろんオウムが当時出していた刊行物——これはこれまでの宗教学のやり方で大丈夫な基盤なんですけど——、それに加えて一人一人っていうのが面白くできるだろうなあと思ってるんで、皆さんに期待する次第です。

あとがき――騙るに落ちたとはこのことか

以前、思いついた企画がある。U超研の知り合いを中心に、自分と同世代で、同じ頃からオカルトや精神世界にのめりこみ、でもオウムには入らなかった（もちろん、それが大多数なのだが）人たちにインタビューしてみたらどうかというものだった。八〇年前後、あの精神世界の流行は人生においてなんだったのか、あっさり忘れている人もいるだろうし、その後の人生に及ぶ影響を受けた人もいるだろう。その中でオウム事件はどう総括されているか。あるいは一見似ているようだが、そもそも、同世代のニューエイジャーとは質的に異なったものであったので、総括する必要もないのか。ともかく何人かにインタビューしてみたら面白かろうと思ったのだが、しかし今回、自分がインタビューされる側に回って、ようやくわかりました。これは大変だ。どうにも気恥ずかしいものである。もちろん、そんなことは最初から分かっていただろうといえば、そうなのであるが。研究者と研究対象の間の権力構造という、よく取りざたされる問題を身をもって体験させていただき、たいへん複雑な気分である。

もちろんインタビュー自体は、橋本順光氏の的確なリードと、皆さんのなごやかな雰囲気に助けられて、私も場の雰囲気に甘えて、言わずもがなの放言ばかりしてしまったので、その点は申し訳なく思う。

そもそも、こんなインタビューは大家にするべきもので、私のごとき半端な研究者にするものではないと思う。それでも今回お受けしたのは、自分自身が日本のオカルト史を調べていて、関係者の本音を知るのに苦労しているからである。大阪万博もすでに四〇年前で、七〇年代も歴史に入りつつある。研究者が苦労しないようにという気持ちはある。もちろん嘘や間違いも入っているかもしれないが、そこは自分で調べる楽しみにしていただきたい。オカルト～精神世界流行の主人公ではないが、傍観者あるいは消費者として私が見聞してきたことが研究に少しは役立てばありがたい。また、対象との距離——研究者としては悪くない距離だと個人的には思ってるのだが——が参考になれば、それも大変うれしい。

もうひとつの理由は、オカルト史という視座をどう考えるのか、この点を文学研究の方に聞いて貰いたいということはあった。これについては、なかなか得がたい機会を得ることができて、本当にありがたかった。もちろんこれについては私自身がさらに究明する点が多々あるように思う。

今回、インタビューを関係者限定で配布するために字に起こしていただくということで、手を入れさせていただいた。少人数に配布とはいえ印刷されるといろいろ支障もあるだろうし、たとえば『ソムニウム』関係のことなどは私の怪しげな記憶に頼るより、他にもインタビューすべき人は多くいるので、省いたところもある。

また、出版物などで名前が知られた人はのぞいて、周辺の同世代の人はすべてアルファベット表記にさせていただいた。世間一般の偏見はなくもないであろうし、またそうした人たちの見た歴史は私と異なるだろうから、私の語り（騙り）の責任を負わすわけにはいかないので、そうさせていただいた。また、全体として、前後の意味がとれない発言もあったので、補足したり順序を入れ替えた部分もかなりある。あの場でのおしゃべりはあの場でのことで、今回の活字版は実際のインタビューとは別物と考えてもらった方がいいかもしれない。

お忙しい中、出席いただいた、研究会外の藤田庄市氏、葛西賢太氏、高橋原氏、時田英之氏のみなさん、ありがとうございました。一柳先生、吉田先生、お招きいただきありがとうございました。一柳先生には単著について、いつも景気のいい空手形ばかり出していて、汗顔の至り。橋本順光氏には、準備から司会まで、お手数おかけしました。『歳月の鉛』ならぬ「歳月のブリキ」という体の放言を、長時間にわたって忍耐強くお聞きいただいた研究会の皆さん、どうもごくろうさまでした。また研究の話をどこかで続けましょう。

二〇一〇年二月七日　吉永進一

Ⅱ　カルトと洗脳

第三章　ＵＳ新宗教(カルト)団体洗脳説を洗う
――信者は本当に人格を変えられてしまうのか？

1　一般的アメリカ人がもつ恐ろしいカルト像

よく知られているように、六〇年代はアメリカ宗教が転換点を迎えた時期であった。キリスト教の宗派という枠組みに収まらない宗教が、雨後の筍のように生まれていた。カルトとは、そうした新宗教団体――教義の面では非伝統的であり、カリスマ的指導者の下に熱狂的な信者が集まり、中には共同生活を行うものもあった――を指す言葉である。

とはいえ、何をもってカルトと呼ぶのか、明確な定義があるわけではない。たとえば、シャーリー・ハリソンの『カルト』（ロンドン、一九九〇年）(1)には、モルモン、サイエントロジー、統一教会、ＴＭ〔Transcendental Meditation、超越瞑想〕、ハレ・クリシュナ、創価学会、ラジニーシ、ｅｓｔから果ては救世軍までが含まれている。教義からして、キリスト教系、ヒンドゥー教系、仏教系、さらにはｅｓｔ（過激なトレーニングで有名な人格改造セミナー）のように宗教ではないと自称する団体もある。

組織面でもサイエントロジーや統一教会のように国際的な教団組織を持つものもあれば、「神の子供たち」のようにゆるやかな共同体もある。ただひとつ共通して言えることは、入信するとまるで人格が変わって狂信者と化してしまう（ように見える）ということである。

息子や娘がある日突然姿を消す、再び出会った時には表情にも生気がなく惨めな格好をして、わけのわからぬ教えを繰り返すばかり、しまいには目を吊り上げて親を〝悪魔〟と罵る、あれほど親思いの良い子だったのに――当時の親の目に映ったカルト信者の姿はこのようなものだった。中には、カルトに入った娘と対面した際、「本当に娘の目から赤い光線が出るのを見ました」と証言する親さえいた。

こうした姿を目の当たりにした人々は恐れ当惑した。〝こんな異常な教えが、果たして正気の人間に信じられるのだろうか？　彼らは中国人が朝鮮戦争でやったように、うちの息子（娘）の精神を操作したのではないか？〟――「恐ろしい洗脳（ブレインウォッシング）教団」、これが一般アメリカ人のカルト像であった。

こうしてアメリカの家庭に出現したカルトは、七〇年代を通じて、論争の的となってゆくが、その具体的過程を追うのは本稿の目的ではない。逆洗脳家（デプログラマー）（信者を強制的にカルトから離教させる専門家）や反カルト運動などについては、ブロムリー＆シュウプによる優れた研究書が邦訳されているのでそちらを参照されたい[2]。ここで述べたいのは、要するに、カルトでは本当に洗脳行為があるのかどうか、という問題である。

2　洗脳がつくりだすゾンビへの変身と再人格化

洗脳説の一つの根拠となるのは、次のような元信者の告白であろう。彼は最初の出会いを振り返って次のように回想している。

僕は最初から催眠をかけられたんだと思う。まずは講演会で僕の世話をしてくれた女の子だった。彼女は僕の目をじっと見つめ続け、僕も彼女の目に魅せられたんだ。食事に何か薬物が入っていたのかも。僕は講演を素直に聞いてしまった。それから先は洗脳だった。僕は嵌まってしまったんだ。そこにいたかったし、彼らの教えを聞きたかった。繰り返し同じことをしゃべっていたが、とても魅力があった。聞けば聞くほど、家族や外の世界がいやになったんだ。(3)

デプログラマーの第一人者、テッド・パトリックは、洗脳を四段階に分けている。

一、優しく接し信頼を得る。ここで、この証言者の言葉にあるような「スポット催眠」を用いてカルトに引き入れる。

二、いったんカルトに入ると、恐れ、罪悪感、憎しみ、欺瞞、蛋白質の欠如した粗末な食事、睡眠時間を減らすなどして、心理的肉体的に擦り減らしてゆく。

三、疲労が極に達するまで繰り返し教義をたたき込んでゆく。と、ある段階で、それまでの自我が突如崩壊し、何の感情も欲望も持たないゾンビへと変身する（あるデプログラマーは、この瞬間を「プッツンする」と表現している）。

四、そして、この自主性を失った状態を維持してゆくため催眠をかけ続ける。

こうしてプログラムされたカルト信者には、自由意志なるものは存在しない、だからこそ、とデプログラマーは断言する。強制手段を行使して逆洗脳しなければ、信者は死ぬまでカルトに幽閉されたままである、と。目には目をである。

デプログラミングとは、まさしくカルトの洗脳技術（とデプログラマー自身が思い込んでいるもの）の陰画にすぎない。信者を誘拐し、前もって用意しておいた適当な隠れ家に閉じ込める。睡眠時間や運動を制限し、高蛋白質の食事を与え、時には暴力も用いて脅迫し、そして説得する。教祖のスキャンダル、教義の矛盾を執拗に繰り返す。と突然、元の人格を取り戻すというわけである（変わらないこともあるが）。

こうした現場の声と歩調を合わせて、精神科医、心理学者からも、カルト＝洗脳説を支持する声が出ている。自身もハレ・クリシュナ信者の息子を持つエリ・シャピロ博士は、『アメリカ家庭医』（一九七七年二月号）で次のように断言している[4]。

破壊的カルト主義は、明らかに病的症状である。行動の変化、アイデンティティーの喪失、学問活動の停止、家族との疎遠、社会への無関心、顕著なカルト指導者による精神支配と奴隷化という症状が伴う。この社会病理学的な問題を扱うには、問題を見据えて、社会学的、心理治療的そして一般医学的な手段が講じられなければならない。

精神分析医のジョン・クラークは、ヴァーモント州議会で、診察した二七名のカルト信者のうち一五名までが分裂病もしくは正常すれすれであったと証言し、信者は、カルトによって元々の人格の上に一時的な思考・行動パターンを押し付けられている、だからデプログラミングは「再人格化」であり正当な治療行為であると主張した。

3　はたしてカルト信者は精神障害者なのか

しかし、本当にカルト信者は判断力も自主性も欠如した精神障害者なのだろうか（判断力がないはずの信者にデプログラマーが〝説得〟を試みるのは矛盾ではないか、という指摘もある）。七〇年代後半から社会学者による多くの新宗教研究が発表されたが、そのほとんどは洗脳説に対し否定的である。

ドイツのウォルフガング・クーナーの調査によると、あるカルトでの心理障害者の率は約五％、対して対照群となった普通の学生では約七％と、むしろ異常が少なかった。あるいは、イギリスの統一教会について実証的研究を行ったアイリーン・バーカーは、意図はともかくとして、その勧誘手段が決して洗脳に類したものではないことを強調している。たとえば、会場を閉鎖して脱出不能にするなどの物理的強制や、粗末な食事などは見られなかった。「愛情攻め」と呼ばれる心理的強制（一人の信者が勧誘相手をマンツーマンで世話する）は用いられていたが、それに不快感を覚える者もいれば、愛情を感じながらも入信しなかったものもいる。要するに、当たり前すぎる結論だが、人それぞれだったのである。さらに、二日間のワークショップに参加した人間を追跡調査した結果、終了後〔に残った者〕は八五％、二一日間のワークショップにも参加して残った者が一五％、入信した者は一三％、その後一年経っても入っているものが七％、さらに四年後にも信仰を棄てないでいる者の数は四％であった(5)。

果たして、この結果を指して「洗脳」といえるだろうか。少なくとも、〝信者は判断力と自由意志が欠如しているので、デプログラミングしなければカルトから離れることはできない〟という主張は間違っているだろう。J・ベックフォードは、悩み考えたすえ自主的にカルトを脱退する「隠れた多数派」の存在を指摘している。

確かに、洗脳説は整合的でわかりやすいモデルである。カルトは宗教ではなく、精神コントロールによって利益を吸い上げる営利団体であり、信者は洗脳により自由意志を奪われた被害者であり患者なのである。それゆえデプログラミングがいかに精神的、肉体的暴力を伴おうとも、治療行為なのであるから、信教の自由や人権を保障した憲法に抵触しないとデプログラマーは主張する。

しかし、その行き着く果てに生じたのは、親の意向に沿わない結婚を望む娘の監禁、デプログラミングという悪夢のような事件であった。社会学者は、むしろ洗脳説を支持する人々の心の裡に、魔女狩りにも似た病理的心理、つまり自分の属する社会が脅かされているという過剰な恐怖が働いていると考えている。ブロムリー&シュウプは、デプログラミングが、理論と実際の両面において、悪魔祓いに類似していると指摘している。

先に引用した元信者の告白が、虚言なのか妄想なのかそれとも現実にあったことなのか、それは私たちの判断しうる問題ではないし、ここではその必要もないだろう。ただ、どこかしら歪んだ感じがするのは否めない——かつての魔女の審問官に対する告白にも似て。

ともあれ、こうした告白が積み重なってゆくにつれて、個人的経験が社会的な事実と化し、それがさらに個人的経験へとフィードバックしてゆくという過程は、魔女の告白がたどったのと同様の過程である。それならば、精神医学が決して科学的とはいえない、この現代の伝説作りに加担している理由は何なのだろうか。トマス・ロビンスらは、かつて正統医学が治療行為を独占するためにホメオパシーやオステオパシーなどの異端狩りを行ってきた歴史を振り返って、精神治療という点でライバルとなりうるカルトを蹴落とす必要があったから、さらには、カルト問題を精神医学で扱うことによって仕事の機会を増やすため、という皮肉な分析を行っている。

ともかく、カルト入信において、洗脳という言葉で表されるような、一、二、三と決まった段階を踏めば、どのような人間も必ず決まった反応（つまり、入信）をしてしまうというような事態は、現実には見られなかった。人間は、そこまで機械的ではないのである。また、戦争捕虜、あるいは人民寺院事件のような特殊な状況（物理的、心理的に閉じられた世界）と比較できるような事情も浮かび上がってこなかった。

4　過信される人格改造テクニックの実像

無論、カルトが何らかの社会心理的手段を行使しないということは考えられない。獲得した信者の数で教団内の位置が上下するから、あるいは本当に信仰の幸福を分け与えたいから、一人でも多くを勧誘しようとする。社会心理学者ロバート・チャルディーニは、愉快な本『影響力の武器』(6)で、説得、勧誘の手口を紹介しているが、そうした技術は街角や講演会のどこかで用いられている。バーカーとシュウプ&ブロムリーは、集団帰属意識を利用した勧誘手段（たとえば、訪問者にも一緒に聖歌を歌わせるなど）が見られると述べている。統一教会の愛情攻めと、顧客の誕生日にバースデー・カードを送るセールスマンと、その行為自体には何の差もない。

だが、事は車の売買ではない。セールスマンに乗せられて契約書にサインして終わり、ではない。むしろ、そこが宗教の出発点なのである。暖かい人間関係に憧れて入信した信者が、逆に人間関係のもつれから脱会することもある。多くのカルトに見られる脱会率の高さは、カルトの側も反カルト陣営と同様に、人格改造テクニックの効果を過信している結果なのかもしれない。かつて急進的キリスト教系カルト「神の子供たち」では、女性信者がセックスを利用して勧誘を行ったことがあるが、それはこの悲劇的な一例だろう。セックスで〝釣り上げられた〟信者は、セックスに飽きたら出て行ってしまい、忠実な女性信者の下にはたくさんの父無し子が残されたのである。

最後に興味深い例を一つ引いておこう。

七〇年代半ば、「ボウ・アンド・ピープ(7)」というカルトがあった。(8) その名のとおり、ボウとピープと自称する二人の中年男女が創始した円盤カルトで、世のしがらみ（友人、家族、職業）をすべて捨てて放浪生活を行い、人間的感情を克服することによって不壊の肉体を得てＵＦＯの救済を待つという教えであった。この非常に厳格な教義と実践にもかかわらず、二人が行った講演会では、数時間のうちに入信か否か決断させたにもかかわらず、短期間の内にかなりの成功を収めた。たとえばオレゴン州の講演会の直後、三〇名の人間がこのカルトに参加して家出してしまい、「洗脳」カルトとしてマスコミに悪名を馳せたのである。

しかし、この教団には、洗脳に付き物とされる、集団の社会的拘束力がほとんど見られなかった。会員は、男女二人同士のペアで行動させられたが、性的な関係はもちろん単なる友情も「人間的」であるとして禁じられた。十数名の「家族」に分かれて共同生活を行っていたが、「家族」全員が集まるのは一日のうちのほんのわずかな時間だった。講演会は、せいぜい一五分から二〇分で終わった。つまり、集団に人を帰属させるほどの魅力もなければ説得の技術もなかったのに、洗脳カルトとされたのである。

一人の信者が二人の講演について述べている感想が示唆的である。

　僕はボウのおしゃべりを聞いてだね、思ったんだよ、こいつぁ前に聞いたことがあるって。たくさん話していたけど知っていることばかりだった。でもね、思いもしなかったような仕方で、全部をつないでくれたんだ。

見知った教えをより身近にもたらしてくれる場所を求めて、そして満たされずに去って行く信者の群れが、洗脳カルトの正体なのかもしれない。

第四章　回心と洗脳――救済と心理学の関係について

はじめに

オウム真理教事件以降、カルトやマインドコントロールという言葉がマスコミに定着し、新宗教団体が問題を起こすたびに、マインドコントロール説が当たり前のようにテレビ、新聞を賑わせている。その中で伝えられるものは、信者の精神を意のままに操り、本来なら彼もしくは彼女の意に沿うはずもないことや犯罪行為さえ実行させる教祖の姿であり、マインドコントロールとは、それを可能にする魔法のような悪の心理技術というイメージである。その一方で、ＰＴＳＤ（外傷後ストレス障害）という語が一般化し、心理療法やセラピストへの人気と期待が高まりつつある。心の問題を救済してくれる良き心理技術というイメージだろうか。しかしさまざまなセラピーの周縁には、宗教に極めて近い団体もあり、宗教が歴史的に扱ってきた領域を心理療法が侵食しつつあるようにも見える。

このように現在、宗教と心理学の間には、「破壊的カルト」による人心収攬技術としての心理学、あるいは宗教の代替物としての心理学といった、複雑な利害関係がある。さらにそのまわりには、精神的な癒しや満足を求める一般的な風潮や、あるいは少年犯罪の原因をすべて「こころ」に求める傾向などに見られるような、いわば社会全体の心理学化といった現象がある。そうした問題はおそらく、個々別々にではなく、包括的に論じられる必要があるだろうが、とはいえ、ここでそうした多岐にわたる問題のすべてについて論じることは無理であり、論者の手に余る主題でもある。

とりあえず小論では宗教と心理学においてマインドコントロールとその類似概念が、どのような評価を受けたか、前史である回心論、そして洗脳・マインドコントロール論、さらに最も現代的な問題であるトラウマ論まで、アメリカとイギリスの事例を中心に簡単に紹介したい。本来なら法律的な問題、洗脳絡みのさまざまな事件なども論じるべきだろうが、充分に紹介する余裕もないので、一般的、概念的な問題に限ったことをお許し願いたい。

1　回心

アメリカ・リバイバル運動の原風景

アメリカのキリスト教は、元来心理的経験を重視する傾向にあり、回心経験は救済を得るための必要条件とされてきた。以下、洗脳論の前史をなす回心論の系譜について、簡単に紹介しておきたい。

アメリカでは植民地時代より、リバイバルと呼ばれる集団的な信仰回復運動が各地で随時起こっていた。さらに歴史上では、大覚醒と呼ばれる集中的にリバイバルが連続する時期が何度かあった。リバイバルは、神への信仰を回復し、回心を経験する重要な契機であり、これによって信者は幸福感を得たり、自らの非を悔い改めるだけでなく、その上に、痙攣などの身体運動が伴うこともある。たとえば十九世紀初頭の有名なケンタッキー・リバイバルの中心地の一つ、ケイン・リッジという場所では、数千人がキャンプをはり、昼夜通して説教が続き、人々は叫び続けた。

ある者は動くこともしゃべることもかなわず、静かに横たわっていた。ある者はしゃべることはできたが動くことはできなかった。床を踵で叩く者もいた。ある者は苦痛で叫び、水の外に出された魚のように跳びはねていた。多くの者が横になり、一時に何時間もごろごろと転がっていた。(1)

回心論の心理学化――ジョナサン・エドワーズ

こうした激しい身体反応を伴うリバイバル運動は、二十世紀初頭のペンテコステ派など、一部の地域や宗派では今に至るまで続いているが、しかし多数の宗派では、十八世紀、十九世紀と歴史を下るにつれて次第に穏やかな形に落ち着いていった。それと同時に、超自然的な解釈が背景に退き、リバイバルや回心現象の原因を人間の心理作用に求めるようになった。

そうした回心論の心理学化とでも言うべきものの始祖は、第一次大覚醒の中心人物でピューリタニズム神学の代表的人物ジョナサン・エドワーズであろう。神の怒りと人間の罪深さを強調した点や、真の回心体験が聖霊の働きであるという前提では、古きカルヴィニズムの伝統に則っているが、しかし彼の『宗教的情緒論』（原題 *Treatise Concerning Religious Affections*〔1746〕）では、教条的になることなく宗教心理の観察を行っている。

この中で彼が再三述べていることは、他者の回心体験が神の働きか否か、それを決定するような、経験に内在する徴は無いということである。見るからに激しい感情を経験しているからといって、その感情が聖霊に由来するものかどうか、神の栄光を目にして気絶しているのか、ソロモンの栄光の前に気絶しているのか、それを区別する術はない。真の宗教的情緒と他の情緒との違いは、その原因にあり、その機構や現れにおいては差はないとされる。こうしてエドワーズは、回心論において心理学の働く余地を用意したわけである。

人間の自由意志の強まり――チャールズ・G・フィニイ

十九世紀前半に起こった第二次大覚醒は、カルヴィニスト的な決定論の影響が濃かった第一次大覚醒と異なり、人間の側の自由意志や改善への努力といった要素を重視し、人間の側の比重が高まったのが特徴である。人間は回心によって瞬時に生まれ変わることができる、社会も同様に生まれ変わることができる、そして回心は人間の努力で起こすことができるという楽観的な終末論も見られた。

この時期のリバイバル論を代表する神学者がチャールズ・G・フィニイで、彼が主宰したリバイバル集会は、先に挙げたケンタッキーのリバイバルほど激しくはなかったが、それでもニューイングランドのキリスト教徒からすると、十分に荒々しく熱狂的なものであった。フィニイはカルヴィニズムの伝道師であったが、その決定論を嫌い、自由意志説を唱え、リバイバルについても、超自然の働きではなく、自然の力の操作によると説く。

長い間、教会は、リバイバルを奇跡、神の力の介在と見なしてきた。（中略）ほんの数年の間に、牧師たちは一般的に、リバイバルの目的のために考案され手を加えられた手段を使うことで、それを促進できると思うようになった。（中略）こうして神は、リバイバルが奇跡だという理論を、一般的に覆したのである。(2)

もちろん、リバイバル集会にはそれまで人間の側の努力が無かったというわけではなく、フィニイ以降、自覚的に組織的に準備されるようになったにすぎない。フィニイのリバイバル論は、その後の福音伝道主義者にとって、教科書的なものとなったのだが、しかし、第二次大覚醒が過ぎ去り、十九世紀後半になると、キリスト教の退潮は明らかなものとなっていた。

キリスト教の退潮と宗教心理学の登場——ウィリアム・ジェイムズ

この時期に宗教心理学が登場したことは、宗教の一時的な衰退と決して無縁ではないと思われる。直接的具体的には、リバイバルの活性化のために宗教心理学を応用したいという、キリスト教側の期待もあったと言われる。より根本的には、宇宙創造、奇跡、来世といった宗教の特権的な部分が生物学や物理学によって否定され、宗教が遺物視されつつあった時期に、宗教の存在理由は心理現象に求めるしか無くなったからという理由もある。この点で、最も功績があったのは、ウィリアム・ジェイムズの『宗教的経験の諸相』（原題 *The Varieties of Religious Experience*［1902］）であろう。とりわけ宗教の潜在意識説の影響は大きいものがあった。

『諸相』の末尾において、ジェイムズは、潜在意識を介して、人間の自己を越えたより高次の力が人間に働く可能性があると論じ、「意識的人格は救いの経験をもたらしてくれるより広大な自己と連続している」[3]と記した。ジェイムズはこの定式によって、超自然の可能性を残したまま、宗教と科学の対立を仲裁しようと試みたのである。しかし、彼の意図にもかかわらず、『諸相』は回心現象を潜在意識の働きに関連づけ、宗教を結局は心理現象に還元したと読めないこともない（実際、ジェイムズ・H・リューバのような実証主義的心理学者が『諸相』を自説の傍証に利用している）。

いずれにしても、ジェイムズは科学的実証主義を前にして、生理学と心理学を武器に宗教を擁護したために、キリスト教の歴史的救済の部分は軽視され、その心理的な有効性のみが強調された。

エドワーズにおいては回心者の増加は、来るべき千年王国の予兆であるとして歴史的な意義が与えられたが、ジェイムズにおいては回心は医学的な意味に制限されてしまったという側面もある。

　ともかく、このようにして回心は聖霊の働きから心理現象となったが、それを促進するために心理技術を使うこともキリスト教内部では特別なことではなかったわけである。そうした技術がマイナスの符号を背負うようになったのは、一九七〇年代以降のこと、それもキリスト教以外の宗教についてである。

2　洗脳

合理化する宗教経験——F・M・ダヴェンポート

ジェイムズは、必ずしも手放しで宗教を弁護したわけではなく、教会の儀礼については機械的行為に過ぎないと批判的であったし、回心経験についても「霊的」という外面的なレッテルが価値を決定しないと（エドワーズの回心論を引き継いで）、多少批判的なスタンスを取っていた。とはいえジェイムズは、科学的真理や倫理だけでは人間は満足できず、宗教の救済体験が必要であるとして、理解と同情を示していた。

　しかし、彼の一世代下のアメリカの知識人たちにとっては、粗野なリバイバルの集合沸騰に宗教性を認めることはあまり容易なことではなかった。たとえば宗教社会学者F・M・ダヴェンポートは、『宗教的リバイバルの原始的特徴』という、リバイバル現象の文化間比較を行った先駆的研究の結論でこう書いている。

宗教経験は進化である。幼稚で原始的なものから、合理的で霊的なものへと進む。そして（中略）霊の熟した果実は、潜在意識の上昇でも、高揚した情念の流入でも、感情の熱狂的な表現でも、抑制の一時的な消滅でもなく、合理的な愛、喜び、平和、忍耐心、親切さ、善良さ、信仰心、柔和さ、そして自制心である。(4)

「潜在意識の上昇」（the subliminal uprush）とは、『諸相』の結論にある潜在意識からの救済を指す。つまり、ジェイムズの控えめな結論さえもすでに新しい世代の科学者には、容認し難いものとなっていた。ピューリタンの父祖たちが新世界にあって生を支えていたリバイバルは、冷静で客観的で自制を良しとする知識人たちのエートスには合わないものとなっていたわけである。

宗教リバイバルと洗脳との生理学的同一視――ウィリアム・サージャント

さらに一歩進んで、一部の精神医学者、心理学者らが、宗教リバイバルを洗脳と同一視するようになったのは第二次大戦後のことになる。洗脳とは、元々は、戦後の中国の内乱あるいはそれに続く朝鮮戦争において、西欧人、旧体制の中国人知識人、戦争捕虜への中国共産党による思想教育を指す。立派なアメリカ人がなにゆえに共産主義者となって収容所から出てきたのかという恐怖が、この問題を大きくさせたことは間違いない（当然ながら、資本主義は共産主義より優れたものであり、理性ある人間なら共産主義など信奉するはずもないという、暗黙の前提があるわけだが）。

これについてはリフトンなどの優れた専門的な研究はあるが、一般人の注目を集めたのはより扇情的で断定的な洗脳論であった。中でも、洗脳論を宗教に敷延した先駆的な著作という点で特に興味深いものが、ウィリアム・サージャントの『人間改造の生理』（原題 *The Battle for Mind*［1957］）(5)である。

サージャントはイギリス人精神科医で、精神病に対する初期の化学療法と物理療法を開発した人物である。ロボトミー手術など、現在では非人間的として否定されている療法を推奨した点では非難されるべきであろうが、それまで絶望的な状況にあった精神病の治療を大きく改善させた功労者でもある。重度の精神病者を専門に扱ってきた経験と生理学者の立場から、フロイト流の精神分析に対してははっきり批判的な立場をとっている。宗教的には、厳格なメソジスト派の家庭に育ったことが、ジョン・ウェズレーのリバイバルの生理学的な研究を手がける機縁になったが、宗教に必ずしも否定的ではない。

サージャント理論の根本は、同様の現象は同様の機能を果たす、脳の一部が興奮していれば他の興奮はおさまる、あるいは過剰に興奮すればそれまでの条件づけられた反射活動が白紙状態に戻るといった、比較的単純な力学的モデルに基づいている。加えて、パブロフの条件反射説と戦争による神経症患者（今で言えばＰＴＳＤ患者）の治療経験によって構成されたものである。

まず彼はパブロフによるストレス研究を引いて、犬に限界以上のストレスをかけた場合、それまでに条件づけられた反射行動がどう変化するかについて、三種類の相があると述べている。

①　刺激の強弱に関係なく同じ反応を示す「均等相」
②　弱い刺激に対して強い刺激よりも過敏に反応を示す「逆説的相」
③　条件づけられた反応が逆転する（たとえば嫌いなものが好きになるような）「超逆説相」

の三種の反応があるという。つまり条件行動は、さまざまな程度や反応のちがいはあれ、限界以上の刺激を加えれば最終的には消去できるものである。人間においても、心理学的手段、電気ショック、インシュリンなど、どのような手段であれ興奮をかきたて、最終的には感情の崩壊や麻痺にいたらせば、そのような効果は得られ、その上で新たな条件づけを行うことは可能であるとされる。その傍証として、メソジストやクウェーカーやブードゥーなどの宗教経験、戦時下の神経症治療、スターリンやヒトラーによる強制収容所から、警察の冤罪自白、そして精神分析に至るまで、さまざまな現象が比較される。このように、今からすれば単純で乱暴な説ではあるが、いくつか興味深い洞察がある。

たとえば、サージャントは戦争によるＰＴＳＤ患者について、当時一般的だった治療（原因となった事件を想起させるという治療法を、薬物や催眠術を併用して効率化を計ったもの）を行っていた際に、必ずしも原因となった事件を正確に思い出させる必要はないこと、むしろ虚偽の記憶であっても、ある程度以上の情動的反応を起こさせる物語を語らせることに治癒効果があることを発見した。精神分析では物語の内容が問題となるが、サージャントは物語によって得られる生理的興奮の方が、神経症を構成している反射行動を消失させる効果があると考えたわけである。同時に、このような虚偽の記憶をたやすく患者に与えることができることにも、彼は気づいている。したがって、精神分析の真理性は、このように虚偽の記憶を植え付けることによって生じているのではないかと彼は批判する。

もしその治療家が出生時のトラウマを信じている者たちの一人であり、それについて尋ねるのであれば、患者はそれを細部に至るまで思い出し始め、再体験さえするかもしれない。その治療家は、彼自身の出生時のトラウマ理論が正しいことを納得するかもしれない。しかし、ここでおそらく起こったことは、警察の尋問でも起こったことかもしれない。つまり、患者は、まったく誠実に、最初からほのめかされたり言われたりしていたことを繰り返したに過ぎないかもしれないのだ(6)。

こうした記憶の真正性に関しては、今に至るまで議論の絶えない部分であり、後述するようにここ一〇年改めて問われている問題なのである。

サージャントは宗教の価値については論じないと前置きしながらも、生物機能的な面から生理学によって代用されうると示唆している。ジェイムズの『諸相』から宗教的憂鬱症の項を引用し、当時は宗教的リバイバルによって痙攣しなければ解消されなかったそのような憂鬱症も、現在では電気ショックによる痙攣によって解消できるのだと誇らしげに述べている（ちなみに皮肉にも、ジェイムズは『諸相』執筆時、原始的な電気療法を受けていた。回心経験の代用にはならなかったが）。ウェズレーのリバイバルの社会的意義については、十九世紀初頭の庶民に過酷な社会的現実を耐えさせ、結果としてヨーロッパの革命運動の移入を妨げたという評価も与えているが、しかし現在となっては、リバイバルは人間の動物的な部分に作用しているに過ぎない以上、それによって真の宗教心や理性を阻害されてはならない、というのが彼の結論である。

洗脳論・マインドコントロール論の妥当性

こうした洗脳論が、本格的に新宗教批判の文脈で利用されるようになるのは、一九七〇年代のアメリカからである。この時期は新宗教運動が盛んであり、若者が家出して団体に入信してしまう事件も後を絶たなかった。さらにパティ・ハースト事件（新聞王ハースト家の娘が過激派に誘拐され、過激派の戦士に変身した事件）、ジョーンズタウン事件（ジム・ジョーンズ率いる人民寺院の集団自殺事件）など、洗脳論に注目を集める事件も続いた。

脱会工作を専門とする脱洗脳家（デプログラマー）が、信者を拉致監禁して事件となったのもこの時期である。新宗教団体は家庭と社会の崩壊を狙う謀略集団であるといわれ、その手段として洗脳を用いて信者を獲得しているとカルト専門家は警告を発した。こうした専門家が唱えた洗脳説は、サージャントと同じく、朝鮮戦争の戦争捕虜をモデルにした単純なもので、信者を隔離し、恐怖、憎しみ、貧しい食事などで疲労困憊させ、自由意志を奪い、新たな暗示をかけて教義を刷り込んでいると主張した。新宗教に入信して、親たちとまったく異なる生活に入った子供たちの態度の変容を説明するには便利な説ではあったが、しかし科学的ではなかった。

こうした〝カルト〟専門家、あるいはマーガレット・シンガーなどの一部の心理学者が、通俗的な洗脳論によって反カルト論を展開したことに対し、社会学者などから強い反対意見があがった[7]。その反論によれば、「洗脳」論は、戦時の捕虜と平和時の新宗教信者という甚だ異なるものを比較しており（前者は物理的に隔離されるが、後者は物理的に隔離されていない）、むしろ実際の効果を統計的に調査してみると、新宗教信者は非常に定着率が悪いことが明らかである。反カルト運動はカルトが全体主義運動であると批判するが、むしろ反カルト運動の過剰にヒステリックな反応の方が民主主義を脅かしかねないという批判もあがった。

七〇年代末から八〇年代初めにかけて、洗脳論の概念的、科学的な脆弱さが厳しく批判された。そのため、この後、洗脳という語の代わりに「マインドコントロール」あるいは「強制的説得」といった用語が使われるようになり[8]、単純な洗脳モデルではなく、V・パッカード『隠れた説得者』（原題 *Hidden Persuaders* ［1957］）、ロバート・チャルディーニ『影響力の武器』（原題 *Influence* ［1984］）[9]のような、より洗練された産業心理学、社会心理学の成果を利用するようになっている。物理的な拘束は無いが、欺瞞と心理的な拘束によって、「洗脳」と同様の効果を挙げるのだというのが、新しいマインドコントロール論の特徴である。

とはいえ、商品を購買させるトリックを、宗教への入信の技術と同一視していいものかどうか。確かに、マインドコントロール論で言われる技術は、部分的には効果があるだろうし、おそらく利用する教団もあるはずである。しかし、マインドコントロール論が主張するのは、段階を踏んでいけば、誰でも自由意志を無くしたロボットに改造できる方法があり、カルトはそれを利用しているという議論である。もっとも批判される点は、このようなカテゴリカルな点、個体差を無視してあまりに包括的に入信過程を論じてしまうところであろう。ここではマインドコントロール論自体の科学性・妥当性についてはこれ以上論じないが、一九八七年、シンガーらが中心となった「説得と統御の欺瞞的間接的技術に関するＡＰＡ特別委員会」の報告書が、ＡＰＡ（アメリカ心理学協会）から受諾を拒否されているように、その理論はあまり広範囲の支持を受けているとは言えないようである。

回心論の裏返しに過ぎないマインドコントロール論

ところで、シンガーの『カルト』には、思考改造を引き起こすための条件として、

①　コントロール計画を気づかせない

②　時間と場所のコントロール

③　無力感や依存心
④　古い行動の抑圧
⑤　新しい行動を吹き込む
⑥　論理の閉鎖回路

の六つが挙げられている。[10] 興味深いのは、これらの内、③から⑥は、『諸相』でジェイムズの挙げている回心過程とほぼ変わりないことである。回心には不安が先行し、回心経験後は新たな行動パターンを獲得（たとえば不道徳な人間が道徳的な人物になる）、そして新たな世界観を得るが、それは回心経験を得ていない人間には真理ではない（つまり論理が閉鎖されている）。そして、往々にして、回心経験は唐突なもので、心の内奥の変化に本人は気づかないとも言われる。

つまり、シンガーのマインドコントロール過程の核心部分は、実は回心論の裏返しに過ぎない。単に、背後にある意図を持った現実の制御者がいるか、あるいは超自然の働きなのか、そこだけが回心との違いなのである。しかも、すでに見たように、実際にキリスト教のリバイバルでも十九世紀以来心理的な技術を応用してきたわけである。そうであっても、キリスト教会を批判せず、新宗教団体のみを批判している点は、カルト＝マインドコントロール論者の恣意的なところと言えよう。

結局、マインドコントロール論とは、回心過程が内実はそのままに、制御する主体が神から邪悪なカルトに置き換えられ、精神医学的な枠組みにおいて説明されているに過ぎないと言える。重要な変化は、カルトに入ることは精神の病であって、治療（脱洗脳、あるいは脱会カウンセリング）されなければならないという、医学的なモデルに置き換えられていることである。したがって、カルト信者は人格を改造された哀れな犠牲者であって、そのままでは回復できないので、専門家が手を差し伸べる必要があるとされる。

　しかし逆に新宗教自体が心理療法に類似している場合も多く、その視点からすれば脱洗脳はまちがった治療ということになる。サイエントロジーが精神分析に反対するように、脱洗脳家と教団はいわば医学的モデルと患者をめぐって物理的な闘争と同時に解釈の争いを行っているわけである。

3　トラウマ

心理療法の浸透と社会問題化する心理療法

　アメリカでは、一九七〇年代カルトが問題になったのに対し、一九八〇年代以降は次第に心理療法をめぐる社会問題が増加しているように見える（サイエントロジーや統一教会などの事件は続いているが）。もちろんカルトと呼ばれる集団の中にも、「ｅｓｔ」（エアハード・セミナー・トレーニング）のように心理療法的なものもあり、東洋宗教と心理療法の関係は大拙とフロムの例を持ちだすまでもなく断絶的なものではない。消費者たちは、カルトと心理療法の間を連続的に行き交っていて、おそらく八〇年代以降は心理療法に依存する割合が増えたのであろう。ある統計によれば、アメリカの五分の三の州で、一九七六年から八八年の間に免許を取った心理療法士の数が二倍に増加し、中には五倍に増えた州も三つあるという。一九九五年現在で、保険支払いを受けた分だけでも、患者の延人数は八八二〇万人、四七億ドルの支払いがあったと推測されている[11]。

　このように急速に心理療法が浸透することによって、それまでカルトという社会の周縁的存在へ与えられていたマインドコントロールというレッテルが、医師や心理療法士という社会の中心的な存在への非難となった。特に問題となった療法が、一時はブームとなった多重人格症とトラウマ説である。

多重人格理論

　多重人格理論は前世紀末から今世紀初頭にかけて、精神医学界では重要な理論の一つであり、モートン・プリンスなどのいくつかの研究が有名である。しかし、フロイトの無意識説が確立して以降、無意識のコンプレックスが、潜在意識下の複数の人格意識という説にとって代わった。その後、多重人格症は映画やノンフィクションの内で生き続けたが、それが復活したのは一九七三年にフローラ・シュライバー『失われた私』（原題 *Sybil*）というノンフィクションが出版されて評判を呼んでからという[12]。幼児期の性的虐待から逃れるために「解離」（dissociation）を起こし、それによって複数の人格が生じたという物語は、その後の多重人格症の原型となった。しかし、ＭＰＤ〔Multiple Personality Disorder、多重人格障害〕患者が爆発的に増加したのは、一九八〇年に改定された「精神疾患の診断統計マニュアル第三版」（ＤＳＭ－Ⅲ）に多重人格症が記載されてからである。その後、一九九四年に出たＤＳＭ－Ⅳでは「解離性同一性障害」(Dissociative Identity Disorder)と改められている。しかし、ＭＰＤという病気が、地域的には北米、時期的には一九八〇年以降に偏っている点で、この病の原因について疑いは絶えない。

ＭＰＤの診断では、患者は最初からはっきりした症状が出ているわけではない。憂鬱や不安などの一般的症状から始まる。医師は記憶の欠落やフラッシュバック体験など〔について〕、根気強く(あるいは執拗に)質問を続けていく。自分の行為が他人のことのように感じられたことはないか、など。症状がはっきりするのは治療を開始してから半年後、別人格が現れるまで患者は数時間質問攻めにあうこともあるという。こうした医師との社会的圧力による役割演技の要請、あるいはマスコミや出版物などで氾濫するＭＰＤの記事などによる症状の学習、そういったものから症状は生まれているのではないかと指摘する批判者もいる[13](九〇年代に入るとＭＰＤ専門家が、元患者から告訴され敗訴するという事件が起こっている)。

さらに奇妙なことに、一九八〇年に、母親を含む悪魔教徒によって性的虐待を受けたことで多重人格が発症したという女性を主人公に、『ミシェルは思い出す』(原題 *Michelle Remembers*)というノンフィクションが出版されるが、この影響で悪魔教徒の虐待を思い出すＭＰＤ患者が続出するようになった。問題は、医師がこれらの悪魔カルトの記憶を事実と見なしたにもかかわらず、そのようなカルトが実在する証拠はどこにも見つからなかったことである。多重人格症候群は実際、他の文化圏の文脈では憑霊と解釈されうる現象であるが、しかし心理療法家が不可視の悪魔教徒の存在を信じる姿は、精神科学がメスマー以前の魔女審問や悪魔憑きのレベルまで戻ったとさえ思わせるものである。[15]

トラウマ理論

ＭＰＤとも関連しているが、八〇年代以降の心理療法の世界では、トラウマ理論がフェミニズム心理学と連携してブームとなった。たとえばジュディス・ハーマンの『心的外傷と回復』（原題 *Trauma and Recovery* [1992]）[16]、あるいはバス＆デイビス『生きる勇気と癒す力』（原題 *The Courage to Heal* [1988]）[17]といったベストセラーがその例である。回復記憶（トラウマとなった性的虐待事件の記憶）を利用する療法が盛んに行われたが、Ｊ・ブラッドショーの「インナー・チャイルド」療法もこうした一派に属している。

しかし、これらもＭＰＤ治療と同様の危うい問題を抱えていた。というのは、虐待時の記憶は精神の防衛機能が働いて抑圧される場合があるので、覚えていない患者についても、記憶を回復させる必要がある、とされたからである。ＭＰＤの場合と同様、最初は憂鬱など一般的な心理的問題から治療は始まる。治療者は患者にさまざまな技法によって虐待を思い出させる。虐待を思い出したら、怒りを吐きだすこと、実際に賠償金を請求して両親を告訴することも勧められる。思い出し、対決し、和解するというドラマを演じることで、治療は完了するとされた。

しかし問題は、父母の側に性的虐待の記憶が無いという事例が続出したことである。子供の側は、回復した記憶を証拠として父母に多額の賠償金を請求する、あるいは両親との交際を一方的に絶つ、一方身に覚えのない両親は当惑する。かつての洗脳カルト事件と同様の家庭崩壊が再び起こったわけである。

九〇年代前半、記憶の戦争と呼ばれるほどの激しい論争が巻き起こった。批判者は、回復記憶は治療者と患者の間で構成された虚偽の記憶であって、一種のマインドコントロールによって患者はそれを信じこまされたのだと主張した。フェミニストや分析系の学者は回復記憶支持に回り、認知行動主義心理学者は批判に回った（驚くべきは、サージャントの引用にあるように、これはすでに第二次大戦のＰＴＳＤ治療の際に既に解決済みの現象だったはずである）。

こうした学界の動きと並行して、それまで両親を告訴していた患者が、今度は治療者の告訴に踏み切る事例が増えていき、九〇年代前半で回復記憶治療のピークは終わったように思われる。しかしハーマンは今でも、この論争自体を、虐待犯人による謀略であり、男性優位主義者のフェミニズムに対する反動に過ぎないと断言している[18]。結局、トラウマ学説がどこまで有効で、回復記憶はどこまで真実なのかという問題は、二つの党派でそれぞれ別個の決着を見ていて共通の理解はないように思われる。

おわりに

さて私たちは、大ざっぱではあるが、アメリカを中心に、リバイバル・回心論が、世俗化して洗脳論に変貌し、救済（あるいは精神統御）を行う主体が神から、神と人間の協力を経て、カルト、そして治療家に移り変わる過程をみてきた。これについてどういうことが言えるだろうか。

まずリバイバル、トラウマ治療は、いずれも変成意識状態を利用するマインドコントロールと非難された点では共通している。サージャントの警告にもかかわらず、情動的反応を利用する伝統は消えなかった。さらにフィニイ以前のカルヴィニズムとの共通点も少なくない。いずれも人間は受動的な存在であり、何らかの存在や事件によって、信者あるいは患者と一元的にその存在が決定される。回心体験の有無は人生の意味がかかった問題であると同様に、トラウマ体験の有無にマイナスの意味がかかっている。しかも本人が気づかない内に救済、トラウマが与えられているという点も共通している。

さらに言えば、トラウマ説には、一種の楽園追放神話的な構造も見られる。一般的に、本来の自己は無垢の存在（インナーチャイルドである）であり、それが虐待によって歪められるために、さまざまな不幸が起こるとされる。しかも悪魔教徒という、キリスト教に〔おける〕伝統的な負の記号を背負った神話的表象も登場する。その上、原罪を贖うことによる救済の約束もあるわけである。

しかしトラウマ説が宗教（あるいは前世記憶などの類似のニューエイジ系心理療法）と異なるのは、超自然的なものの介在を許さない点である。悪は必ず現実の存在（たとえば両親など）であり、性的虐待は必ず現実の事件でなくてはならない。歴史的事実である以上、患者はそれを操作し運命を変えることができるが、逆に言えば運命を変えることができない場合には（たとえば両親がその歴史的現実を共有し謝罪することが無ければ）、変わるはずであった不幸にしがみつかざるをえなくなり、自らの運命と人生に心から同意することはできない。これで良かったのかどうかと言えば、もちろん不幸であるが。

結局、救済と心理的な変容という点では、心理療法はかつてのリバイバル宗教が占めていた地位をかなり奪ったと言えるだろう。しかし科学的な装いのせいで救済はかなり歪んだ形となってしまったわけである。ジェイムズが『諸相』において、心を超自然に対して開かれたものと強く論じた意味を、私たちは考えざるをえない。

第五章　記憶の中の悪魔――「悪魔教恐怖」論

「悪魔は人間を動物の一つであると言う。四つ足動物より良いときもあるが、多くの場合劣っている。「神聖な霊的で知的な発展」のおかげであらゆる動物の中で最も邪悪である！」

アントン・ラヴィ「悪魔の九箇条」より(1)

はじめに

一九八〇年代から、北米では「悪魔」に絡む奇妙な事件が立て続けに起こっている。たとえば、大手洗剤会社P&G社は、ロゴマークが悪魔の印と噂され、不買運動まで起こされたため、ロゴマークの変更を余儀なくされた。一九八五年には「ナイト・ストーカー」と呼ばれた自称悪魔教徒リチャード・ラミレスによる連続殺人、翌年にはやはり自称悪魔教徒の高校生、ショーン・セラーズが両親を含む三人を殺した事件、そして八九年にはメキシコのマタモロスでテキサス大生を含む一三の死体が見つかり、アドルフォ・コンスタンソを首魁とする悪魔崇拝教団の儀礼的殺人と報道された。さらに、悪魔教カルト（satanic cult）が身近な場所にも出没するという噂が地域に広まり、そのために学校が休校するなど、社会活動が麻痺してしまう「噂パニック」（rumor panic）が頻発している。もちろん、こうした悪魔教への恐怖を原因とする事件の多くはローカルな話題にとどまり、全国的な問題となることは少ない。しかし、社会学者ジェフリー・S・ヴィクターによれば、噂パニックの件数は、彼の知る限りだけでも、一九八二年から九二年までの一一年間にアメリカ、カナダで六二回に上るという[2]。

さらに八〇年代半ばからは、幼稚園で悪魔教カルトが幼児に性的虐待を加えているという噂がとんだ。幼稚園の保父や保母たちが実は悪魔信者で、園児を儀式に参加させ猟奇的な行為に及んだ——これを悪魔儀式的虐待（Satanic Ritual Abuse）、略してＳＲＡと呼ぶ——このような嫌疑をかけられ、保父や保母が告発されるという事件が連続した。決め手となる物証は一切無く、幼児の証言も荒唐無稽なものであったが、それにもかかわらず、多くの人々が逮捕されて裁判にかけられた。今なお獄中にいる被害者の数は、類似の事件の被害者を含め、少なくとも五一名になるというから（一九九五年現在[3]）現代の魔女狩りという呼称も誇張ではない。

悪魔教カルトへの恐怖は九〇年代に入ると鎮静化に向かっていったが、代わってこれと隣接する問題が次第に広がりを見せていた。ＭＰＤ（Multiple Personality Disorder、多重人格障害のこと）で治療を受けていた患者の中から、悪魔教カルト信者だった母親や父親から受けた幼児期の虐待を思いだす者が出てきたのである。さらにはより軽度の不調で治療を受けていた者たちの中からも、悪魔教カルトや近親者による虐待記憶を回復する患者が出てきた。しかもそれらの記憶は必ずしも親たちの記憶や事実と一致しなかったために、子供（多くは成人した女性）から突然告訴されて、とまどう親たちが続出した。一九九二年には、告発された親たちや心理学者、精神科医などが集まって支援組織「虚偽記憶症候群財団（False Memory Syndrome Foundation、以下ＦＭＳ財団と略記）が結成され、その活動もあって精神医学界からも回復記憶治療を問題視する動きが出てきた。

しかし、はたして回復記憶は治療家の誘導で生まれた虚偽記憶なのか、あるいは虐待によって記憶は完全に抑圧されることがあるのか。この問題は、抑圧や記憶という精神分析の根幹の概念にかかわるだけに、精神医学の世界では、現在なお回復記憶の信憑性をめぐって党派的論争が繰り広げられている。

さて、こうした魔女狩り事件はアメリカでは初めてのことではない。植民地時代には有名なセーラムの魔女狩り事件があり、十九世紀前半には、フリーメーソンの陰謀論や反カトリック運動が盛んであったし、一九五〇年代の「赤狩り」は言うまでもない。こうした事件の背景には、ヨーロッパ諸国の脅威やソビエトとの冷戦など、何らかの外圧が存在したが、「悪魔教カルト」の場合、外の敵はあまり見あたらない。むしろ幼稚園に出没するという伝説[4]が示すように、身近な場所、内なる問題を反映していると言われる。研究者の多くが指摘するのはさまざまなアメリカ社会内部の問題である。

本論文では、そのすべてについて詳述する余裕は無いので、以下、悪魔教伝説の拡大と事件の推移、事件を生んだ社会的要因に分けて紹介した上で、最後に簡単に類似現象との比較を行ってみたい。

1　伝説の拡大と事件の発生

一九六〇年代末から一九七〇年代――悪魔教カルト伝説の萌芽期

悪魔教カルト伝説は無から生まれたわけではなく、そこに事実の核がいくつかある。最初の核の一つは、一九六九年ロサンジェルスで起こったチャールズ・マンソンとそのグループによる連続殺人事件であった。被害者にハリウッドのスター女優が含まれていたこと、犯人が平均的な若い女性だったことなど、事件自体の衝撃もさることながら、この事件について書かれたノンフィクションによってマンソンの恐怖は実像以上に拡大され、〝神話〟が生まれていった。若者たちを洗脳する魔力を持ったリーダーに率いられたヒッピー集団、殺人を好みドラッグを常習し悪魔を崇拝するカルト――しかも、カリフォルニアにはマンソン一家無きあとも、人間を生贄にする秘密教団がいくつも暗躍していると断言する者さえいた(5)。

次に悪魔教カルトの伝説をさらに拡大させた事件は、一九七〇年代半ばからカンサス州、コロラド州、モンタナ州などの牧場で起こった畜牛切断（cattle mutilation）事件である。牧場の牛が組織を鋭利なもので切りとられ、血液をすべて抜きとられて死んでいるというもので、原因が不明だったために、宇宙人の仕業という説や、悪魔教カルトによる生贄という説が流れた。中には、「ジ・オカルト」という集団が大平原地域を黒いマークのないヘリコプターでパトロールし、牛をエンジェルダスト（麻薬の一種）で殺しては、黒ミサで使うために血を抜いて性器をえぐるという説さえあり、これを信用する警察関係者もいた。[6] その後、牛は自然死と判明したが、悪魔教カルト儀式説は消えなかった。[7]

七〇年代に悪魔教カルトの恐怖を説いて回ったのは、キリスト教伝道師である。たとえば一九七一年からモリス・セルーロ、マイク・ウォーンケの二人が悪魔崇拝の危険について巡回説教を始めている。特にウォーンケは一九七二年に、ドラッグ中毒のヒッピーで元悪魔教カルトの信者であったという過去をつづった *The Satan-Seller* を発表しベストセラーとなる。[8] 興味深いことに、マンソン、ウォーンケ、いずれも六〇年代対抗文化の負の符号を背負っている。

一九八〇年代以降——脱宗教化と『ミシェルは思い出す』の影響力

しかし一九八〇年代以降の悪魔教伝説の形式は、一九八〇年に出版された『ミシェルは思い出す』[9]に始まる。これはカナダ、ヴィクトリア市在住の精神分析医ローレンス・パズダーが、その患者ミシェル・スミスの治療過程をつづったものである。一九七六年の夏、ミシェルは流産の後遺症からパズダーの治療を受けるが、その分析過程で、人格が五歳時に退行し、隠されていた当時の経験を思い出し始める。彼女の母親は実は極秘の悪魔教カルトの信者であり、そのためにミシェルはカルトによって監禁され虐待を受けた（カルトの医師によって角と尾を移植されたともいう）。心理操作によってこの時まで事件の記憶を完全に消し去られていたが、肉体記憶なるものがあり、悪魔が赤く焼けた尾を首に巻きつけたことを思い出すとミシェルのその部位に発疹ができた。結局、客観的な証拠はこの肉体記憶だけであったにもかかわらず[10]、この本はノンフィクションとしてベストセラーとなった。

この後、明らかにミシェルの告白の影響を受けたと思われる、*Satan's Underground*、*Suffer the Child*、*Satan's Children* など[11]、カルトの「生存者」（survivor）の告白がいくつか出版されている。ミシェルの場合と同様、犠牲者は幼児期から悪魔教カルトにとらわれ、動物や人間の生贄を伴う儀式に参加し、奇怪な性行為などの虐待を受ける、その後カルトの洗脳によっていったん記憶を失うが、トラウマの治療過程で記憶を回復する、という設定である。思春期までカルトにとらわれていた女性の場合には、生贄用の嬰児を確保するために、カルト信者によって妊娠させられることが多い。

こうした告白は、客観的証拠が乏しいのはもちろん、時間的空間的にも曖昧、現実的な細部に欠け、極めて類型的である。つまり実話というより伝説の可能性が高いのだが、「儀礼的虐待を堪え忍んだと治療家に語る患者は全国に多数いる。患者は相互の接触が無いにもかかわらず、その報告は驚くほどよく似ている[12]」から真実なのであると、一人の著者は述べている。

こうした八〇年代以降の「デモノロジー」は、それ以前のものと比べるといくつか違いがある。まずキリスト教の説教師の代わりに、精神医学関係の専門家（博士、看護婦など）が著者となっている場合が多く、一般向けノンフィクションとして出版されることも多い。『ミシェルは思い出す』では、随所にパズダー医師の霊的なカトリック信仰が色濃く出ているにもかかわらず、医学博士号がこの本に科学的な外見を与えていたため、社会的影響力は大きなものになった。また、それまでカルトの元信者が成人で自らも悪魔教徒だったのに対し、八〇年代以降の生存者は幼児期から思春期にかけて被害に遭い、一方的な被害者という設定である。さらに、キリスト教への改宗による救済という宗教告白には必ずつきものの結末がそれまでのものであるとすれば、新しい伝説は精神科医の治療が物語の発端であり結末であり、病は救済のための必要なステップではなく、超自然的意味合いのまったく欠如した単なる苦しみに変わっている。あるいは、ウォーンケの物語にはキリスト教やヒッピー社会といった一般市民の日常生活と別の世界での出来事という枠があったが、それ以降の生存者の告白ではこの枠は取りはずされ、近親者が悪魔教徒であるばかりか、過去という現在の自分にとってもっとも身近な場所に悪魔が隠れている、という設定になっている。次の段階では、この新しい悪魔教カルト伝説が、過去から現在の社会生活へ侵犯してくる。

全米に広がる悪魔教カルト事件

一九八三年八月、最初の幼稚園を舞台にした悪魔教カルト事件が起こる。問題の幼稚園は、カリフォルニア州マンハッタンビーチという裕福な地域にあった、親子三代で経営するマクマーティン幼稚園（McMartin Preschool）である。一人の母親が、二歳半になる息子が、園長ペギーの息子で保父をしていたレイ・バッキーから性的ないたずらをされたと警察に告発したことに始まる。次第に幼稚園の父母たちの間にはパニックが広がり、児童虐待の専門家キー・マクファーレンらによって執拗な事情聴取が行われた。その結果、ほとんどの子供が被害を訴えだし、警察は幼稚園ぐるみの組織的な犯行を疑った（一時はレイの妹、母親、高齢の祖母のヴィクトリア・マクマーティン、職員まで逮捕された）。

この事件に悪魔教カルトの要素が入ったのはどの経路かははっきりしない。八〇年代初めからすでにミシェル以外のＭＰＤ患者、あるいは子供たちの間で悪魔教カルトの話は伝説として広まっていたという説があるが、マンハッタンビーチ地域にもその噂がすでにあったのかどうかは分からない。あるいは後に悪魔教カルト問題専門家となる保護者の一人がこのアイデアを持ち込んだとも言われる[13]。いずれにしても、八四年には父母たちはローレンス・パズダー医師と会い、国際的悪魔教カルトの陰謀説を聞いているので、『ミシェルは思い出す』の影響があったことは間違いない。

ともかくこの結果、保育所は悪魔教カルトの巣窟であり、その儀式の一環で子供たちに性的な虐待が行われた、彼らは幼児ポルノを製作し、保育所の地下には秘密のトンネルまで掘ってあるとさえ噂された（裁判が終焉した後、父母たちの手で実際に発掘が行われた）[14]。もちろん幼児の証言以外に十分な物証は無く、そのため捜査と裁判は長く高価なものとなった。全員最終的に無罪を勝ち取るのだが、レイとその母親の裁判は八七年から二八カ月という前例の無い長さであった。一方、その間に、恐怖は近隣の幼稚園だけでなく、全国へと飛び火していた。

この前後、八三年から八六年までの間、国会では児童を巻き込んだ性犯罪についての公聴会が一三回も開かれていた[15]。マクマーティン事件は、児童の危険を主張する論者にとっては格好の題材であった。国会などの場では、悪魔教という語を避けて「儀式的虐待」、幼児性愛を満足させるための変質者の秘密情報交換組織「セックス・リング」、幼児ポルノを製作する「多数の犠牲者と多数の犯罪者を伴った」組織といった官僚的用語に置き換えられたが、その指すところは「悪魔教カルト事件」にほかならなかった。

八四年の公聴会では、マクマーティン事件で児童の尋問を担当した児童福祉活動家マクファーレンが児童性犯罪事件調査のための予算確保を訴え、八五年に開かれたチャイルド・ポルノ問題に関するミース委員会は、マクマーティン事件を犯罪として立件するためＵＣＬＡの研究者に補助金を出すなど[16]、幼稚園の事件は政治問題化していった。しかも一九八四年にはＦＢＩが組織的な児童への性犯罪について特集した『ＦＢＩ法執行公報』（*FBI Law Enforcemert Bulletin*）を発行、警察ではカルト犯罪などのセミナーが開かれる。さらに世論の動きを受けて、多くの州ではビデオ録画した児童の証言を証拠として採用するなど、裁判手続きが緩和された。児童への性的虐待問題は政治家にとって票につながり、法執行官にとっては業績になったのである。司法行政組織が肯定的な態度に変わったために、マクマーティン事件のような物証無き虐待事件が各地で次々に起こるのである。

幼稚園や保育所を舞台にした冤罪事件は、八四年から八五年にかけてフェルズ・エイカーズ託児所、ウィー・ケア保育園、カントリー・ウォークなど、この二年間に立て続けに起こっている。[17] またカリフォルニア州カーン郡では多数の住人を巻き込んだ、複数の「セックス・リング」告発事件が起こり、三〇名以上が逮捕されている。[18] 一説では一九八九年までに五〇人ほどの人間が儀式的性的虐待の廉で裁判にかけられ、およそ半数は釈放されたが、残りは有罪判決を受け、その多くは終身刑であった。[19]

テレビもこの話題を追った。一九八五年に人気ニュース番組『二〇／二〇』が「悪魔崇拝者」を特集して評判を呼び、次いでオプラ・ウィンフリー、サリー・ジェシー・ラファエル、ジェラルド・リヴェラなどがホストをつとめるトーク番組が次々にこの話題を取り上げている。[20]『二〇／二〇』の放映直後にはオハイオ州トリード近郊の郡シェリフが、秘密の悪魔教カルトによって虐殺された死体が埋められていると主張、六月にはマスコミ注視の中で大がかりな捜索が行われ、ほとんど何も発見されなかったが、この事件は後に現代伝説と化した。[21] 一九八七年に放映された「悪魔教カルトと子供たち」と題するジェラルドのショーは、放映直後にニューヨーク州ジェイムズタウンにパニックをもたらした。[22] また翌年の十月にはハローウィン――悪魔教徒が事を起こすという伝説の日――に合わせて、ジェラルドのショーは通常の時間帯で「十代の悪魔教」と「悪魔の種畜――生贄のための嬰児」を放映し、二十五日のゴールデンタイムには「悪魔崇拝」と題する特別番組を放映した。この特別番組の影響力は大きく、十二月にはカンサス・シティーで番組の影響と思われる噂パニックが起こっている。[23] ジェラルドのショー以外にも、八八年から八九年にかけては *Satan's Underground* の出版、八九年にはマタモロス事件、リトル・ラスカルズ託児所事件など、[24] 噂の核となる事件が立て続けに起こり、噂パニックはピークを迎える。[25]

しかし一九九〇年マクマーティン事件に無罪判決が出る。一九九三年にはリトル・ラスカルズ事件が冤罪であることを暴露したテレビ番組 *Innocence Lost* が放映されて反響を呼んでいる。同年に行われたサンディエゴのデイル・アキキ裁判では、被告が先天的な障害者で知恵遅れだったこともあり、裁判の問題点が全国に広く報道された、次第にマスコミも懐疑的な論調が主流になっていく。[26] 一九九五年にはワシントン州ウィナチで大規模なセックス・リング事件が起こり、組織的性犯罪妄想が司法機関から完全に消滅したわけでないことを改めて示したが、裁判には被告たちを支援する人々から多くの非難が寄せられた。また、イギリスなどアメリカ以外の西欧諸国でも同様の誣告事件が出現したのも九〇年代に入ってからである。[27] それでも悪魔教カルト恐怖が鎮静化に向かいつつあるのは間違いない。

幼児期の性的虐待を思い出す子供たち——虚偽記憶症候群

さて、最初に述べたように、悪魔の噂が姿を潜めると、代わって多発するようになったものが回復記憶による訴訟事件である。子供が回復記憶を用いる心理療法を受けている最中に、父親との近親姦や性的虐待事件を「思い出し」、その結果、親と絶縁状態になったり、刑事あるいは民事訴訟を起こすというケースである。民事訴訟で徹底的に争った場合、たとえ勝訴を勝ち取っても、多額の裁判費用を費やした上に子供との関係を修復できない可能性が高い。そのために多くの親は、法廷外での示談に応じる傾向にある。中には、虐待の記憶はまったく無かったが、子供の言い分を理解するために、子供と同じ治療家にかかった父親の場合もある。この父親は、治療家から、通常の人格と虐待者人格に分裂しているので、虐待の記憶を覚えていないと診断され、強制的に入院させられて、自らが悪魔教カルトの大祭司であったことを告白させられたのである。[28]

こうした事件が起こる家庭のパターンについて、研究者マーク・ペンダーグラストは、FMS財団の集会で観察した結果、中流から上流の白人家庭が多いと述べているが、もちろんこれは、記憶を回復するのに多額の治療費が必要だからである。多くは親密な結婚生活を送っているが、そうでない者もいる。子供と親密な家庭もあれば、そうでない家庭もある。結局のところ「適当な環境さえそろえば、いかなる人も事実に基づくことなく近親姦で告発される可能性がある」。[29]一九九七年にFMS財団が行った調査で確かなことは、告発者は九二%弱が女性で、記憶の抑圧と回復を伴うものも九三%弱、その内一八%程度が悪魔儀礼的虐待を伴うものだということである。[30]同調査によれば、この種の事件も、一九九一年と九二年（それぞれ四八七件、四〇七件）をピークとして、一九九五年は九二件、九六年には六〇件と、現在は激減している。しかも、告発者が虐待の主張を撤回した家庭が、九三年の調査では〇%だったものが、九七年の調査では七%に増えている。そして今度は、回復記憶療法を行った分析医や心理療法士を医療過誤で告訴する事件が増えているという。

以上が悪魔教カルト伝説の発生から虚偽記憶症候群に至る事件の一部始終である。しかし、こうした奇矯な伝説がなぜ大真面目に論じられたのか。一体どういう集団に受容されていったか、とりわけ、司法関係者、精神医療関係者など、むしろ社会的パラノイアに警鐘を発する立場の人々が信じたのはなぜか。それを次に見ることにしたい。

2　社会的要因

悪魔教カルト伝説自体は決して新しいものではない。たとえば儀式殺人と人肉食は五世紀のキリスト教徒に対しても言われた[31]。一八三〇年代アメリカでは、カトリックの恐怖が叫ばれ、尼僧院でのセックスや嬰児殺しの「告白」がベストセラーとなった[32]。つまりこのような伝説は昔から存在していたのである。

それではなぜ八〇年代になって「伝説」ではなく「現実」として通用しはじめたのか。社会学者J・リチャードソンらは、ファンダメンタリスト・キリスト教、反カルト運動、悪魔教会、児童保護、回復運動の五つの先駆する社会運動から悪魔教恐怖が構成されたとしているが[33]、ここでは事件を構成する「悪魔教」「カルト」「児童」「セラピー」の四つの要素に従って先行する運動を整理してみたい。

悪魔教――実体のない教団とファンダメンタリズムの躍進

警官、ソーシャルワーカーを対象に行われる悪魔教カルトのセミナーでは、悪魔教活動に四段階あると説明される(34)。最初の段階は面白半分にヘビーメタル音楽などを聞き悪魔教のまねごとをする若者、第二段階は自称悪魔教徒で悪魔教を口実に犯罪を行う者、第三段階は組織的悪魔教徒であり教団活動を行っている、第四段階には伝統的悪魔教徒がいて、これが極秘の国際的ネットワークを形成し幼児に対する儀礼的虐待あるいは幼児ポルノ製作を行っている。そしてこれらの四つの段階は連続しているとされる。

もちろんここにも核となる事実は存在する。「悪魔教」を名乗る教団はいくつか実在し、中でもアントン・ラヴィの「悪魔教会」（Church of Satan）が有名である。元サーカスの芸人であったラヴィは、一九六〇年代にサンフランシスコでオカルトのサークルを作り、六六年に悪魔教会を創立する。ショーマンであったラヴィはさまざまな話題を提供してマスコミの注目を集めるが、オカルティスト、アレスター・クロウリーに影響を受けた彼の教義は、本質的には厳しい人間理解を韜晦した形で表現したもので、それほどセンセーショナルなものではない。人間の意志を重視し、儀礼は人間の能力を増進するための手段と合理的に解釈される。殺人と麻薬を禁止し、性を肯定するなど、むしろ健康的で現実的でさえある。信者数ははっきりしないが、最盛期の一九七〇年代前半でも五千人ほどではなかったかと推測されている。

ほかにも有名な組織には、ラヴィの弟子であったマイケル・アキノが七〇年代に設立した「セトの神殿」（Temple of Set）、あるいは元サイエントロジー信者のデ・グリムトン夫妻が六〇年代に開始した「プロセス」（Process）などがある。プロセスにはマンソンに悪魔教を教えたという噂が流れるが、後に否定されている。[35] アキノは八七年に幼稚園の性的虐待事件に絡む嫌疑をかけられたが、類似の事件同様、告訴には至らなかった。[36] この他、クロウリーの系譜を引く魔術教団やジェラルド・ガードナーの再興した新異教主義や魔女術などの信奉者も悪魔教徒とあやまって混同されることが多い。

結局、歴史的に見れば、悪魔教伝承なるものが最初から実体としては存在せず、過去二世紀の間に保守的なキリスト教徒を中心とする反悪魔教主義者によって作成された以上、[37] そこは妄想の外敵を描く格好の材料なのである。

一九七〇年代には、反悪魔教の主力は、ファンダメンタリストだった。ファンダメンタリズムは、一方で超自然を認めない世俗的人間中心主義に反対し、他方では超自然力の乱用を批判し、オカルト現象の流行を悪魔の仕業と非難する（たとえば著名なファンダメンタリスト、ハル・リンゼイは、『サタン』[38]で、心霊能力を悪魔の働きと主張している）。彼らが守るものは伝統的家族制度であり、妊娠中絶に対しては強く反対する。中絶反対を叫ぶ直接行動団体 Operation Rescue が結成された一九八八年、*Satan's Underground* が出版されるが、この本がハル・リンゼイらに信用され、ファンダメンタリストたちに売れた理由の一つには、カルトによって生まされた嬰児は生贄に使われたというエピソードが中絶を思わせるためではないだろうか。

一九七九年には、テレビ説教師ジェリー・フォールウェルによって代表的組織モラル・マジョリティが結成されている。これに象徴されるようなファンダメンタリズムの高まりと並行して、アメリカ人で悪魔の存在を信じる者の割合は増加している（六四年には三七％だったものが、七三年に五〇％。[39] 一方、神の存在を信じる者の割合は四四年で九七％、八一年でも九五％と高い値で安定している）。[40] 七〇年代のファンダメンタリズム躍進が、後の悪魔教恐怖の素地を作ったのは間違いない。とはいえ、八〇年代後半の悪魔教恐怖がピークに達した時期、プロパガンダの中心にいたのは、ファンダメンタリズムの傾向が強いとは思えない児童福祉活動家と子供たちの父母であったが（一方、フォールウェルら大物の説教師たちは、この時期相次いでゴシップにまきこまれている）。[41]

カルト――洗脳、マインドコントロール概念の一般化

「カルト」という用語が危険な集団と同義で使われ始めたのは、前出のチャールズ・マンソンのグループを指してマスコミが使用してからと言われる。[42] 一九七〇年代に流行した新宗教教団の多くは東洋から流入したもので、主流派プロテスタントとは倫理から服装に至るまでかけ離れたものだった。また、入信して家出する子供たちが後を絶たなかった。一九七八年にガイアナのジョーンズタウンでジム・ジョーンズの人民寺院集団自殺事件が起こる。ジョーンズの教会は元来ディサイプルズ派の教会として出発し、統一教会やハレ・クリシュナのようないわゆるカルトと呼ばれるものとは教義的にも一線を画し、主流派の教会の一つとしてキリスト教界から認められていたにもかか

わらず、集団自殺事件以降は「カルト」に同一視され、その結果、「〝カルト〟は、人を操作する狂信者によって率いられ、洗脳によって指導者の権威に服従する精神の抜けた弟子たちからなる集団を指すようになった」[43]。

こうしてカルトという語には、強制的改宗、集団生活、カリスマ的リーダー、狂信といったイメージがつきまとうようになる。一方、親たちは子供を取り戻すために、カルト情報を交換し脱会の相談にのる、Cult Awareness Network や American Family Foundation（後者は以下AFFと略記。ただし前者は現在はサイエントロジーに買収され、反・反カルト団体である）などの反カルト団体を結成している。家族とキリスト教を守るという点からすれば、悪魔教カルトに対しては懐疑より警戒態勢を取るのも当然である。一九九三年に発行されたAFFの参考書には「託児所における児童の儀礼的虐待」と「十代の悪魔教」という、カルトの存在を前提とした論文が収められている[44]。

このように反カルト運動の一部は儀式虐待の実在を肯定している。しかし、反カルト運動と反悪魔教運動が同一かどうかは疑問である。たとえば、AFFの代表的な会員、心理学者マーガレット・シンガーは、儀式虐待実在論に対して批判的なスタンスを取るFMS財団の諮問委員に名を連ねている。また、シンガーと同じく強硬な洗脳＝反カルト論者リチャード・オフシーもFMS財団の諮問委員会に入っている（いずれも一九九八年度現在）。この理由は、FMS理論を信奉する科学者が、回復セラピーの方を儀式虐待の虚偽記憶を植えつける一種の洗脳カルトと見なしているからである。D・ネイサンの指摘では、こうした人脈関係だけでなく、保守的な家族観、六〇年代対抗文化に対する否定的意見など、反カルト運動とFMS財団には共通する価値観もあるという[45]。

反カルト運動は必ずしも悪魔教カルト恐怖の拡大にプラスに働いたわけではない。しかし「被害者への精神操作」という悪魔教カルト伝説を構成する重要な要素を一般に流布したのは、反カルト運動が、宗教社会学者などからの批判が大きかったにもかかわらず、洗脳、マインドコントロールという概念を一般化させていたからであろう。そのために、悪魔教カルトを背定する側も否定する側も、同じ枠組みの中の言葉を使わざるをえなかった。

児童――性的虐待と女性の社会進出

児童虐待問題が注目されたのは一九六〇年代に遡る。最初に注目された問題は、扶養義務怠慢であったが、これは貧困と階級差別、人種問題などがその原因である以上解決は難しく、しかも貧困問題に対しては当時のニクソン大統領を始めとする保守派の反対が強かった。そこでモンデイル上院議院は、問題を扶養義務怠慢から虐待に変更し、一九七四年に「児童虐待の防止と治療法」(Child Abuse Prevention and Treatment Act) を成立させた。同時にParents Anonymousという虐待を行う親たちの自助グループへの公費補助が始まり、虐待の原因は心の病という構図が定着していく。

この法律が扱っていた問題は、当初は暴力行為であったが、次第にアメリカ社会の児童の性に対するオブセッションが表面化し、性的虐待が中心的問題となっていく。

まず、七〇年代末にかけて児童売春とポルノに関する説がいくつも流れる。一九七七年の公聴会では、一二〇万人の児童がポルノ産業に巻き込まれているという誇大な説が出たため[46]、翌年にはFBIなどが児童ポルノの摘発に動いたが成果はほとんど無かった[47]。同時にフェミニズムの反ポルノ運動が盛んになる。被害者学の進展で、全女性の五四％は児童期に性的虐待を受けているという調査結果も発表された[48]。児童と女性はカテゴリカルに純潔であり被害者であり、成人男性は逆に獣欲に支配された加害者であるといった風潮が一部に広まっていった。さらに一九八〇年代始めには、子供の失踪が話題となり、年間五万人は誘拐されているという説がマスコミに流れた。児童ポルノ産業に売られているとも言われ、親たちは恐慌をきたした（後に、子供の誘拐の大多数は、離婚した片親によるものと判明した[49]）。

この一方、家庭内の脅威については、フェミニストのレイプ研究が進み、近親姦が従前考えられていたよりはるかに高い頻度で起こることが判明した。しかし七〇年代まで裁判所は近親姦被害者に対しては物証が得られないなどの理由から冷淡に扱いがちであり、その対策も充分ではなかった。また、被害者は家庭崩壊を恐れて否認する傾向があることも次第に分かってきた。八〇年代に入って司法制度が原告に寛大な方向に動いていったのは、この反省からである。

つまり、アメリカの児童保護政策は、貧困という社会的問題から個人の心理的問題に目を向け、医学的な視点が優勢になっていった。さらに児童虐待問題全体の中では必ずしも比重が高いとは言えないが、中流以上の父母の関心を集めやすい児童の性的虐待問題に収斂していったわけである。マスコミや政治の場で問題になれば予算が増え、予算が増えればさらに問題を掘り起こし仕事を増やす、という悪循環が始まり、性的虐待事件が異常に増えていったのである。[50]

しかし、そこから児童福祉活動家たちが、悪魔的儀礼虐待という陰謀論に移行した理由については、さすがに説得力ある回答はまだ出ていないように思われる。フェミニズム系精神分析に見られる陰謀論の影響とも考えられるが、その点は不明である。ただ、六〇年代には若き理想主義者だったキー・マクファーレンがマクマーティン事件の際は悪魔虐待陰謀論者に変貌していった過程は、その間の時代風潮の変化[51]（六〇年代の社会改革、七〇年代の自己探し、八〇年代～九〇年代の陰謀論）を考えると、むしろ異常ではないのかもしれない。

ともかく、八〇年代、九〇年代のアメリカは、児童問題については、他の社会問題と比べると、バランスを失した過剰な反応を示した。とくに幼稚園児の父母たちは、なぜヒステリックな反応を示したのか。一つには家庭の制度的問題が隠れているという分析がある。

デイヴィッド・G・ブロムリーの分析によれば、それは七〇年代から八〇年代に起こった中流家族の構造の変化に起因するという。つまり実質賃金の低下、離婚率の上昇と家族規模の縮小、個人の自己実現を優先する人生観などによって、女性が社会に進出せざるをえないし、またそれは認められ奨励されるべきこととなった。そのために託児所の重要性は増したが、とはいえ親たちは託児所に預けることを必ずしも歓迎していない。ここで矛盾が起こる。一方で子育ては家庭の任であるべきと思い、他方、現実には託児所に預けざるをえない。

これをブロムリーは伝統的家庭を covenant sphere、その外の社会を contractual sphere と分け、前者に後者が侵入してきたと述べている。親は伝統的な家庭像を守りたいと願うが、侵入してくるのは自分のキャリア追求を行っている領域でもある。この問題は、社会の局所に原因があるのではなく、二つの制度間の矛盾にある以上、特定することで解消できない。そこでその原因に名前を与え、緊張を緩和するためのシンボルとして悪魔教が利用されたのであろうし、そのメタファーという限りにおいては悪魔教は真実であるとブロムリーは述べている。

この分析は優れたものだが、しかし、疑問が無いわけではない。たとえばリトル・ラスカルズ事件で、園児の虐待を率先して告発したのは制度的な矛盾に悩んでいるはずのキャリア・ウーマンではなく、専業主婦だったという[52]。むしろ、covenant sphere に押し込められた女性たちから、contractual sphere に進出し自己を実現しているように見える女性たちへの嫉妬、そしてそれを支える託児所への憎悪が、幼稚園を舞台としたパニックの主要な動因であったかもしれない。

セラピー①――回復運動と虚偽記憶

児童虐待問題が社会問題から医療問題化したように、七〇年代以降、アメリカ社会ではさまざまな人間行動が病気のせいとされ、医療あるいは「癒し」の枠組みがさまざまな領域を覆っている。そして、共同して相互に治療に当たるための組織も多数に上る。

Alcoholics Anonymous が、一二ステップのプログラムと患者同士の自助組織によって、アルコール依存症に対してかなりの成功を収めたため、八〇年代になるとこれを模倣する自助グループ（self-help group）がいくつも出現した。性依存症にはSex and Love Addicts Anonymous、薬物中毒患者にはNarcotics Anonymous、アルコール中毒患者に虐待された過去を持つ人間のためのAdult Children of Alcoholicsなどが有名なもので、これらは回復運動（recovery movement）と総称される。

たとえばセラピスト、チャールズ・ウィットフィールドは、機能不全の家庭は人口の八〇％から九五％に上ると見なし、そのような人はセラピーを受け、抑圧されたインナー・チャイルド、つまり「真の自己」に触れなければならない、最初は否定しても、子供時代の素晴らしい思い出と親に対する怒りを蘇らせ、トラウマを掘り起こすことができるのだ、と彼は言う(53)。このように回復運動では、「自己」と子供時代を特別視する。アダルト・チルドレン運動のグル、ジョン・ブラッドショーは、幼児期の「オリジナル・トラウマ」は消えることなく成人の病的行動を生み続けると断言している。裏を返せば、現在の自分には責任は無いということになる。最初は誰でも否認するが、それこそトラウマ／悪魔の儀式的虐待／近親姦などのあった証拠という論理は、マクマーティン事件以降の幼児虐待事件の事情聴取の際には前提となっていた。

このような回復運動を調査したW・カーミナーは、集会では会員たちが些細な事件を誇大に言う、あるいは自分の病状の告白を競う傾向があると指摘している。対して、クメール・ルージュの虐殺を逃れたカンボジア難民たちの集会では、自らの悲惨な体験を互いに告白しあったりすることはないが、回復グループには見られない笑いと明るさがあったとも述べている(54)。深刻な苦悩が無いからこそ苦悩を語るのかもしれないが、ともかく、こうした告白競争は、ヒステリー症状の感染のように、病の無い参加者にも病をもたらす可能性があるため、このような自助集団の中から、近親姦の記憶や悪魔教カルトの記憶を回復する者もいる。[55]

回復運動のガイドブックの中でもとりわけ影響力を持ったものが、一九八八年の出版以来七五万部以上発行された*The Courage to Heal*であった。[56]この本には虐待からの回復が段階を追って具体的に解説されているが、たとえば、「起こったことを信じること」という章では、「児童期の性的虐待を癒すには、自分が犠牲者であったこと、虐待が本当に起こったことを信じなければなりません」[57]とあり、さらに「怒り――癒しのバックボーン」の章では、「復讐を望むのは自然な衝動です、正常な反応です。好きなだけ想像してもかまいません。復讐を視覚的に想像することは、実に心を満たしてくれます。（中略）非暴力的な報復手段を探してごらんなさい。虐待者を告訴すること、警察などにつきだすのも、方法でしょう。（中略）ある女性は、祖父から性的虐待を受けたのですが、危篤状態の祖父の所に行き、親戚すべてを前にして、病院の中で思い切り怒りをぶつけたのです」[58]とある。問題は近親姦の事実がありそれを覚えている女性ではなく、事実が無い女性が読んだ場合の反応である。

セラピー②――精神医学学説の動向と問題点

一方、八〇年代にフェミニズムなどの影響を受けて、精神医学界の学説も変化したが、それらも回復記憶に有利に働いた。その変化として、おそらく次の四点が挙げられるだろう。

①「多重人格症」の復活。多重人格理論は前世紀末、精神医学界では重要な理論の一つであったが、フロイトの無意識説以降、長く無視されてきた。それが復活したのは一九七三年にフローラ・シュライバーの*Sybil*(59)というノンフィクションが出版されて評判を呼んでからと言われる。しかし、ＭＰＤ患者が爆発的に増加したのは、一九八〇年に改定された「精神疾患の診断統計マニュアル第三版」（ＤＳＭ－Ⅲ）に多重人格症が記載されてからである。その後、一九九四年に出たＤＳＭ－Ⅳでは「解離性同一性障害」（Dissociative Identity Disorder）と改められている。

②誘惑理論の復活。フロイトが一八九六年に発表した論文「ヒステリー病因論」で主張したもので、幼児が成人から受けた性的誘惑がトラウマとなって神経症を引き起こすという説である。しかし後にこれが治療過程で催眠状態になった患者の妄想であったとフロイトは判断して、この説を放棄、逆に子供の側の性的欲望を原因とするエディプス・コンプレックスを唱える。しかし八〇年代になってアリス・ミラー、ジェフリー・マッソンらから誘惑理論の復活が主張されると、近親姦の実態が明らかになったこと、トラウマ研究が進んだこともあって、誘惑理論は広く認められるようになる。

③催眠術の復活。誘惑理論を放棄したと同時にフロイトは催眠術も放棄したが、第一次大戦後、多量に発生した神経症患者（現在言うところの外傷後ストレス障害患者）を治療するために催眠術が復活した。治療はトラウマの記憶を回復、解除、カタルシスという過程をとるが、それをスピードアップするために催眠術が利用されるようになった。さらには催眠術が効かない患者のためにはアミタ

ール塩などの自白剤を用いる手法も開発された[60]。

④トラウマ研究の進展。上で述べたように戦争に付随してトラウマ治療は進展してきたが、とりわけベトナム戦争の帰還兵の問題が引き金となって、「外傷後ストレス障害」(Posttraumatic Stress Disorder: PTSD)が認知されるに至った(DSM－Ⅲ)。さらにジュディス・ハーマンらのフェミニズム研究者は、これをレイプや家庭内暴力、虐待などの問題に広げた。ハーマンは近親姦被害者を想定して、長期間に渡る虐待による症候群を複雑性PTSDと名づけ、その下位にMPDを含めるべきだと提案している[61]。つまり長期に渡るトラウマがMPDを発症するという理論だが、これは悪魔教カルトの「生存者」たちの症状を説明するのに格好の理論であった。

誘惑理論とトラウマ理論は、共に内的現実に立脚する理論では説明しきれない病気に対し、歴史的現実による説明を与えたとも言えるだろう。しかし、一つの問題は、八〇年代から、病気をすべてトラウマで説明する風潮が出たことである(動物磁気を万病の原因と見なしたメスマー以来の伝統かもしれないが)。それ自体も問題であるが、そこから派生する論理的帰結の方がさらなる問題かもしれない。つまり、病は外部の事件に原因を持つ以上、治療者は外部の社会的問題に関心を持たざるを得ない、しかし、そこから社会的な意識に向かうのではなく(たとえば初期のヴィルヘルム・ライヒのように)、最後には病に戻るのである。このような限定つきでの社会的関心が、トラウマ研究をいささかいびつなものに見せているように思われる[62]。

もう一つの問題は、催眠術は歴史的現実を回復するのには役に立たないのだが(「催眠は記憶と空想を区別する能力を減退させる」)[63]、催眠下の告白を分析医自身が歴史的現実と勘違いしたことである。

ＭＰＤという病気自体、地域的には北米、時期的には八〇年以降に偏りすぎているので、医者と患者の間で社会的に構成された病気ではないかという疑いも強い[64]。しかも、ＭＰＤ患者の中から、悪魔教カルトの告白をする者が多く出た（一九八五年の「多重人格・解離状態」国際会議での調査では、参加者の二五％がそうした症状の治療に当たったという）[65]。医師の中にはこれを信じたばかりか、患者に信じ込ませた者もいた。たとえばシカゴのラッシュ・メディカル・センターのＭＰＤ病棟の創設者で多重人格解離研究国際学会の会長（一九八四年）を勧めたベネット・ブローンは、女性患者をＭＰＤ患者と診断し、さまざまな薬物投与などによって、悪魔教カルトの大祭司であると思い込ませたという疑いで告訴されている[66]。あるいはヒューストンの医師ジュディス・ピーターソンはＭＰＤ患者の診断を乱発し、母親に〔子供が〕カルト信者であると信じ込ませて入院させ、多額の医療費を稼いでいたと言われる[67]。

さらに、元臨床催眠学会の会長コリドン・ハモンド博士の説はこうである。戦争中ドイツの強制収容所に入れられていたグリーンバウムなるユダヤ人が、ナチの医師から学んだ洗脳技術をカバラと結びつけ完全な洗脳技術を開発した、彼は戦後ＣＩＡによってアメリカに連行され、グリーン博士なる名前で悪魔教カルトを指導している。おなじくＭＰＤ研究者コリン・ロスの説では、悪魔教カルトではなくＣＩＡが一九四〇年代より子供を使用して洗脳実験を繰り返しているという意見で、回復記憶がセラピーで生まれたものだという説は、真実を隠蔽するための戦略だという[68]。

以上のように、悪魔教伝説を流布させた主な媒体は、ファンダメンタリスト説教師や反カルト運動といったいわば周辺的なメディアではなく、マスコミ、政府機関、児童福祉活動家、精神科医といった中心的な部分であった。そのような「世俗的な」媒体で流布したというだけでなく、悪魔教カルトにはあまり超自然的な意味がなく、性的逸脱者の集団にすぎない、あるいは救済も神からではなく精神科医からもたらされる（あるいは、もたらされるはず）という点でも、世俗的といっていいかもしれない。この世俗的という点については、最後に少し述べてみたい。

結　語

回復記憶を利用するセラピーは、悪魔教カルトの性的虐待ばかりではないが、なかでもその類似と相違において興味ある現象は、ＵＦＯによる誘拐事例である。一九六一年のヒル夫妻の事件に始まるが、これが話題となったのは八〇年代に入って作家Ｗ・ストリーバーが自らの誘拐体験をノンフィクションとして発表したこと、そしてバド・ホプキンズ、デイヴィッド・ジェイコブズ、ジョン・マックらの誘拐事例研究が知られ始めたことによる。簡単に言えば、宇宙人に誘拐されて身体を検査あるいは手術されるが、一旦その記憶は消され、後になって退行催眠などのセラピーを受けて、記憶を回復するというものである。

ＳＲＡ事件との表面的な類似は言うまでもないだろう。さらに言えば、いずれも畜牛切断事件と出産に関係した話がある（生贄の材料とするために出産／混血児を作るために宇宙人に卵子を取られる）。

しかし、ビル・エリスがその論文中で指摘しているように、相違点の方が大きい[69]。彼はそれを、悪魔教カルトの話は経験的で、ＵＦＯ誘拐は神話的であると述べている。重要な違いは、前者は人間が行うという点で、後者は人間を超えた存在によって行われるという点である。ＵＦＯの場合、他界の存在であるために、その物語は規範的な世界観からは逸脱し、被害者は新しい世界観と新しい神話の創造に向かわざるをえない。悪魔教カルトの場合は、加害者が同じ社会に住んでいる以上、それを探して追放することが可能であるため、魔女狩りが起こる。別個の世界観を建てる必要はなく、むしろ被害者は周辺から脱することを望む。その結果、ＵＦＯ被誘拐者の場合は、経験に新しい意味付けをしてプラスの価値を与える可能性があるが、悪魔教カルトの被虐待者は、最後まで病者というマイナスの符号がつきまとう。

このような超自然性を排除した悪の伝説が生まれたのは、一つの仮定ではあるが、七〇年代の自己探し、あるいは八〇年代のニューエイジ運動からかもしれない。つまり七〇年代にベビーブーマーが社会変革から自己探しへと向かって以来、「自己探し」はアメリカ文化の重要な一部となっている。しかし、この「自己」がかつては東洋宗教や神秘主義的な、自我を超えた広がりを持つ「自己」であったのに、ある時期から、幼児期にあったとされる無垢の自己にすりかえられてしまったのではないか。つまり、神話的時間の中にあった「自己」が、歴史的な時間の中に置かれてしまった。探すべきは子供時代の自分であり、それこそが無傷の本来の私である。
このように楽園神話を自分の歴史の上に置くことで、無名で無価値の存在から特別な価値ある存在へ、自分の尊厳を取り戻すことができるが、同時に悪の問題が等閑視されてしまう。しかしインナー・チャイルドと交流したところで現実世界の苦悩や悪は無くなるわけではない。そこで悪と苦悩の発生を説明する「楽園追放」神話の代用品としてトラウマが出てくる。「自己」は無垢であったのだから、現在の自分が悪いのはトラウマを与えた現実の大人たち、というわけである。現実にあるなら操作して除去すれば良いという結末は、幼児期の自己への無反省な回帰願望の当然の帰結ではなかろうか。しかしそのためにさらなる悪と苦悩が生まれたのだが[70]。

いいや君はしていない、彼らがひどいことを君に対して行ったのは明らかだ、君は何も悪いことはしていない[71]。

付記・回復記憶と悪魔教恐怖開運のウェブサイト

Satanic Ritual Abuse の被疑者たちや False Memory Syndrome の被害者たちを支援するウェブサイトは数はあまり多くないように思われるが、といっても、もちろんネット上ですべてを把握することはできない。ここではさしあたり一九九九年一月現在見ることのできたページの内の一部を挙げておく（順不同）。

①Witchhunt Information Page（http://www.mit.edu/people/harris/witchhunt.html）
　ＭＩＴの化学工学科助教授 Jonathan G. Harris が運営しているページ。mailing list も運営している。

②Witchhunt Links（http://www.ags.uci.edu/~dehill/witchhunt/）
　University of California, Irvine に置かれたページ。運営者の D. E. Hill は skeptic（科学的懐疑論者）。

③The Wenatchee Concerned Citizens for Legal Accountability（http://www.ags.uci.edu/~dehill/witchhunt/ccla/pages/director.htm）
　②と同じく D. E. Hill のページの中に置かれているが、こちらは Wenatchee のセックス・リング事件の被害者を支援するもの。

④The Ingram Organization's website（http://members.aol.com/IngramOrg/）
　元警官の Paul Ingram の誣告事件を支援する組織。[72]

⑤CULT AWARENESS AND INFORMATION CENTER—AUSTRALIA（http://student.uq.edu.au/~py101663/）
　悪魔教恐怖を批判する資料が多数集められている。

⑥The Ontario Consultants for Religious Tolerence（http://www.religioustorelance.org）
　Not So Spiritual という話題の中に satanism scare も集められている。

⑦Answers in Action（http://www.answers.org/CultsAndReligions/m_Satan.html）

キリスト教の立場から satanism scare を批判している。

⑧NORTHWEST FEMINIST ANTI-CENSORSHIP TASKFORCE（http://members.aa.net/~nw-fact/）

フェミニズムのサイトだが、ここも珍しくも反悪魔教カルト運動には批判的。

⑨Rick Ross（http://www.rickross.com）

Rick Ross は、いわゆる脱「洗脳」、脱「カルト」のスペシャリスト。ただし、satanism の項目には Satanic Ritual Abuse への批判的な記事を集めている。

⑩http://weber.u.washington.edu/~eloftus/

回復記憶批判の論客で心理学者の Elizabeth Loftus 本人がワシントン大学のサイトに開いているページ。

⑪FALSE MEMORY SYNDROME FOUNDATION（http://advicom.net/~fitz/fmsf/）

ＦＭＳ財団のウェブサイト。なお FALSE MEMORY SYNDROME FACTS（http://fmsf.com/）はまったく逆の立場でＦＭＳを批判し回復記憶を擁護している。

Ⅲ　陰謀論とＵＦＯカルト

第六章　ユダヤ・メーソン陰謀論の誕生

「私の上の部屋では、やつらが仕掛けた車輪が一日中ぐるぐる回っていた。誰の仕業だ。ロシア人か。それとも、カソリックか、イエズス会士か、神智学徒か。なんのために？　私を黒魔術師とでも思ったのか？」

オーギュスト・ストリンドベリ『地獄』

1　フランス革命前夜から始まっていた……

陰謀、その言葉の響きは仰々しくおぞましい。あなたは誰かに操られている――こう恫喝されて平気でいられる人間は少ないだろう。だがこういう疑問はどうだろうか、私たちは日常生活で陰謀を働いていないかどうか、と。誰もがいつも、自分の意を通すため、人を動かそうと策略を巡らしていると言えないだろうか。親は子供を、教師は生徒を、上司は部下を、広告代理店は消費者を、コントロールしようとしている。相互に作用しあう無数の謀略の中で私たちは生きている。それならば政治、経済という、欲望が極度に高まった領域で、謀略がうごめくのは至極当然のことではなかろうか。

しかし、ひとたびそうした無定形な謀略の網の目が、一つの焦点を結び、ある悪魔的な外貌を取ったら？　その見えざる連環に気付いてしまったら？

毎日起こる事件は、つながりが無いように見えながらも、背後に存在する原因や秘密の力によって、事件が起こり、状況を望む方向へ向けてゆく。（バリュエル）[1]

ここから陰謀論とか謀略説とか呼ばれているものが、〝××たちの見えざる手が世界を動かしている〟といったパラノイア的な歴史観が、生じてくるのである。こうした考え方がいつどのように発生してきたか、私たちは、陰謀と陰謀論の別を念頭に置きつつ、少々歴史を振り返ってみることにしよう。

陰謀論の主役・啓明結社(イリュミナティ)の発足と顛末――アダム・ヴァイスハウプトとクニッゲ男爵

事の起こりは、一人の若い大学教師、バイエルンのインゴルシュタット大学法学部教授アダム・ヴァイスハウプトが、知人に誘われてフリーメーソンに入ったことから始まる。宣伝と違って、たいした教えも得られず、高い入会金ばかり取られて憤慨した彼は、いっそのこと自分の手で結社を作ってしまおうと考える。こうして二年後の一七七六年五月、謀略説の主役として有名な啓明結社が発足するのである。当時、啓蒙主義は、ドイツ全体で抑圧を受けていたし、カソリック圏であるバイエルンでは特にそうだった。イエズス会の大学に勤めながらも、ヴァイスハウプトは進歩的、まったくの平等思想の持ち主であった。彼の目論見は、君主や大学当局の干渉を受けずに啓蒙思想を伝えることのできる場所を確保することであり、理性的、道徳的な人間を育てるための訓練を施すことであった。

新入会員は若くて有能で豊かな家庭の子弟から選ばれた（ユダヤ人、女性は論外である）。秘密を守るため、直接の上司しか知らされず、絶対服従を誓い、プライヴァシーはすべて報告するよう義務づけられ、反キリスト教的、唯物論的な教えが与えられた。組織はちょうどネズミ講のようで、会員は何名かの新入会員を勧誘すると上の位に進めることになっていた。

啓明結社は確かに謀略集団である。啓明結社には、万人平等の社会を実現するというユートピア的夢想実現のため、二つのプランがあり、その一つはアメリカでのコミューン建設であり、もう一つは、結社を核として社会全体を改良しようというものであった。しかし、実際にはうまくいかなかった。組織のヘゲモニーをめぐりいざこざが絶えず、ヴァイスハウプトに実務能力が欠けていることもあって、経済状態も極度に悪かったのである。

啓明結社がある程度の力を持ち始めるのは、一七八〇年、クニッゲ男爵が加入してからである。

彼は当時有名な文人・政治家であり、組織的能力にも長けていた。彼の戦術は、メーソンを利用することであった。社会の上層部に改革の理念を定着させるため、啓明結社会員をメーソンに入り込ませる、あるいは既存のメーソンに飽き足らない上流人士たちを、より高い位階、より隠された教義を約束することで集めるというものだった。この結果、瞬く間に会員は三百名ほど増えたのである（ゲーテ、ヘルダーも含まれている。もっとも彼らが、急進的な平等思想という教団の「秘密」にまで通じていたかどうかは怪しい）。

しかし、その勝利もつかの間、四年後にはヴァイスハウプトとの確執の末、クニッゲは教団を去る。また教団の活動があまりに華々しいものであったために、脅威を感じたバイエルン政府は、同じく八四年、秘密結社の禁止令を出すのである。その後さらに二度にわたって行われた徹底的な弾圧の末、ヴァイスハウプトは亡命、引退を余儀なくされ、組織は潰滅する、これが啓明結社騒動の顚末である。

ヨハン・A・シュタルク

ところで当時のメーソン界は、カソリック系、オカルト系などの疑似メーソン団体がうごめく混乱状態であった。民主主義者クニッゲ自身の目的は、カソリック＝反動（とりわけイエズス会と「黄金のバラ十字教団」）の策謀に対抗するべく、啓蒙主義の橋頭堡をメーソン中に築くことだった。その一つが啓明結社であったが、彼は七〇年代にすでに「テンプル騎士団の厳格戒律」においても同様の試みを行っている。つまり、この教団を啓蒙路線に変更しようとして失敗したのだ。

同じ時期、やはり「厳格戒律」教団のヘゲモニーを握ろうとした人間がいる。ヨハン・A・シュタルクという、ダルムシュタット宮廷の説教師長で、プロテスタントの牧師でありながらカソリック儀礼のオカルト的な面にひかれて改宗したと噂される人物であった。彼は「厳格戒律」教団に対抗して、自らは「テンプル司祭団」なる結社に連なり、テンプル騎士団の秘密（つまり錬金術の秘密）が伝授されていると主張、「厳格戒律」教団が自分の権威を認めるよう要求した。シュタルクは、政治的には反動の立場であったから、いわば「厳格戒律」教団をめぐって啓蒙対反動の綱引きが水面下で行われていたと考えてもいいだろう。

シュタルクは、当然ながら、錬金術の秘密を伝授することができずに、啓明結社の教団侵入工作が始まる前、七〇年代末に「厳格戒律」教団を去っている。次に私たちが彼の消息を聞くのは、フランス革命勃発後の九〇年代に入ってからである。シュタルクとその同志グロルマンは、バスティーユ襲撃の第一報を聞くや、即座に仇敵啓明結社の仕業と断定したと言われる。二人は、一七九五年に反革命雑誌『エゥデーモニア』を発行し、すでにドイツで流布していた啓明結社謀略説の宣伝に努めるのである。

たとえば、次のような有名な伝説がある。フランス革命における立憲王政派の指導者として知られているミラボーが革命に目覚めたのは、八六、八七年のベルリン滞在中に啓明結社から革命思想の洗礼を受けてからである。彼は、フランスでの運動を強化するため啓明結社のオルグを呼んだ。

それが、ヴァイスハウプト引退後の指導的な啓明結社員だったヨハン・ボーデである。ボーデは、八七年にパリを訪れ、メーソンに革命思想を吹き込み、秘密委員会を組織し、後のジャコバン党のもとを作った。いわば、啓明結社が革命の下書きをしたというのである。むろん、ボーデのパリ訪問は、革命とはまったく無縁の単なるメーソン関係の用事であったのだが……。

オーギュスト・バリュエル『ジャコバン主義の歴史に関する回想録』

そして、一七九七年、ロンドンで謀略説の古典的著作『ジャコバン主義の歴史に関する回想録』第一、二巻が出版される。これを入手したシュタルクは、その間違いを訂正するとともに、手持ちの資料を著者オーギュスト・バリュエルに提供したのである。こうして啓明結社陰謀説は詳細な形で定着することになる。

オーギュスト・バリュエルは、古い貴族の家に生まれ、十五歳でイエズス会に入る。しかしイエズス会の解散（一七七三年）によって、ほかの会士同様教会の外に生活の糧を求めなければならなくなった（皮肉にもヴァイスハウプトはイエズス会の解散のおかげで若くして法学部教授に就任できた）。彼はルイ十六世の戴冠を祝う詩を賦したところ好評だったこともあって、文筆業、それも啓蒙思想の批判家として身をたてることとなった。革命勃発後、エドマンド・バークらの援助でイギリスに亡命できたバリュエルは、彼の地で謀略論の執筆に専念することになる。こうして『回想録』は生まれた。

バリュエルのテーゼは、簡単に言ってしまえば、三種類の陰謀説である。宗教、王権、そして社会に対する陰謀である。第一は、フィロゾーフ（哲学者たち）、つまりヴォルテール、カントらの啓蒙主義哲学者たちが準備した無神論である。第二に、フリーメーソンの陰謀がある。彼らは、自由、平等の名のもとに、王政、身分制社会を否定した。第三が、啓明結社、ジャコバン党の陰謀である。彼らは、王制に限らずあらゆる国家と政府に対し転覆を図った。

> 革命のすべてが見通され、前もって計画され、決定されていた。あらゆる事件が深い邪悪なたくらみの結果なのである。すべてを用意しコントロールしたのは、ずいぶん昔に決定された陰謀の鍵を握り、計画実行の好機を狙っていた人間たちなのである。（バリュエル）[2]

むろんバリュエルは、メーソン全員が確信犯的陰謀家であるといっているわけではない――本人もある会食の席上でメーソンに加入した過去がある――。彼も一応の区別を行っているのだ。陰謀の主犯は、一般メーソンを操る「背後のメーソン」なのであり、そうした選ばれた者たちの陰謀は、マニ教、聖堂騎士団を経て、カドウシュ儀礼（頭蓋骨と短剣を用いる高位の儀礼）なる形でメーソンの中に残っていると彼は断言する。彼らは、フランス王家によって滅ぼされた聖堂騎士団総長ジャク・ド・モレーの復讐のため革命を起こしたとするのである。もっとも、資料を提供したシュタルクは、バリュエルがあまりに見さかいなくメーソンを陰謀に結び付けたことを怒るのであるが。

ジョン・ロビソン『陰謀の証拠』

一七九七年は、もう一冊の古典的著作『陰謀の証拠』が出版された年でもある。著者は、ジョン・ロビソン、スコットランドのエジンバラ大学自然科学教授であった。彼の主張によると、フランス・メーソンが位階を複雑にしたため、得体の知れない人士がメーソンに蝟集し、また神秘主義と民主主義の温床になった。その儀礼がドイツに導入されるや、ドイツでも同様の現象が起こり、そのような中で啓明結社が出現、政府と宗教を転覆するため革命を起こしたというのである。

このようにイギリス・メーソンとフランス・メーソンを区別したことに彼の説の特徴があり、そのため、英米においてはバリュエルの説より受け入れられやすかったといえる（後のネスタ・ウェブスターもメーソンの中でも特にフランス系の大東社に非難を集中している）。

2　アメリカへの飛び火

『陰謀の証拠』の衝撃

興味深いのは、アメリカにも謀略説が飛び火したという事実である。当時合衆国で最も有名な牧師だったジェディダイア・モース（電信の発明者サミュエル・モースの父親）は、ロビソンの『陰謀の証拠』に衝撃を受け、九八年五月、ある説教でそれを引用し、会衆にメーソンへの警戒を怠らぬよう強く説いた（もっとも、バリュエルなどと違って、教皇制、専制君主を打倒するための手段として無神論にある程度の価値を認めざるを得なかったのだが)。この説教は全国的な反響を巻き起こし、そのためしばらくはメーソン加入者の数も激減したほどであった（メーソンであった大統領ジョージ・ワシントンの死去に伴い勢力を盛り返した)。

ロビソンの著作がヨーロッパの学者からはまともに扱われていないという事実が判明するに及んで、騒ぎは自然と消滅に向かった。これは後日談だが、その後、一八二六年になって反メーソン運動が再燃する。暴露本を執筆したウィリアム・モーガンなる者がメーソンに拉致され失踪するという事件が起こった。そのため一時、反メーソン勢力は、メーソンであった大統領のアンドリュー・ジャクソンに対抗して大統領候補を擁立するほどの政治勢力となったのである。

陰謀論は恐怖のもたらす快感が紡ぎだす

陰謀と陰謀論、現実と空想の格差は甚だしいものがある。たとえば、ヴァイスハウプトは妻との死別後、再婚を許可する教皇の特免状を待っている間に妻の妹を妊娠させてしまい慌てふためいている。これが陰謀家なるものの正体なのである。

しかし、そうした落差を跳び越え陰謀論を紡ぎ出すエネルギーはどこから出ているのだろうか。確かに革命謀略説はカソリック圏で盛んであった。しかし謀略論自体はイズムに縛られない。至るところに発生する。なぜなら啓明結社の陰謀が主張される前は、プロテスタント教国ではイエズス会の陰謀や隠れカソリックの脅威がささやかれたのだ。フランス革命と共通した理念を持っているはずのアメリカ合衆国でさえ、啓明結社の謀略に脅えたのである。
陰謀論は、もっと普遍的な何かに支えられて生じてくるものなのだろう。その一つが恐怖の快感ではなかろうか。災害の際の流言蜚語は、被害の最も大きい地域ではなく、予想ほど被害のひどくなかった地城で最も甚だしいと言われる。人間は、より悪いシナリオを好むものなのだろう。失敗を繰り返す現実的な陰謀家より、鉄の神経を持つ全能の陰謀家という恐ろしい姿の方が好ましいのだ。

陰謀論者はアドレナリン狂であり、恐怖がもたらす高揚に耽溺するジャンキーだ――現代アメリカの特異な思想家で陰謀論を風刺した『イリュミネイタス』の作者、ロバート・アントン・ウィルソンはこう指摘している(3)。

恐怖という感情は原初的であるだけに、どのような妄想も可能になる。たとえば、フィアール神父なる人物は、革命の本当の黒幕は悪魔そのものであり、ジャコバン党員や啓明結社員は悪魔と契約したのだと主張した。むろん、この説自体は無気味というよりこっけいでさえある。しかし、もし悪魔や反キリストといった黙示録的な構図が、現実のものと結び付けられたら。ことは醜悪な様相を呈していく。

3　ユダヤ人も市民だ……

ユダヤ人に閉鎖的な十八世紀ドイツのフリーメーソン

ユダヤ＝フリーメーソン、この奇妙な連想はどこでどう生じてきたのだろうか。
一八八〇年フランスで出版された『フリーメーソンとユダヤ人』(4)なる書物の中で著者シャボティは、ユダヤ人がフリーメーソンを乗っ取り、世界転覆の道具として使っていると主張している。確かにフリーメーソンは、その有名なアンダーソンの「新憲章」において、神を信じる限りいかなる宗教を奉じる者も入会可能であると宣言している。イギリス、オランダではユダヤ人の入会も自由であった。しかし、十八世紀中は、他のヨーロッパ諸国、特にドイツではユダヤ人がメーソンに入会するのは不可能に近かった。たとえ外国でロッジに加入したユダヤ人メーソンでさえ、ドイツのロッジでは歓待を受けなかったし、キリスト教徒であることがメーソン入会の第一の条件となっていた（啓明結社でさえ、ユダヤ人を排斥した）。これはドイツ人側の偏見だけでなく、異教徒との交わりを嫌うユダヤ人側の保守性も一因であったようだ。

そうした障壁に最初の突破口を開けたのは、一人の異端的ユダヤ人であった。モーゼズ・ドブルウシュカ、彼は神秘的神学者ヤーコプ・フランクの甥である。フランクは、サバタイ主義を発展させ、実にアナーキーでグノースティックな神学を唱えていた。つまり、現実は全然価値の無い律法に支配されていて、真の信仰はまったく隠されたものである、だから外面的にいかなる宗教を奉じても構わないし、伝統的なユダヤの律法も無視して構わないとした。

このフランクの教えどおり、ドブルウシュカは、カソリックに改宗して爵位を得ている。彼は、メーソン界の山師的人物ハンス・ハインリッヒ・フォン・エッケルにカバラの教義を教え、「アジア同胞団」なる疑似メーソンを興すのに手を貸している。この団体は、疑似メーソンとはいえユダヤ人に（名目的なものであったが）高位を提供したドイツ語圏で初めての団体である。なおドブルウシュカは、その後フランス革命にメシアニックな希望を抱き、ジャコバン党に参加、一七九四年にダントンとともに断頭台に消えた。

ドイツ語圏のユダヤ人が実質的にメーソン加入を許されるようになったのは、ナポレオン率いるフランス軍が進駐してきた後のことだった。ナポレオンは、一八〇六年にユダヤ人の有力者を集めて会議（サンヘドリン）を開くなど、政治的判断からユダヤ人の解放を推し進めていた。ロスチャイルドなど、フランクフルトの有力なユダヤ人を集めて「立ちのぼる曙光」が設立されたのは一八〇七年のことで、フランスの大東社から認可を受けたのである。ユダヤ人がメーソンを乗っ取ったのではなく、単にユダヤ人がメーソンに加入しうる市民の地位まで上ったに過ぎない。

ユダヤ人解放とともに始まるメーソン＝ユダヤ人説

しかし、メーソン＝ユダヤ人説は、こうしたユダヤ人解放の始まりと同時期に発生している。ノーマン・コーンの『シオン賢者の議定書』（内田樹訳、ダイナミックセラーズ、一九八六年）によると、一八〇六年バリュエルは、イタリアのフローレンスのシモニーニなる軍人から手紙を受け取る。そこには、内部情報として、フリーメーソンもイリュミナティ（啓明結社）もユダヤ人の手によって設立されたと述べてあった。バリュエルは、ユダヤ人迫害を恐れ、この書簡の公表を差し控えたのだが、このシモニーニ書簡の内容はナポレオンと対立する反動的カソリックの手によってひそかにヨーロッパ中に知れ渡ってしまう。なぜなら、同年のサンヘドリンを目の当たりにして、反動主義者たちは恐慌をきたし、ナポレオンをユダヤ人に肩入れし教会に背く反キリストと見なしたからである。もっとも反ユダヤ主義的謀略説が本格的に登場してくるのは、五〇年代以降のことである。

ドイツのエドゥアール・エッケルトは、ヨーロッパでは数少ないプロテスタント（カソリックに改宗したという説もある）の謀略理論家である。彼の場合は一八四八年の革命騒乱が引き金になり、一八五二年『真の意味におけるフリーメーソン』を出版する。

彼の夢想の中で、アンシャン・レジームが極端に美化される。かつての社会は、確固たる身分制度によって安定し、王や諸侯は神の光によって人民を治め、教会は神の恵みを地にもたらしてくれた。しかしフリーメーソンによって、すべてが破壊された。メーソンは、決して単なる秘密結社ではなく、キリスト教社会を破壊し、異教を復活させようとする宗教である。その策謀を教唆し、援助するのが、もう一方の社会の敵、ユダヤ人なのであるとする。

このような主張は、しかし、同時代人には受け入れられることはなかった。性格的な問題もあって、エッケルトは同志の反メーソン主義者からも嫌われ、当局からも弾圧を受けたのである。ともあれ、脇役という形であれユダヤ人が謀略説に登場し始めた。そして、その後を受け継いだのが、フランス人、グジュノ・デ・ムッソーである。

ムッソーは、一八六九年『ユダヤ人、ユダヤ教、キリスト教徒のユダヤ化』という反ユダヤ主義の古典とも言える本を出版している。彼はカソリックの神学者であったので、中世以来のキリスト教的な伝承がその一つの特徴である。ユダヤ人は、イエスを裏切ったため呪われており、放浪を繰り返さなければならない、儀式殺人を行い魔力を手にする、いずれメシアが現れてユダヤ人が世界を支配するが、それは実は反キリストなのである、などなど、おぞましい黙示録的幻想に彩られていた。他方、彼は同時代の動きも忘れてはいない。当時結成されたばかりの、ユダヤ人の人権擁護団体、万国イスラエル同盟についても、フリーメーソンと結託しキリスト教会打倒を狙っていると主張する。なぜなら同盟の創立者の一人アドルフ・クレミューは同時に指導的メーソンだったからである。

おわりに

ムッソーの説は、その後、偽書『シオンの議定書』などで補強されつつ、第二次大戦前まで反ユダヤ主義者によって繰り返し使われることになる。また、ネスタ・ウェブスターらの論客も出現し、ユダヤ人謀略説はナチスが終焉するまで根強く続いた。そして、現在、コーンやビーバーシュタインらの研究者が声を大にして批判しても、謀略説は根絶していない。ロックフェラー、ＣＦＲ、国際金融団の陰謀説、そして単純なユダヤ人謀略説こそ姿を潜めたが、経済組織にまつわる黒幕には事欠かない状況である。おそらく、これからも消えることはないだろう。なぜなら、謀略論は恐怖の快感と同時に、単純化と整合性の魅力に溢れているからである。

歴史という膨大な事件の堆積が、何の意味もなく連なっているという思いに人間は耐えられない。そこにある形を読み取らざるをえない。しかし、どのような事件も、その発生時には何の形も意味もないのだ。その不安に直面したとき、そのとき陰謀論の過剰に単純な形が光を放ちはじめる。知識の迷宮をさまよううちに謀略論の陥穽に落ちてしまうインテリ青年の悲劇を描いたのは、ウンベルト・エーコの『フーコーの振り子』であるが、その末尾で主人公は次のように独白している。

僕は平穏であるはずだ。僕は理解した。理解したときに平穏がもたらされると誰か言ってなかっただろうか。……すべては明々白々、全体と部分を見通しながら、部分がどのように共謀して全体を作っているかが見える……僕は平穏であるはずなのだ。

第七章　円盤と至福千年――ヘヴンズゲイト論

はじめに

九〇年代に入って、アメリカ、日本といった高度資本主義社会において、宗教団体による大事件が類発するようになってきた。もちろんこれ以前にも、チャールズ・マンソン率いる「ファミリー」殺人事件、あるいはジム・ジョーンズの「人民寺院」の集団自殺事件など、六〇年代、七〇年代にもカリスマと「カルト」[1]の悪評を高めた血腥い事件が起きている（これ以降、英米のマスコミは、教団による事件が発生すると必ず、この二人を引き合いに出すことになるが）。八〇年代にもモルモン教系のカルト・リーダー、Jeffrey Lundgren による信者一家殺害事件が起こっているように[2]、宗教集団による殺人、自殺事件は決して目新しいものではない。しかし近年、大規模な死傷事件の頻度が増えつつあるのは間違いない。

例えば、一九九三年、アメリカのテキサス州ウェイコでは、再臨派集団「ブランチ・ダヴィディアン」（Branch Davidian）本部への「連邦アルコール煙草火器取締局」の強制捜査を契機に、銃撃事件が発生し、およそ二カ月の籠城の果てに八〇名近い信者の命が失われた（その二年後に起こったオクラホマ・シティ連邦ビル爆破事件は、ウェイコへの強制捜査に抗議する意味合いであったと言われる）。九四年から九七年にかけてカナダとスイスで薔薇十字系教団「太陽寺院」（Solar Temple）の集団殺害（自殺と他殺を含む）事件が前後三度に渡って繰り返され、七〇人以上が死んでいる。九五年には日本でオウム真理教による地下鉄サリン事件が起こり、九七年には円盤集団「ヘヴンズゲイト」（Heaven's Gate）の集団自死事件が起こっている。

もちろん、これらに限らず、ソ連崩壊に続くイデオロギー闘争の空洞化により、宗教問題は世界各地で抗争の大きな火種となっている。しかし、それら第三世界での宗教紛争と異なり、一見、アメリカ、日本、カナダ、スイスといった政治的にも安定し物質的にも不足の無いと思われている社会に起こったのである。従来、このような終末運動の発生は、天災や戦争、あるいは異文化との衝突などによる社会変動と関連づけて説明されることが多かったが、そうした要因はこれらの事件には見あたらない。ただ一つだけ明らかな点は、こうした事件は西暦二〇〇〇年を前にして起こったということであり、おそらくは二〇〇〇年に向けて、終末運動は増すことはあれ減ることはないだろうということである。

とはいえ、理論化や予測は本論文のよくするところではないし、ヘヴンズゲイトという特異な宗教現象の包括的な理解を試みようというものでもない。本論文のささやかな試みは、ヘヴンズゲイトの教義をいくつかの要素に分析し、それぞれに関連する現代アメリカの文化的要素を提示することである。それによって、ヘヴンズゲイトの運動が時代から孤立したものではなく、アメリカ文化の少なくともある一部の動きと連動していることを示したい。

1　ボウ・アンド・ピープ

アップルホワイトとネトルズ

一九九七年三月二十五日、元信者の通報により、サンディエゴ郊外の高級住宅街ランチョ・サンタフェの一軒の屋敷から三九人の自殺死体が発見されるが、この時点では集団の実態について当局もマスコミもほとんど把握していなかった[3]。しかし数日後に判明したのは、彼らが実は七〇年代から活動していた円盤教団で、一時はテレビドラマになるほどメディアにも知られていたという事実であった[4]。しかも社会学者による長期間の参与観察が行われていたのである。

この集団の核をなしていたのは二人の中年男女である。二人は「ギニー・アンド・ピッグ」（Guinea and Pig）、「ボウ・アンド・ピープ」（Bo and Peep）といったふざけた名前か、あるいはただの「二人」（The Two）、音階をとって「ド・アンド・シ」（Do and Ti）とも称していた。男性は元音楽教師のマーシャル・ハーフ・アップルホワイト（Marshall Herff Applewhite. 1931–1997）といい、長老派牧師の家に生まれ、神学校に短期間学んだこともある。女性は元看護婦のボニー・ルー・ネトルズ

（Bonnie Lu Nettles. 1927–1985）で、バプティストの生まれだが、地元の神智学協会の会員でオカルト的なものにのめりこんでいた。

ヒューストンの大学に音楽教師として勤めていたアップルホワイトは、学生との同性愛スキャンダルで解任されてから精神不安に陥り、自らの性癖に悩んでいた。ネトルズと知り合った彼は、彼女の中に求めていた精神的パートナーを見いだす。二人は家族を捨てて共同生活に入るが、一九七三年荒野でキャンプ中に啓示を受け、自分たちが聖書の黙示録にある二人の証人であることを信じるに至る。一九七五年から布教活動を開始した二人は各地に出没して講演会を開いて回ったが、九月にオレゴン州で開かれた講演会の後、受講者が三〇名以上も突如失踪したために、謎の洗脳集団として一時期悪名を馳せることとなった。[5]

教団の変遷

最初の数年、彼らは教団としての組織は無いに等しい状態であった。七五年当時参与観察を行った社会学者R. BalchとD. Taylorは、グループは組織も未発達でマスコミの報道するような「洗脳」に類するものがまったくないことを発見し、一部の心理学者が主張していた「強制的洗脳→入信」というモデルが事実に反するという指摘を行っている。[6] つまり、信者はそれ以前に別の「形而上学的な」（オカルト的、あるいはニューエイジ的と言ってもよいだろう）団体への参加や書籍の購読などによって、すでに「カルト的場」（cultic milieu. オカルト的知識を求める求道者のゆるやかなネットワークを指す）

に参入していたのである。その延長線上で「二人」と行動を共にするようになっただけであり、強烈な回心体験や世界観の根本的転換は見られない、というのが彼らの指摘であった。

ただし、その後Balchが行った再調査によれば、七六年以降教団は急速に組織化が進み、信者は起床就寝から服装にいたるまで厳密に規定された日常生活を送るようになる。この変化を指して、Balchはいったん否定した「洗脳」モデルの有効性を主張しているが、それについては後述する。ともかく「ボウ・アンド・ピープ」は、七五年当時、極めてゆるやかな集合体であったのが、その後は多数の脱退者を出しながら内に向かって凝集し、物質的欲望を断ち切るための共同体生活に入り、一般社会とはほとんど没交渉となっていった。この共同体の経済を支えていたのは、信者たちの労働や遺産などで、後には有名になったHigher Sourceというホームページ制作会社も興した。

教団は各地を転々としながら共同体生活を続け、八〇年代はほとんど外部への積極的な布教活動は行わなかった。また、八五年のネトルズの死去を除いては変化らしいものは窺えない。一九九三年Total Overcomers Anonymousの名で*USA Today*紙に「ＵＦＯカルト、最終提供を持って再浮上」と題する一面広告を出して以降、再び終末論へ向かって傾斜していき、一般向けの講演会を開始しはじめたが、最終的にはそれほど信者数に変化はなかった模様である（J. K. Haddenの推定では、二〇〇名を超えることは無かったという）。アップルホワイトと行動を共にした三八人の大半が七五／六年当時からの同志であったということからしても、彼らが布教活動は得手でなかったことを示しているが、教義からしても教団の拡大は必要ではなかった。

主な教義

教義については、グループが初期にはＨＩＭ（Human Individual Metamorphosis）と呼ばれていたことからも分かるように、中心的教義の一つに個人の成長と変容がある。人間は、より高次の段階に意識を進化させるために地球という学校で学ぶ学生であるとされる。なぜならば、すべてではないが、一部の人間は、「天の王国」から魂の萌芽（deposit）を受け取っているからで、これがあるがために彼らは故郷である「天の王国」あるいは「人間以上のレベル」の王国への帰還を願い、それを実現するためには性愛や家族関係といった人間的条件を克服する（overcome）必要がある。庭（地球）の草（人間）の成育を監視している宇宙人は、このような真理を伝えるために、二〇〇〇年前にイエスを地球に派遣した、ということになっている。人間的条件を克服するとは、名前を変える、制服を着る、髪の毛を切るなどの細かなところから、家族関係や性的関係の禁止（アップルホワイトと数名の信者が去勢したと言われる）にまで及んでいた。

このように「成長」「進化」という形而上学的な教済論に、ＵＦＯ、ＳＦとキリスト教を織り込んだ宇宙観を組み合わせたのがヘヴンズゲイトの教義の特徴と言えるだろう。それでは個々のアイデアの源泉はどこにあったのか。次に教義をいくつかの要素にわけて考えてみたい。

2　終末

霊魂の救済から霊魂と身体もろともの救済へ

ヘヴンズゲイトの教義が二〇数年間でどう、いつ変化したか、あまり判然とはしていない。ただ、一九七五年に出された最初期の文書と一九九三年の *USA Today* 紙への広告文を見ると、終末の捉え方ははっきりと変わっている。まずその変化を比較しておく。

先に述べたように、一九七五年に出された文書では、人間は禁欲的修行によって次の段階へ変容し、「次の王国」に入ることが可能であるとされた。これを実証し人間に教えたのがナザレのイエスであり、

> 彼の復活によって、イエスは、死は文字通り克服できること、次の王国に行く永遠の肉体は人間の王国で手に入ることを証明したのである。彼は墓の中の身体から去ることはなかった。彼は、それを次の王国の身体へと変えたのである。

磔刑の後に蘇ったイエスは弟子たちにこの教義を伝えると、ＵＦＯに乗って次の王国へ行った。彼ら二人は、イエスの行ったことを繰り返し（つまり、死と蘇り）、人間に、この進化と救済の教義を

伝えるために「次の王国」から来たのである。

このプロセスを信じ、なしうる者は、一人一人「持ち上げられ」、死から「救われる」であろう、文字通り[7]。

そして、自分たち二人は、神の言葉を伝えた後にいったん殺されてから蘇り、肉体を持って宇宙船に乗り込み天まで上る、と予言していた[8]。

次に、一九九三年に発表された広告では、霊と身体の分離、世界の終末といったモチーフが明確になり、悪の存在が大きなものとなってくる。霊魂は肉体（「容器」[container]、「乗り物」[vehicle]と呼ばれる）を借りて輪廻転生する。聖書の「父なる神」とイエスは、現在は共に地球に派遣され、それぞれネトルズとアップルホワイトの身体を借りて地球に出現した。女性の身体を借りて出現した男性神という表現は、対立を合一した全体性回復のシンボルというより、ヘヴンズゲイトの場合、二元論自体からの逃走であり、性行為を無化するものである。

神の王国は哺乳類ではない実を結ばない魂の「容器」からなる[9]。

したがって、神の王国に入ろうとする者（あるいは、より高次の段階へ進化しようとする者）は、性欲、性意識を克服し、性の無い新しい身体にならなければならない（物質と生殖を忌避し、霊魂の上昇を願うという点で、グノーシス主義に近いと言えるだろう）。しかし、人間がこの教えを聞き入れないために「地球の現在の「文明」はまさにリサイクルされようとしている」[10]。地球は何度も文明の興亡を繰り返してきたとされ、何度目かの文明崩壊を直前にしている、というわけである。しかも、人間が真理を受け入れないのは、さらに理由がある。

何世紀にもわたるこの文明（あるいは以前の文明）において、人間に対し「神々」として自らの姿を現した多くの宇宙人（space aliens）がいる。私たちはそれらをまとめて「ルシファー教徒」と呼ぼう。というのも、彼らの祖先は何千年もの昔に、真の神の王国の保護下から落ちてしまったからである。

こうした「悪」が現在の「宗教」と「倫理」をもたらし、陰謀をめぐらして、人間を鎖につないでいるとされる。

これら二種類の終末予言を比べると、救済の対象が微妙に変化していることに気づく。というのは九三年の時点では霊魂の救済が問題であるかのように語られるが、七五年の予言では霊魂と身体もろともの救済である。

キリスト教ファンダメンタリズムとの関係①――rapture説

身体もろとも文字通り持ち上げられる、という七五年の予言から連想されるのは、キリスト教ファンダメンタリストのrapture説である[11]。この説は十九世紀イギリスの厳格なキリスト教団体、プリマス同胞団の信者John Nelson Darbyが始めたものと言われる。

Darbyによれば、過去のある時期に聖書の予言の時計が停止したため、その成就は将来に持ち越された。しかし、計算はできないが将来のある時に主な予言が実現し、キリストが救われた人間を地上から引き揚げる（rapture）はずである。イエスがユダヤ人に拒否されたために最初の救済の筋書は破綻し、イエスはすぐに戻ってくることができなくなった。しかし、ユダヤ人がパレスチナに戻り、イエスを救世主と認めた瞬間に、予言の時計は終末、再臨へ向かって動き出す。するとraptureがまず起こって教会と救われた者を天へ引き揚げる、次にtribulationという七年間の暴力と迫害の時期が続き、その間に反キリストが出現する。その後にイエスの再臨がありと千年の平和があるとされる[12]。

至福千年の前にイエスが再臨することから、前千年王国主義と呼ばれるこの考え方が、現代アメリカのファンダメンタリズムの世界では多数派を占めている。このraptureが起こると、世界中から瞬時にして回心したキリスト教徒の姿はかききえ天国に移される、とされている。

アメリカの民俗学者Bill Ellisは、こうしたrapture説がヘヴンズゲイトの教説に影響を与えたのではないかと次のように指摘している。

伝道師 Hal Lindsey の *The Late Great Planet Earth*（1972）と *Satan is Alive and Well on Earth Planet*（1972）はいくつもの黙示録のシナリオのヒントを与えた。Lindsey はテキサス州ヒューストンの人間で、「究極の旅」と呼ぶ rapture を熱心に説いてきた。アップルホワイトは、テキサス州の宗教大学で教鞭を取り、一九七〇年代の初めにキャンパス宗教伝道を組織し指揮していたのだから、Lindsey の終末予言と出会わなかったとは考えられない[13]。

これは意外だが、説得力ある指摘である。意外というのは、宗教分類の上では、通例、円盤集団のようなニューエイジ的な運動と、Lindsey のようなファンダメンタリストは、まったく別個のものとして扱われるからである（その上、ファンダメンタリズム信者の目からすれば、円盤はオカルトと同様悪魔の仕業と見える）。

しかし現実は研究者の恣意的な分類と異なり、さまざまな思想が流動的に結びつくのである。実際、イエスとＵＦＯと rapture を結びつけた終末論はヘヴンズゲイトに限らないようで、〔Charles B. Strozier によれば、〕たとえば August Almeida は、

イエスは宇宙人で大部隊の司令官として地球にやってきたが、そのイエスと共に来た宇宙人の多くは今でも生きている、と主張した。彼女の主張では、地球を修理するために一九九三年と

一九九七年の間に地球から「撤退」する予定となっている。その後でイエスが戻ってくる。この修理を彼女は「大上昇」と呼び、フィリピン諸島から始まると言っている。[14]

キリスト教ファンダメンタリズムとの関係②──陰謀論

さらにEllisは、ヘヴンズゲイトとファンダメンタリストをつなぐ特徴として、陰謀論的発想を挙げている。エヴァンジェリストと同様、アップルホワイトは、自分たちの運動に対する批判勢力は、悪魔のもの、あるいは邪悪なエイリアンの仕業と考えていた。〔Ellisによれば、アップルホワイトにとって〕運動に対する反対活動は、

ほとんどのアメリカ人を「社会的に容認された」信念構造に縛りつける、悪魔の「精神プログラミング」の仕業である。アップルホワイトの言葉によると、「言い換えれば、彼等〔こうした宇宙人〕は隠れていることを望んでいる……彼等はあなた方を自分の社会、公認の体制、人類愛と誤った宗教概念の下僕にしたいと考えている」。この点でアップルホワイトの信念は、Jessie Penn Lewisの *War on the Saints*（1912）に由来する。この本は、そうした陰謀プログラムを見つけ、霊的賜物を開発することで「Overcomer」になる方法について、細々と指示を記述した本であり、Lindseyのような前千年王国主義者が思想を形成する源泉となった。……興味深いのはアップルホワイトのグループが一時期「Total Overcomers」と自称していたことである。[15]

このように、アップルホワイトがファンダメンタリズム文献からヒントを得たというEllis説は、さらなる検証が必要とはいえ、かなり確実なものと思われる。ただし、九三年の文書について言えば、こちらはむしろ他のＵＦＯカルトからの影響と思われるモチーフが増えたように思われる。

3　円盤

以前の宗教思想を引き継ぐＵＦＯカルト

ここで改めて、ＵＦＯカルトについて触れておきたい。その前にお断りしておくが、ここでは未確認飛行物体を見るという経験自体については議論しない。ただ、小人の宇宙人とヨーロッパの民話中の妖精の目撃談が見事に類似していること、あるいは天空に光を見て宇宙人と会ったという経験の構造が、それ以前の宗教経験と類似していることなどがいくつかの研究書で指摘されている[16]以上、ＵＦＯ経験全般を論じるには宗教経験に準じる慎重さが必要であることをまず確認しておきたい。中でも宇宙人とコンタクトし、その教えを伝えると主張するコンタクティーたちの一派は、ＵＦＯカルトと言われる一種の宗教運動を形成している。ただし、その教えの内容は、まったく前例の無いものではなく、ヘヴンズゲイトがそうであるように、かなりの部分は、それ以前の宗教思想の遺産を継承している。

たとえばＵＦＯカルトは、一九五二年カリフォルニア州のモハーヴェ砂漠で、ジョージ・アダムスキーが金星人と出会ってから始まったとされている。しかし彼は一九三〇年代にはRoyal Order of Tibetという団体を主宰する、神智学／ニューソートの周縁に位置する「形而上学」教師であった。そして、彼以降も神智学徒やスピリチュアリズム霊媒などから円盤コンタクティーに転身する者が後を絶たなかったために、テレパシーやトランス状態による宇宙人との交信（これが後にチャネリングと呼ばれる）といったスピリチュアリズムの技法が用いられるようになる。

ただし神智学／スピリチュアリズムと円盤運動の関係は偶然というようなものではない。というのはいずれも教義が宇宙的であり（神智学では惑星の進化説を唱えており、スピリチュアリズムでは宇宙空間にsummer landと呼ばれる霊魂の集合地点に関する説がある）、そして超越的存在（死者の霊、あるいはマスターと呼ばれる超人的存在）との交流の可能性を認めていたからである。とりわけスピリチュアリズムでは、それ以前にもすでに、スウェーデンボルグ、トマス・レイク・ハリス、エレーネ・スミスなど、他惑星の住人との交信を持った見者／霊媒の例は多い。

このような経緯から、ＵＦＯカルトの多くは「スペース・ブラザー」や「同胞愛」などの神智学的な用語を用いているが、輪廻説もその一つである。アダムスキーの著書に出てくる宇宙人は、輪廻転生の真の意味は、

地球の各人が同胞の無知から脱却して、生命のより高次な理解を得たとき、その霊魂が他の遊

星に移転して、そこで生まれ変りが許されることです。……二つの生の間に断層はなく、地球での彼を当惑させた雑多な名称や区別に煩わされぬ進化の継続があることを彼は認めるでしょう。[17]

と述べている。修行による高次な段階への進化と新たな身体（容器）への移行は、ヘヴンズゲイトにも共通する教義である。

さらに地球を襲う大災害についてもアダムスキーの金星人は触れている。地球は周期的に地軸が傾き、その度に大災害が起きており、いつまた大災害が繰り返されるか分からないと述べている。[18]アダムスキーの著書では大災害であったが、彼の影響を受けたコンタクティー、スタンフォード兄弟によると、この地軸の傾きは世界の終末であり、地球上から汚れたものを一掃するための「惑星の大掃除」であり、さらなる進化のためには不可欠のステップだとされる。

さてこの遊星大掃除（プラネタリウム・クリーニング）の結果は何でしょうか？　それはおよそ地球人類が地球上ではかつて見たこともないような地球の全文明的な大発展の黄金時代の訪れであります。すなわち、栄光にみちた地球人類の新時代でそれは愛深い相互理解と輝かしい文明の時代です。[19]

言うまでもなくこれはノアの大洪水のイメージである。方舟に当たるのは、空飛ぶ円盤であり、それはraptureを思わせる次のような方法で人々を引き揚げるとされる。

円盤または宇宙船から特殊なビーム（光線のようなもの）が放射され、それが体にあたりますと、これらの人たちの背骨は磁性（上がプラス、下がマイナス）となり、引力にたいする反発力を生じ、地球の重力を脱して空に上り、母船に収容されるのです。然し、特殊事情により、一部の人々の魂だけが救われます。タマシイが、他の遊星に転移して、そこで新しく生まれる体にはいります。[20]

身体を備えたPC的霊魂の救済

このような終末と救済のシナリオは少なくない。[21]ヘヴンズゲイトも同様にＵＦＯが救われる魂を乗せていく予定とされていた。しかし、いずれの円盤終末論についても問題となる点が、そしていずれも曖昧にしている点が、一つある。果たして救済されるのは身体と霊魂なのか、それとも霊魂だけなのだろうか、ということである。

ヘヴンズゲイトでは九三年の文書で、身体から霊魂の救済に主題が変化したことは先に指摘した通りである。教義的に自殺が可能となるには、霊魂を切り放す必要があるからだ。実際、ある元信者の談によれば、一九八八年頃に教団は変化し、霊の形で地球を去る可能性が議論され始めたという。[22]

しかし完全に身体や物質の問題を切り捨てたわけではない。「真の王国は……最も高く離れた天に物理的に存在している」[23]のであり、ホームページには月並みなエイリアンの画像が天の王国の住人の姿として掲載されている。興味深いことに、アップルホワイトは、霊魂（soul）自体も構造を持っているという説を展開している。

霊魂は新たな生き物の容器である。霊魂にはそれ自身の「脳」や「ハードドライブ」があって、次のレベルの情報だけを集める……霊魂は新しい生き物の物理的身体の一部となる。もっとも人間の目からほとんど見ることはできないが[24]。

救済にあずかるのは、質量も広がりもない霊魂ではなく、それ自体に身体が備わっている小さなパソコンのような霊魂である。何よりも、宇宙船という金属性の物体による限り、救済は物理的なものにならざるをえないのである。

生と死にかかわる重大な思索も、荒唐無稽な空想科学／政治小説と紙一重にならざるをえないという宿命は、ＵＦＯカルトだけでなくファンダメンタリズムにも共通する。先に rapture 説で見たように、ファンダメンタリズムの救済論は素朴で力強い。神の意志によって、〔救済は〕次の瞬間に起こるかもしれない。そして、それは日常の世界それ自体がすべてをひっくるめて超越的にもたらされるわけである。内的外的世界の別もなく、死の不安も、キルケゴール的な懐疑も実存的悩みも介入する余地は一切無い（そういう意味で、ファンダメンタリズムが二十世紀になって信者を増やしたのも不思議ではない）。ただ一つの問題は、科学的世界観と真っ向から対立することである。

これに対し、ＵＦＯの教説は疑似科学的な満足感を与えてくれると言えよう。「瞬時に天国へ移送される」という説より、「ボルトとナットでできた宇宙船が飛来して乗せてくれる」という説の方が、さしあたりは物理学的疑惑を宥めてくれる。そう考えると、ファンダメンタリストの多いアメリカで、金属的なＵＦＯ説が根強いこと、また極めて物理的、肉体的なコンタクト事件が多いことは不思議でもない。

4　陰謀

噴出するアメリカの陰謀論

九〇年代に最も流行したテレビ番組の一つ『Ｘファイル』が、それまでの怪奇物と異なる点は、連邦政府機関による謀略が描かれたところだろう。政府がエイリアンの死体を隠している、密約を結んでＵＦＯの技術を入手している、市民の研究を妨害している、といった陰謀説は、それまでは円盤研究というサブカルチャーの周辺を騒がすにとどまっていた。それがオーバーグランドに浮上してきたのは、この番組のせいだと言っても過言ではないだろう。

もちろん一方では九〇年代のイデオロギー状態という文化状況もあり、他方では元来「陰謀理論」を好んできたという国民性もある（十九世紀前半、ニューヨーク州では秘密結社フリーメーソンの陰謀説が広まり、反メーソン運動が政治問題にもなった）。しかし、原因は何にせよ、J・F・ケネディ暗殺からO・J・シンプソン事件、オクラホマ・シティ爆破事件などに至るまで、さまざまな謀略理論が噴出し、インターネットには多数の陰謀サイトが出現している。[25]

アップルホワイトの特異な陰謀説

さて、ヘヴンズゲイト信者がこの『Xファイル』のファンであったというのは示唆的である。先に述べたように、後期のヘヴンズゲイトの神学では、進化を阻むルシファーとルシファー教徒という悪の存在を強調するようになっていた。悪の宇宙人である彼らが「神」や「神々」を偽り、すべての宗教を開始した。

ルシファー教徒とその信奉者が、「地上天国」や「人々の平和」、人間的条件の元での健康で長い人生といったものを説教し、地球の住人を彼らの理想とする──ただし自然な進化過程を破壊する──哺乳類的倫理に従わせるための手段を講じようと、断固たる姿勢で臨んでいるのである。[26]

すべての神々が間違っているだけではなく、その教える道徳を人々に伝える支配者層も同様である。「ゆるやかにつながった世界規模の〝クラブ〟を結成し」ている政府の指導者、資本家、宗教家は、間違った神の教えを鵜呑みにして、自らの地位や財産を保持するために社会を維持し、人間の行動の善悪を決定しているのである。

　こうしたアップルホワイトの教説は、悪なる神、汚れた現実世界といった発想において、極めてグノーシス的であり、現世否定は他の宗教でも大きな要素である。ただし、彼の教えの細部には、さらに奇怪な妄想が入り込んでいる。

> 最近数十年の間にさまざまな理由から、いくつかのスペース・エイリアンの集団あるいは「人種」が人間と関係を持つようになったのは、記録された事実である。彼らが地球人と接触した理由は、遺伝子実験を円滑に行う代わりに宇宙船技術を供与するという相互に利益のある〝取り引き〟の場合もあり、〝霊的啓蒙〟の使命を帯びている場合もある。

霊的啓蒙とは他のUFOコンタクティーたちを指す。また取り引きとあるのは、後で述べる円盤陰謀理論の引き写しにほかならないが[27]、生殖を嫌悪するアップルホワイトのオブセッションにはふさわしい妄想である。

New World Order

ところで、現在アメリカでは、陰謀理論の熱心な支持者に、愛国者とかミリシア（民兵）と呼ばれる人々がいる。彼らは政治的には郡以上の権力を認めない人々であり、多くは右翼だが左翼的な人々もまじっている。あるいはChristian Identityと呼ばれる、ファンダメンタリズムに代わる超宗派的なキリスト教徒も熱心な陰謀論支持者である。彼らは、自分たちこそが聖書に約束された選ばれた民で、ユダヤ人は悪魔の手先であると信じている。彼らもファンダメンタリズムと同様に保守的なキリスト教倫理を重視するが、ただ、raptureが大変動の前に起こるとするファンダメンタリズムに対し、彼らはraptureが終末の大変動の後に起こると考え、それを生き残るためにキリスト教徒は武装し、サバイバル技術を磨かなければならないとする。こうしたミリシアとChristian Identityは人脈が重なることも多く、マイケル・バーカンの説では、Christian Identityはミリシアなどの反政府勢力を連合する媒体の働きをしているという。[28]

こうした層に好まれている陰謀理論がNew World Order理論である。湾岸戦争の際ジョージ・ブッシュが新たな集団安全保障体制を指して使った言葉だが、彼らはこれを秘密結社の世界征服の陰謀と見做す。それ自体は目新しいことではなく、反キリストやイリュミナティに結びつけられているのも古い発想である。[29] ただ、具体的に悪の組織とされるのは、国連であり連邦政府（とりわけ連邦危機管理局［Federal Emergency Management Agency］）とする点では、それまでの陰謀論とは大きく異なる。その理論によれば、彼らはアメリカ国内にすでに外国兵をひそかに駐屯させ、市民を黒いヘリコプターで監視し、事あらば市民から武器を取り上げて全体主義的な管理社会を押しつけようと策謀を巡らしている。あるいはひそかに、体内にマイクロチップを埋め込み、マインドコントロールを実施している[30]。

こうした説を、しかし私たちは一笑に付すわけにはいかない。荒唐無稽とはいえ、こうした動きの背景には、政府の秘密文書が公開されて現実にもＣＩＡがＬＳＤなどを使ってマインドコントロール実験を行っていた事実が暴露されるなど、連邦政府への不信感の高まりがあることを無視してはならない。また彼らの妄想が現実的な力を発揮した事件として、オクラホマ・シティの連邦ビル爆破事件が挙げられるだろう。九五年に一六八名の死傷者を出したこの事件の犯人たちは、ミリシアの周辺にいた活動家であり、内一人は体内にマイクロチップを埋め込まれたと友人に語っていたという[31]。

陰謀理論と円盤運動との結節点

このような陰謀理論の土壌と、円盤運動とがどうして交差する必然性があったのか、その理由は判然としない。一つには連邦政府が未公開にしていたＵＦＯ書類の公開を求める市民運動があり、これが他の反体制運動につながる契機となった可能性はある。

また陰謀理論は、二元論的世界観を前提とし、究極的な悪の存在を求めることが普通である。そこで、かつて反キリストや悪魔や共産主義者が置かれた場所に、宇宙人が置かれるようになったとも言えるかもしれない。たとえばDavid Bayという牧師の陰謀理論によれば、New World Orderも

ＵＦＯカルトも、地球政府の樹立による平和の確立や、あらゆる宗教の合一を説いていることからして、この二つは同一であり、その背後には悪魔が控えているとされる。

人々に New World Order の概念を信じ込ませようとして、悪魔は部下の魔物たちに、エイリアンの物質的な姿を取り、高度の技術による機械をすべてそろえてＵＦＯで出現せよ、と命令した。(32)

典型的な円盤陰謀理論とは次のようなものである。たとえば、ＭＪ12なる秘密委員会がアメリカ政府の最奥に設置されている、彼らは宇宙人と密約をかわして、宇宙人が地球人の女性を誘拐して卵子を取り出し遺伝子実験を行うのを黙認する代わりに宇宙人の高度な技術を入手し、その技術を使って世界を管理しようともくろんでいる、といった説である。(33) もちろんこれら、New World Order からＭＪ12まで、現代アメリカのサブカルチャーを彩るさまざまな妄説がアップルホワイトの説の典拠なのである。

ところで、奇妙なことだが、ヘヴンズゲイトの体系ではファンダメンタリズム同様、ＵＦＯは悪魔とされていた。地上では、世界中の政府がルシファーの僕（しもべ）の手中にあり、天空では悪魔の手先が踊っているという、これが彼らの世界観なのである。この閉塞された宇宙の中で、彼らは避難所に身を寄せて救援の船を待つような気分であったのではあるまいか。得られそうも無い教済は、真の

「天の王国」のＵＦＯの到来でしか無かったが、それは彗星と共に来たのである。

5　インターネット上の彗星

待ち望まれたヘイル・ボップ彗星

ヘヴンズゲイト事件は発端から最後まで、インターネットと密接な関係があった。

集団自殺の発端は、ヘヴンズゲイトとはまったく関係ない事件から始まった。一九九六年十一月、ヒューストン在住の Chuck Shramek が地球に接近しつつあったヘイル・ボップ彗星の写真を撮ったところ、その側に謎の天体が写っているのに気がついた。彼は早速、Art Bell がホストを務めるトークラジオショー（ＵＦＯや陰謀説などのテーマを専門に扱っていた）に電話を入れ、この写真のことを連絡しインターネット上で画像を公開した。途端に賛否両論が巻き起こり、ＵＦＯに誘拐された体験を小説化してベストセラーとなった作家の Whitley Strieber は、その天体は宇宙人を満載した宇宙船ではないかと述べ、超心理研究機関 Farsight Institute の Dr. Courtney Brown は超能力者に遠隔透視させ、これが人工物であると主張した。しかし二月には結局写真が偽造だったことが判明して決着がついた(34)。

ヘヴンズゲイトが残した、Red Alert で始まるホームページの文章が次のように始まるのも、以上の事情があったからである。

ヘイル・ボップに〝相棒〟がいようといまいと、私たちの見解には関係ない。ともあれ、その到着は〝天国の門〟にいる私たちにとっては、喜ばしくも意味深いものである。喜ばしいとは、人間以上の進化レベル（〝天の王国〟）にいる私たちの年上のメンバー（引用者註　ネトルズのこと）が、ヘイル・ボップの接近は、私たちが待ち望んでいた〝印〟であることを明かしてくれたからである。……私たちはよろこんで〝この世界〟を後にして、シ（引用者註　ネトルズの別名）と共に行こう。[35]

洗脳カルト論の延長に過ぎないインターネット・カルトの脅威

さて、事件発生後、再びインターネットが話題となることになった。それはヘヴンズゲイトがホームページ制作を商売にしていただけでなく、教団のページを開設して布教活動を行い、あるいはe-mailで信者を勧誘しようとしていたことなどが明らかになったからである。

一九九七年三月二十七日付のCNN Interactiveには、はやくも〝The Internet as a god and propaganda tool for cults〟と題する記事が載り、[36]そこでは専門家のいくつかの懸念が表明されていた。たとえば、一人のインターネットの専門家は、ネットが生活のすみずみに入り込み、一種の神のような力を持ち始めている、そのすばらしい力のために、カルトが入信者を集めるために使ったら、素朴なウェブ・ユーザーは騙されるのではないか、と。あるいは別の専門家は、ネットに熱中していると身体から解放されたような感覚を味わえ、ヴァーチャルな空想世界に没入してしまうとも警告を発している。

実際、インターネット上にホームページを開設している教団は多い。なぜなら広告媒体としては最も安いからである。またアメリカでは宗教団体あるいはオカルト団体が、通信教育を利用するということが古くから行われてきたというのも、その理由である。そのために、陰謀理論、ＵＦＯカルト、予言教団など、それまでマスメディアや書店では流通させるのが難しかった情報が一挙に利用できるようになった。インターネットの価値は、他のチャンネルからも情報を得ることのできるメインストリームの宗派よりも、むしろそうしたフリンジの情報を流通させたことにあるとさえ思われる。

ともかく、こうした情報発信の容易さのゆえ、ネット上ではカルトを巡って賛成派、反対派のサイトが入り交じり、情報合戦の様相を呈している。もちろん、どちらが正しいという判定はついていないので、利用者自らが判断するしかないのであるが、少なくとも専門家が危惧するように、ウェブ・ユーザーに一面的な情報だけが伝わる心配はないのではなかろうか。それ以上に、そもそもインターネットのホームページにそれほどの広告効果が期待できるのだろうか。

現在、多くのホームページは電子掲示板という状態で、主たる情報は文字情報でしかないが、それでヴァーチャルな空想世界へ引き込むほどの訴求力を発揮するだろうか。しかも、すでにネット上は爆発的な数のサイトで溢れかえっていて、予備知識の無いユーザーにサイトを見てもらうのは至難の技である。ヘヴンズゲイトのホームページにはさまざまな単語が羅列されており、なるべく多数の項目から検索が可能なように工夫してあったのだが、それでも先にも述べたように、ヘヴンズゲイト事件で亡くなった者の大半が七五／六年からの信者であった。ここからもホームページの効果の程は判断できるだろう。

しかし、カルト洗脳論者である心理学者マーガレット・シンガーは上記の記事中で、コンピューターとだけ接して、他の人間と接しない若者は、読んだものを軽率に信じすぎるきらいがあると警告しているが、これはネット自体の問題ではなくコンピューターと人間との問題である。結局のところ、インターネット・カルトの脅威は、インターネット自体の意味がさほど大きくない現時点では、実は洗脳カルト論の延長に過ぎない。

それでは果たして、カルトは洗脳をしているのかどうか。これにはいくつかの回答が考えられる。第一には、セールスマンが客を、教師が学生を、洗脳しているという意味合いにおいては「洗脳している」と言えよう。私たちは常に他者を説得しようとしているのであって、それはカルトに限られることではない。第二に、時には物理的に身体を束縛し心身的な操作を行う教団が無いとはいえない。それは無論、洗脳というに値すると思われるが、これはまず滅多にない。第三に、ヘヴンズゲイトのように、何らかのテクニックを使うわけでもなく、ただ教団の決めた手順に従って生活させて集団に帰属させる場合である。この段階を Balch は一種の洗脳ととらえたのだが、果たしてどうであろうか。この段階でもヘヴンズゲイトは自由に退会を許しており、強制的な手法はとられていない。集団へのsocializationを洗脳というのは、少々語の意味が拡大しすぎてはいないだろうか。ただし、翻って見るならば、そこから覚めることのない〝あたりまえの日常〟は最高の洗脳手段と言えなくもないのだが。

おわりに

結局のところ、現時点でヘヴンズゲイトについて語れることは、次の五点である。

①　彼らは二〇数年に渡って、死への準備をしつづけたこと。死に際して従容とした態度はそれが効果が無くはなかったことを示している。

②　その間の彼らの行動について、洗脳という言葉は当てはまらないだろう。なぜなら自由に退会していたからである。

③　彼らの教義は本質的には一種のグノーシス主義である。しかしその体系はＵＦＯカルト、陰謀論、キリスト教ファンダメンタリズムなどからの借り物から成っている。逆に言えばヘヴンズゲイトのような教団が多数出現してくれれば、八〇年代には有効だったファンダメンタリズム／ニューエイジといった分類を捨て、あらたな線引きが必要となる可能性がある。そのためには水面下の文化を注視しておく必要がある。

④　rapture、円盤といった上昇のシンボルが、アメリカ人の宗教文化では大きなウェイトを占め

ている以上、さらなるヘヴンズゲイトが出現する可能性は十分あること。

⑤　ただし、それは逆に外へ向かって破壊的な行動を働く可能性も無くはないこと。

もちろん、④⑤で述べた予想は学問的には何の価値もないものであり、単なる感想とお考え願いたい。ともかく、この事件が鳴らした鐘の音は、水面下でどこと共鳴し、どのような響きとなってかえってくるのだろうか（付記・本論文執筆中に入った情報によれば、九七年暮れ、台湾の終末教団 God's Salvation Church なる団体が、神の再臨を目撃するためにテキサス州ガーランドへ集団移住したという[37]）。

付記

参考のため、以下に反カルトと反・反カルトもしくは信仰の自由を主張するホームページの内いくつかを挙げておく（順不同）。

反カルト

○FACT NET：サイエントロジー批判が中心。
http://www.lightlink.com/factnet1/pages/index.html

○TRANCENET：ＴＭ批判が中心。
http://www.trancenet.org/

○AFF Cult Group Information

http://www.csj.org/

○Cult Awareness and Information Center-Australia

http://student.uq.edu.au/-py101663"

○WATCHMAN FELLOWSHIP：「エホバの証人」によるcounter-cultのページ。

http://rampages.onramp.net/~watchman/

○Spiritual Counterfeit Project：保守派キリスト教によるもの。

http://www.scp-inc.org/

○Contenders：主流派から逸脱キリスト教への批判。

http://webcom.net/%7Ebhph95/

信仰の自由

○New Cult Awareness Network：元々は有名な反カルト団体だったが、訴訟に負けて破産し、サイエントロジーに買収されて今は逆に反・反カルトのサイトになっている。

http://www.cultawarenessnetwork.org/

○Ontario Consultants for Religious Tolerance：宗教に関する公正な情報を集め、広めようという企図で、四人のボランティアによって運営されているサイト。素人ながら内容は充実している。

http://www.religioustolerance.org/

○Thursby Site at the Florida University

http://www.clas.ufl.edu/users/gthursby/rel/newrels.htm

○Religious Freedom

http://www.religious-freedom.org/

第八章　円盤に乗ったメシア――コンタクティーたちのオカルト史

はじめに

一九五二年十一月二十日、一人のポーランド系アメリカ人が、カリフォルニアの砂漠で金星人と出会っている。事件はすぐに世界中に伝わり、その物語は世界中でベストセラーとなった。彼に続いて宇宙人との接触を発表する者が次々に登場し、円盤コンタクティーの時代は始まった。ＵＦＯの謎はこれで解決し、彼らの言い分が正しければ、地球は一挙に惑星間交渉の宇宙時代に入ったはずだった――。

一九五〇年代、世界を騒がせた円盤コンタクティーとは何者だったのか。もちろん円盤ブームにのった奇人たちと見ることも可能だろう。ただ、無から有は生じない。熱核戦争の恐怖と科学技術信仰とちょっと変わったおじさんをミックスすればジョージ・アダムスキーが誕生する、わけではない。アダムスキーが金星人と出会ったとき、彼はすでに六十一歳である。彼の前身は何だったのか。

アメリカの近代宗教史を見直した宗教学者フィリップ・ジェンキンズは『神秘家たちとメシアたち』(二〇〇〇年)のなかで、一九一〇年から三五年を「アメリカの秘教ブーム」と表現している。第一次世界大戦から第二次世界大戦前にかけてのアメリカは、それほどオカルト的関心が高く、東洋宗教が流行した時代であった。実はアダムスキーは、その流行の一部を担っていた「メタフィジックス」教師だった[1]。

そのような二十世紀前半の状況に対して、一九五〇年代は科学的合理主義の風潮が強まり、オカルト的興味がかなり低下した時期だった。オカルト関係の出版もかなり減少している。オカルトの冬の時代に適応した三〇年世代の生き残りが、円盤コンタクティーでありたといえるだろう。ここでは、コンタクティーたちが経験したものについてはさておき、彼らが歴史的にどういう存在だったのか、それを考えるために、アメリカと日本のオカルト史上にコンタクティーをプロットしていってみたい。

1　マスターとアメリカ

アイアム運動と神智学のマスターたち

宗教学の通説では、コンタクト事件での宇宙人像の直接の祖は「アイアム運動」の「昇天したマスター」であるといわれる。「アイアム運動」とは一九三〇年代にアメリカ西海岸を中心に大流行した神智学系の新宗教運動で、運動の創始者はガイ・ウォレン・バラード（一八七八―一九三九）という。鉱山技師の彼は、神智学や薔薇十字の本を読みあさり、スピリチュアリズムに参加するなど、元々オカルト的関心が高かった。一九三〇年、シャスタ山近くの鉱山で働いていた彼は、神秘的な噂に誘われて山に登り、そこで生身のサン＝ジェルマン伯爵と出会う。サン＝ジェルマンは不老不死と噂された十八世紀の人物で、神智学ではマスター（大師）の一人とされていた。彼は現在は昇天して、神の聖なるハイアラーキー（マスターたちの組織）に入っている。そのために「昇天したマスター」とも呼ばれる。バラードは彼に連れられて、アストラル体で地底にあるマスターたちの聖域に連れられていく。さらに自分の過去世（エジプトの神官、インカの王族、そしてジョージ・ワシントン）を見せてもらい、最後には、金星から来た紫青の目をした美しいマスターたちと出会っている。これ以降、バラードはサン＝ジェルマンと交信できるようになる。彼は、当時メタフィジカル運動に関係していた妻エドナの協力で教義を整備して、三二年、シカゴにサン＝ジェルマン出版を開く。そこを本拠に全米に信者を増やしていき、最盛期にはおそらく数万人の熱心な信者を確保していたと思われる（P・ジェンキンズの推定）。

バラードが出会ったサン＝ジェルマンという人間とも天使ともつかない超越存在は、十九世紀の神智学にまで遡る。神智学の伝説によれば、ヒマラヤの麓には「大白色同胞団」という超人たちの組織があり、モーリヤやクートフーミといったマスター（あるいはマハトマ）が弟子たちに真理を授けるとされていた。実際にマハトマからの電信がブラヴァツキーのもとに届いたり、有力な協会員には手紙が届いたりした。一八八四年の心霊研究協会の調査をはじめ、その存在は批判にさらされながらも、神智学徒たちはそのリアリティーを信じ、神智学の重要な教義となった。

このマスター概念を体系化し、より壮大な神話としたのは、次の世代の神智学徒チャールズ・W・リードビーターだろう。リードビーターの著作『大師とその道』（神智学叢書、神智学協会ニッポンロッジ、一九八五年。縮約版からの翻訳。原著初版は一九二五年）によれば、マスターとは次のようなものである。人間は修行して五つのイニシエーションを受けると、達人（アデプト）となり高次元の力を手に入れる。しかし超能力を得た後でも、地球にとどまって人間の進化のために努力する者たちがいて、その組織を「隠れたハイアラーキー」という。人間は七光線のタイプに分かれるが、マスターたちもその得意分野において七光線に分けられる。第一光線にはモーリヤやジュピター、第二光線にはクートフーミ、第三光線の長はヴェネシャン・チョーハン、第四光線はセラピス、第五光線はヒラリオン、第六光線はイエス、第七光線はサン＝ジェルマン伯爵、あるいはラコーシという名でもある。これらとは別に第三から第七光線を支配するマハー・チョーハン（チョーハンとは第六イニシエーションを受けた者）がいる。ここまでくると人間というよりは、むしろ天使の位階組織や多神教のパンテオンに近いが、リードビーターの唱えたハイアラーキーが、アイアム運動以降の神智学系新宗教の直接の祖となったのは明らかだろう。

聖地シャスタ山のオカルティズム化

さらにアイアム運動で顕著な特徴は、レイシズムとネイティビズムである。例えば、古代インカでは金髪で紫青の目をした正しい者たちが肌も髪も黒い霊的に劣った人々を支配していたといった教義（これはアダムスキーの出会った金星人オーソンが金髪であったことも連想されるだろう）に含まれる白人優越主義は隠しようもない。あるいはヨーロッパやインド（とりわけチベット）に比定されていたオカルティズムの聖地をアメリカに移そうとしたともいえるかもしれない。

そもそもシャスタ山自体が、近代に入ってオカルティズムの文脈で伝説が成立した地域であった。カフトン＝ミンケルの研究書『地下世界』（一九八九年）によれば[2]、シャスタ山にまつわる神話の発生は以下のとおりである。

まずシャスタ山はアメリカ先住民にとっても伝説の多い聖山だったが、白人の側で神話が生まれ始めたのは一八八〇年代のこと。シャスタ山近傍に住む若者フレデリック・S・オリヴァーに自動筆記現象が起こる。その主は「チベット人フィロス」と名乗る霊的存在であり、一八八六年までかけてオリヴァーはその通信をまとめている。その内容はさらに『二惑星の住人』[3]（一九〇五年）という小説として出版されたが、彼もブラヴァツキーの影響が大きく、アトランティスとレムリアという沈没大陸伝説、シャスタ山の地下を走るトンネル、マスターたちの同胞団、あるいはアストラル体での金星旅行もそこには登場している。

次の神話作者はAMORC（古代神秘薔薇十字教団）を創設したH・スペンサー・ルイスである。その説によれば、カリフォルニアは元来は北アメリカ大陸の一部ではなく、超古代に沈没したレムリア大陸の一部であり、シャスタ山には大惨事を逃れたレムリア人の賢者が逃げ込んだという。レムリア人には第三の目があり、それによってテレパシー能力を有している、しかもいまなおシャスタ山中にはレムリア人が居住しているとして、AMORCは一九三〇年代にはレムリア人の捜索隊を派遣するほどだった。

このようにシャスタ山神話には、異人との出会い、惑星旅行、沈没大陸など、アイアム運動以前から、のちの円盤伝説につながるディテールに富んでいたが、いずれも近代秘教の文脈から出ている伝説であった。逆にいえば、ヨーロッパ系アメリカ人たちは、近代オカルティズムを借りて繰り返しシャスタ山に神話と意味を「創造」しようとしたのである。

アメリカの聖別からオカルト政治運動へ

この背景にはさらに、近代オカルティズム自体に、カリフォルニアひいてはアメリカに神話的意味を与え、聖別しようという動きがあった。例えばブラヴァツキーは、その根源人種論のなかで、現在は第五根源人種であるアーリヤ人の時代だが、次の第六根源人種はアメリカに発生すると予言していた。リードビーターはさらに、アメリカのカリフォルニア、オーストラリア、ニュージーランドで新しい人種が出現すると予言し、すでにその徴候は見受けられるとも述べている。一八九八年には、キャサリン・ティングレーは、カリフォルニアでの新人類発生の予言に刺激されて、アメリカ神智学協会をニューヨークからサンディエゴのポイント・ロマに移し、中産階級的モラルに支えられたコミューンを建設している。

このような新人類出現の期待は、一九三〇年代に入ると愛国主義や反ユダヤ主義へとつながっていく。その典型例がウィリアム・ダドリー・ペリー（一八九〇―一九六五）である。(4) ペリーはジャーナリストで作家、一九二〇年代にはハリウッドで脚本家として活躍するが、二八年に臨死体験をしている。その際、人間は輪廻転生すること、現世は魂が霊的に進歩するための学習の場であることを知る。その後、彼はオカルトと政治を混ぜ合わせた活動を開始、「解放連盟（リーグ・フォー・リベレイション）」を結成し、メタフィジカル思想にユダヤ人国際銀行家の陰謀論と反共産主義を結び付けた教義を宣伝している。三三年には崇拝するアドルフ・ヒトラーに影響を受け、ファシズム団体「銀シャツ隊」を結成している。そして、ペリーもまたマスターたちと、超ラジオと呼ぶテレパシー的通信をおこなっていた。

ペリーの運動が政治を主体としてオカルトが従であるとすれば、その割合を逆転させたものがアイアム運動であった。バラード夫妻はペリーの愛読者であり、実はその組織を通じて（あるいは吸収して）教線を伸ばした。つまりペリーとバラード夫妻を中心とする楕円状のカルト的場があったわけである。しかしペリーとバラードのこうした活況も短期間のことだった。アイアム運動は脱会信者からの批判を浴び、バラードが亡くなった後の一九四二年には郵便を使った詐欺罪で有罪判決を受けている。ペリーはフランクリン・ルーズベルト批判で当局から眼をつけられ、真珠湾攻撃以降枢軸国擁護を続けたが、やはり一九四二年に反乱教唆の罪で告訴されて有罪判決を受け、五〇年まで投獄されている。こうして秘教ブームの名残も、その姿を消したのである。

2　二人のジョージ

ジョージ・アダムスキー

一九四七年六月二十四日に最初の空飛ぶ円盤が目撃されると、マスコミはこれにとびつき、すぐに目撃事件は数を増していった。七月にはロズウェルでのＵＦＯ墜落事件が起こり、翌年一月にはＵＦＯを追跡した戦闘機が墜落するというトーマス・Ｆ・マンテル大尉事件が起こっている。陸軍航空隊から昇格したばかりのアメリカ空軍はＵＦＯ調査に乗りだす。

一方、外の世界では、一九四九年に中国共産党革命が成功し、ソ連が原爆を開発している。五〇年には朝鮮戦争が始まり、共産主義への脅威からジョセフ・レイモンド・マッカーシーによるヒステリックな共産主義者摘発（赤狩り）が始まり、ローゼンバーグ夫妻がソ連に原爆技術の機密を売ったとして逮捕されている。五一年からはアメリカ・ネバダ州での大気圏内核実験がおこなわれている。そして五二年には、七月に起きたワシントン上空でのＵＦＯ事件を中心に目撃事件が多数発生している。

核戦争の恐怖とマスターの実在、この両者の交点にコンタクティーは発生した。

ジョージ・アダムスキー（一八九一―一九六五）は、一八九一年四月十七日にポーランドに生まれる。(5)二歳でアメリカ・ニューヨーク州に移住、貧困のなかで育ち、十分な教育は受けていない。その後、陸軍に入隊し一九一三年から一六年にかけてメキシコ戦争に出兵、一七年に結婚、除隊。その後、さまざまな肉体労働を転々として最終的にはメタフィジックスの教師となり、生計を立て始める。ラグナ・ビーチに本拠を置いて「王立チベット教団」なる団体を組織し、神智学、ニューソート、スピリチュアリズム、そして天文学を混合した「普遍的法則」を教える（心霊治療もおこなったようである）。三六年には『極東のマスターたちの知恵』『精神感応』などを出版し、通信教育コースも始めている。この教団はさらにロサンゼルスの地元ラジオ局からも番組を流すなど、それなりの成功を収めていた。四〇年にはパロマー山近くに移住、四四年にはさらに山麓に近い場所に本拠を移し、信奉者たちと共同生活を始めている。アダムスキーの評伝を書いたコリン・ベネットは、このパロマー山麓の共同体を、ニューエイジの有名な共同体フィンドホーンに比較している。その内実についてはわからないが、通信教育と出版物で教えを広め、少数の弟子とのリトリートでの共同生活というパターンは、西海岸のメタフィジックスの世界では一般的だった。

アダムスキーが天体観測を始めたのは円盤ブーム以前からで、ケネス・アーノルド事件の前年、一九四六年にはすでに宇宙船を目撃したと述べている。五〇年三月、円盤写真に関して最初の講演会を開く。そして五二年十一月二十日、カリフォルニアの砂漠で金星人と対面することになる。この事件はすぐにマスコミに発表され、翌年九月にはデズモンド・レズリーとの共著（正確にはレズリーの著書にアダムスキーの体験談を加えたもの）『空飛ぶ円盤実見記』(6)が出版される。この出版に続いて、翌五四年にはトルーマン・ベサラムとダニエル・フライ、五五年にはアンジェルッチ、五九年にハワード・メンジャーなどのコンタクティーが出現している。五五年には次作『空飛ぶ円盤同乗記』(7)を出版。今度はロサンゼルス市内のホテルで宇宙人と会ったという設定で、金星人だけでなく火星人、土星人も登場し、文中では宇宙哲学が延々と語られることになる。六一年になると、円盤団体の運営を弟子のC・A・ハニーに任せると、宇宙哲学の教師活動に専念する。

この間、トリックの暴露が相次いでいる。円盤研究家J・モズレーは、円盤写真が偽造であると指摘、あるいは一九四九年に発表したSF小説『宇宙の開拓者』の一部がノンフィクションとして流用されたと暴露される。(8)そして、アダムスキーとけんか別れしたハニーは、宇宙哲学なるものが王立チベット教団の教義であったことを暴露している。六五年四月、アダムスキーは信奉者のロドファー夫妻の家で心臓麻痺によって死去している。

アダムスキーの経歴からして、彼の宇宙人像がチベットのマスターの系譜を引いていることは明らかだろう。しかし、あの無骨なアダムスキー型円盤、あるいは宇宙人たちの日常生活の記述（彼らはプールやテラスつきの家に住んでいる！）などをどう理解すべきか。それについては、同じファーストネームをもつ、もう一人のコンタクティーと比較してみよう。

ジョージ・ハント・ウィリアムスン

アダムスキーのファースト・コンタクトの場には六人の友人が同道した。そのなかの一人で宇宙人の足跡を石膏にとった若者がジョージ・ハント・ウィリアムスン（一九二六―一九八六）である。[9]本人はユーゴスラビア王家の血を引くミシェル・D・M・ドブレノビッチと自称している。一九二六年シカゴの生まれ、アリゾナ大学を成績不良で中退、その前後にインディアナ州にあったウィリアム・ペリーの団体で働く。彼は早くから円盤に興味をもっていて、アダムスキーの目撃事件を知ると、すぐにパロマガーデンへ赴き、そこで宇宙人コンタクト事件に立ち会うことになる。ウィリアムスンはペリーの「超ラジオ」に影響を受け、自動筆記、ウィジャーボード（コックリさん）、そしてラジオを使って、アダムスキーのコンタクト以前、一九五二年八月から遊星人とコンタクトをおこなったと主張している。ラジオを使う手法は、局間ノイズの隙間に聞こえるモールス信号を解読するというもので、こうした経験をもとに翌年から宇宙考古学に関する『宇宙語・宇宙人』[10]、あるいは宇宙人とのコンタクト記録をまとめた『宇宙交信機は語る』[11]などを出版している。

ウィリアムスンによれば、古代からいままで宇宙人が地球に飛来しており、南アメリカなどの遺跡にその跡が残っているという（宇宙考古学とか古代宇宙飛行士説と呼ばれ、のちにエーリッヒ・フォン・デニケンで有名になる）。これら地球を訪問している宇宙人には、人々を導く天使的な「移民者」、邪悪な者たちを処刑して新時代の準備をする「収穫者」、そしてオリオン星からやってくる邪悪な「侵入者」の三種類がある。さらに人間にもランクがある。ウィリアムスンの説では、「神の息子たち」と呼ばれるシリウスから到着した魂が猿のなかに入り込み、さらにそれらがほかの猿と混淆することによって人間に進化してきたのだという。この宇宙人の魂を奥底にもっている選ばれた人々が「放浪者」（ワンダラー）である。もちろん裏を返せば、ワンダラー以外のものは人間の顔をした動物ということになる。バーカン『現代アメリカの陰謀論』によれば、ペリーは全人口の三分の一がシリウス霊の子孫であり、三分の一が猿の子孫であると主張していたという（なお、ウィリアムスンをめぐるカルト的場に関しては同書第九章が詳しい）。

さらにペリーの影響を思わせる点は、陰謀論的傾向である。ウィリアムスンのJ・マッコイとの共著『円盤をめぐる秘密』（一九五八年、邦訳は『宇宙交信機は語る！』に収録）では、「国際銀行家」とソ連との密約、石油と自動車が不要になることを恐れて宇宙人の科学が一般に公開されるのを妨げている銀行家の陰謀、あるいは共産主義者による食品添加物などの陰謀論が述べられている。

そして、全体を覆う終末論的な予言である。

一九五六年までには地球（サラス）はすっかり生まれ変ったようになるでしょう。第九ベル編隊（水晶のベルとは円盤のことである）が一九五六年には地球に着陸するはずです。心の平和を保って下さい。地球人はみな一つの目的にむかっているのです。運命は一つです。宇宙の真理にさからってはいけません！[12]

この予言と関係あるのか、一九五六年十二月、ウィリアムスンは信奉者とともにペルーに渡り、古代遺跡を踏査すると同時に、チチカカ湖をあずかるロード・ムル（これは宇宙人ではなく昇天したマスター）のために「七光線（セブンレイズ）の僧院」を建設する。この僧院は七〇年頃まで存続し、そこに入る者は、「宇宙的キリスト」（人間に内在する神性のこと）を受け入れ、瞑想、断食、精神集中のエッセネ派的生活を守る義務があった。その後、ウィリアムスンはアメリカ合衆国に帰国すると、八〇年代には怪しげな司教たちからネストリア派教会（シリア＝カルデア）の司教位を授けられ、サンタ・バーバラに教会を建てている。

二つの宇宙人像――オカルティズムを再構築したウィリアムスンと宇宙人に語らせたアダムスキー

ウィリアムスンとアダムスキーを比べてみると、前者はオカルティズムのシンボル体系が豊富であり、後者は宇宙人についてＳＦもどきの具体的描写が多い(13)。前者では、円盤とのコンタクトは霊的な出来事であって、宇宙人と昇天したマスターは交換可能である。対して後者は、円盤と宇宙人は物質的でリアルなものとされる。ファースト・コンタクトの後、アダムスキーがウィリアムスンの心霊通信を非難し、二人が決別したのは当然の帰結であった。

両者を比較すると、アダムスキーの物語は素朴であり、凡庸でさえある。しかし、おそらく彼の「新しさ」はそこにあったのではないか。心霊ラジオの彼方にぼんやりと見える宇宙船ではなく、物質性のある生身の宇宙人という物語は単純ではあるが力強い。

さらにそのメッセージもストレートで、それなりに魅力的である。

> 地球人の生活が「生地獄」であるとすれば、罪は地球人自身にあります。万物がそうであるように、地球もまた唯一の創造者によって生み出されたのであって、地球自体が一つの聖地です。もし地球の表面から人類が突如一掃され、生き方を知らないために自分たちの手でもたらした闘争、苦悩、悲痛などが一瞬のうちに消滅したとすれば、地球は美しくなるかも知れません。しかし、宇宙の万物と共に人間が皆兄弟として生きる世界ほど美しいものはないのです！[14]

円盤や宇宙人の存在をオカルティズムによって再構築しようとしたのがウィリアムスンなら、具体的な宇宙人存在にメタフィジックス思想を語らせたのがアダムスキーであったといえるだろう。そして科学の時代であった一九五〇年代が、アダムスキーの宇宙人を選んだことはいうまでもない。ウィリアムスンはマイナーな存在として時代のなかに消えるかと思われた。しかし七、八〇年代以降、宇宙人は再度心霊化し、高次の知性体と名前を変えてチャネリングのなかに出現する。あるいはエーリッヒ・フォン・デニケン以降の超古代史には彼の影響が顕著に見られる。一方にふれた振り子が、再び元の極に戻っていったのである。

それでは日本は、二人のジョージをどう受容したのだろうか。

3　すめらみことから平和と円盤へ

並行するアメリカと日本のオカルト事情

日本の戦後のオカルトをめぐる状況はどうだったのか。二十世紀の両国の宗教史をオカルトの視点から比較してみると、意外なほどにパラレルに進行していた。

日本でも一九一〇年から三〇年にかけては、アメリカのメタフィジックスに相当する霊術が流行し、大本教の鎮魂帰神、スピリチュアリズムの翻訳と紹介が盛んにおこなわれた。アメリカでペリーやバラードの国粋主義的オカルト運動が盛んになっていた三〇年以降、日本でもオカルトにおける政治色が強まっている。特に『竹内文献』のような超古代史が天皇の権威を保証するものとして注目され、そこから神政龍神会のような天皇＝メシアニズム的運動が誕生している。つまり、霊的な心身論から霊的な国家論へ時代が転換したわけである。この霊的な天皇＝メシア論は、龍神会のような秘教的組織だけでなく、より一般的なかたちをとって国民へと広まっている。しかし大本教をはじめとする急進的国家主義は弾圧を受け、戦時体制の影響もあって一九三〇年代後半以降、霊的な思想運動は次第に低調になっていった。

敗戦後は、これもアメリカと同様、科学的合理主義が社会的風潮となり、精神優越主義と天皇主義は放逐されている。霊術よりもペニシリンとＤＤＴであり、飢餓を癒すには精神力よりも農薬が効果的と認められた時代である。もちろんアメリカと異なり、その対極には新宗教のブームがあり、岡田茂吉のように物質文明批判をおこなった教祖もいたが、そうした言説は教団から外へ出ることはなかった。その後、一九五〇年代、六〇年代を経過して、霊術の流行は完全に忘却され、八〇年代以降にようやく再発見されるという学問的状況も、まったくアメリカと同様である。

霊的思想家・下中弥三郎の平和主義と国際友好

ただしアメリカと異なる点は、敗戦に伴う天皇＝メシアニズムの消滅、そしてその空白を埋める大義としての「平和」の出現である。戦前、反ユダヤ主義や天皇主義を唱えた霊的思想家で、戦後一転して平和主義と国際友好を唱え始めた者は多い。たとえば一つの例を出してみよう。平凡社の創始者、下中弥三郎である。以下、下中弥三郎伝刊行会編『下中弥三郎事典』（平凡社、一九六五年）から、関係した事実を拾い出してみたい。

下中は、戦前は大政翼賛会や大亜細亜協会などの政治運動や国民運動でも活躍し、また一方では霊的問題にも関心が深く、後述の三浦関造のパトロン役であった。その彼が国家主義的・宗教的信念を吐露したものが、一九三七年（昭和十二）に発表した小冊子『すめらみこと信仰――万教帰一の最高具体標識』（国策産業協会）である。そのなかで下中は、すめら教は永遠に発展する生命であり、あらゆる宗教はそこに帰一する、したがってすべての宗教がすめらみこと信仰に基づくことで、世界宗教の統一を果たすべきだと述べている。永遠のすめらみことに絶対帰順することで、生死を超えることがすめら教の本質であると、下中は言う。この万教帰一思想は、戦中便利な思想としてかなり影響力があったようである。

戦後、彼は大政翼賛会の有力分子ということで公職追放処分を受けるが、五一年（昭和二十六）の追放解除後から亡くなるまで、彼が精力を捧げた運動は世界連邦運動であった。四七年（昭和二十二）に発足し、賀川豊彦を中心に細々と続いてきた世界連邦運動は、下中の参加を機に一挙に勢いを拡大している。下中は、これを決して変節とはとっておらず、戦争で歪められた自分が本卦還りしただけであると考えていた。

> 世界一家の思想は日本の神ながらの思想であり、この日本こそ世界政府創設のイニシャチブをとるべきである、米英にも追随せず、ソ連・中共にもおもねらず、自主独往、世界連邦の建設をもって日本外交の柱とせよ（後略）

と彼〔の意図を酌んだ田中正明〕は述べている。[15] 下中は、すめら教であれ平和運動であれ、世界における日本の使命を歴史に読み込もうとしたわけであり、それは好評をもって受け入れられたようである。

三浦関造――電磁力（クンダリーニ）、ハイアラーキー、世界平和

さて、霊的思想全体が低調な戦後日本で、欧米のオカルティズムを紹介することは容易なことではなかったし、また著述家も多くはなかった。その時期の数少ない例が関口野薔薇、谷口雅春や十菱麟であり、なかでも最も重要な人物が三浦関造（一八八三―一九六〇）だろう。その功績の一つは、神智学団体、竜王会を主宰し、M・ドーリルやA・ベイリーなど、二十世紀中葉の神智学系グルの思想を日本に伝えたことである。福岡師範学校を卒業し小学校教員となり、のちに青山学院神学部に入学。最初は翻訳家として活躍を開始、一九一三年（大正二）に翻訳したジャン＝ジャック・ルソーの『エミール――人生教育』（隆文館）がベストセラーとなり、その後、ラビンドラナート・タゴール、ロマン・ロラン、レフ・トルストイなどを翻訳、あるいは教育評論や宗教評論などで活躍する。その思想に変化が見られるのは、霊術的治病法を扱った『神性の体験と認識　日本より全人類へ』（モナス、一九二九年）あたりからだろう。変貌が決定的となったのは三〇年（昭和五）から一年半、アメリカを旅したことである。このとき彼がアメリカで出会い、肝胆相照らす仲となったのは、すでに紹介したウィリアム・ダドリー・ペリーだった。

反共の闘士となって帰国した三浦が最初に発表した著作が『心霊の飛躍――超人の出現』（日東書院、一九三二年）である。三浦は冒頭でペリーのリーフレットを紹介して、「一層高き世界」に幾多の大智者の学校があり、超電波によるラジオで個人個人に教えを伝えてくる（つまりマスターからのテレパシー的なコンタクトである）と主張している。三浦は、同書の最終章で、神代における天皇の威勢を描

写して、禊ぎ払いと鎮魂を使った「超ラジオ」によって世界中と交信し、マスターである天皇は「天の鳥船」によって世界中を巡回して支配していたと述べている。しかしその典拠は、偽史『竹内文献』にほかならない。そして彼は天皇を次のように賛美する。

日本歴史の超人的内在性に立脚する神的跳躍力を発揮し、日本人発展の大義を太陽の如く全世界的の公義となす。日本歴史の超人的内在性たるや、個人の意志を超越せる世界的道義の中心実在者即ち神である。(16)

この常住不滅の実在である天皇と生々潑剌とした生長力である国民とが一体になるという「神ながらの跳躍」こそが人類的な大義であると結論づける。

三浦はその後、上海に滞在、大戦前から戦中にかけて外国人を相手にオカルティズムを講義していたという。戦後、その政治色を棄て、本格的なメタフィジカル教師として登場してくるのは、下中弥三郎が序文を寄せた『幸福への招待』(東光書房、一九五三年)からである。この書は基本的には題名どおり、自己実現友愛会のヨガナンダが伝授するクリヤヨガの解説書だが、随所にマスターたちのハイアラーキーに関する神智学的教義が挟み込まれていて、それぞれについて救済が用意されている。

まずクンダリーニによる救済について、次のように書いている。

目ざめた電磁力(クンダリーニ)を支配すれば、宇宙電磁力に結びつく。宇宙電磁力は造物主の力である。だから体内電磁力がそれに結びつけば、われわれは造物主と同じものになって、宇宙的の創造活殺自在となる[17]。

この一方で、マスターたちのハイアラーキーによる世界統一という再臨的な救済についてもふれている。それによれば、ハイアラーキーはテレパシーで世界中に散らばった団体に指示を送ってきている。そして、一〇年以内にこのテレパシーの進歩によって国連や世界連邦運動も及ばない力で「地球政府樹立、人類同胞統一、精神的新文明の発足」をもたらすだろう。現在は顕幽一貫の一大進歩期であり、従来の宗教と異なって組織も教典も教祖もない団体が、平等愛と学術研究を推進するだろう、と予言している[18]。

このハイアラーキーについて、竜王会機関誌『至上我の光』第八号（一九五四年十月一日）によれば、人類は六五〇〇万年前に地球に下った大超人サナート・クメラによって指導されており、その下に地球神マヌ、政治文化の神マハチョウハン、知恵と愛のブッダがいて、さらにその下に七人の大聖、さらにその下に六〇人の大師がいる。クメラの首都がシャンバラであり、アダムスキーの金星人はハイアラーキーの超人と交流があるという。これに対抗して、世界統一を阻止しようと策謀している「ワン・ワールド・バンカース・ザイオニスツ」という悪の組織があり、現在は第三次世界大戦を計画していると警告している（同誌第一〇号、一九五四年十二月一日）。この世界銀行団とシオニストの陰謀にはペリーの影響がうかがえる。

三浦の著作はロングセラーとなり、いくつかの方面に影響を及ぼしている。例えば下中は、世界連邦成立後の宗教は神智学になると述べているが、これは三浦の影響だろう。さらに鞍馬山への影響もある。鞍馬山の本尊については信楽香雲『鞍馬山歳時記』（くらま叢書四、鞍馬弘教総本山鞍馬寺出版部、一九七〇年）に次のように述べられている。

約六百五十万年の太古から、鞍馬山には、金星より人類救済指導の大使命をおび、地球の霊王として遣わされた霊神サナート・クマラ（魔王尊）が示現されており、常に神の波動、いわゆる霊波を出していられる。[19]

三浦が紹介したマスター論そのままだが、鞍馬弘教管長だった信楽香雲が三浦関造の神智学を取り入れたものだろう。

ともかく、戦後における天皇＝メシアの空白を、三浦は生命流である電磁力（クンダリーニ）、マスターのハイアラーキー、そして世界平和という大義によって克服しようとしたわけである。

人気を博した世界平和を謳う円盤コンタクティー運動

三浦や下中に限らず、大本教が世界連邦を支援し、創価学会が原水爆禁止宣言を出すなど、平和は戦後民衆運動の共通の大義となっていた。世界平和を謳うコンタクティーがもてはやされたのも不思議ではない。

平野威馬雄によれば、空飛ぶ円盤のブームは一九五四年（昭和二十九）、ジョージ・アダムスキーの『空飛ぶ円盤実見記』（高橋豊訳、高文社、一九五四年）が翻訳出版されたことに始まるという。同書はベストセラーとなり、翌年七月に日本で最初の円盤研究団体「日本空飛ぶ円盤研究会」が発足している。有名なユーフォロジスト、荒井欣一を会長に北村小松が顧問となり、北村の縁もあって初期は三島由紀夫をはじめ、文化人が多かったことでも知られている。日本の場合、科学的ユーフォロジー、侵略宇宙人説はあまり人気がなくコンタクティー運動が最も人気を集めたが、それは邦訳文献の数でもわかる。

一九五〇年代に限定してコンタクティー文献をあげてみると、アダムスキーが二冊、トルーマン・ベサラム、セドリック・アリンガム、そしてダニエル・フライ、ロブサン・ランパ、バック・ネルソンをまとめたものが、それぞれ一冊ずつ出ている。とりわけアダムスキーは、その後『全集』が二度（文久書林、一九八三—八四年／中央アート出版社、一九九〇—二〇〇四年）にわたって出版されるなど、久保田八郎という熱心な信奉者がいたにせよ、海外で例を見ないほどに受容されている。

これに対して、一九五〇年代に出版された客観的なＵＦＯ研究に属するものはエイメ・ミシェルのものなど数は少ない。

とはいえ、アメリカに続いて日本人コンタクティーが多数出現したわけではない。数少ないコンタクティーで、しかも影響力をもった人物となると、ＣＢＡの松村雄亮が突出した存在であった。最後に松村とＣＢＡについて述べておこう。

4　終末とＣＢＡ

緊迫する世界情勢と円盤コンタクティーの終末予言

一九五〇年代の円盤コンタクティー運動は終末予言に結び付くことも多い。最も有名な事件は、社会学者レオン・フェスティンガーなどが『予言がはずれるとき』（一九五六年）で取り上げたキーチ夫人（ドロシー・マーチン）の例だろう。彼女は、一九五四年十二月二十一日に世界の終末が来るという予言を、サナンダ（イエスのこと）という宇宙人＝マスターから自動筆記で受け取っている。[20]ウィリアムスンは五六年に終末が来ると予言していた。また金星人オーソンも、期日は明言していないが、地球の軸が傾きつつあり、異変が起こる可能性があるとアダムスキーに伝えている。三浦関造さえ、機関誌『至上我の光』第一号（一九五四年三月一日）で、「大破壊の最後の幕が、今年と来年にかけて切って落とされます」という予言をしている（のちに五六年［昭和三十一］に変更）。

一九五〇年代後半から六〇年代前半にかけて、朝鮮戦争は終了したものの、世界は相変わらず緊張をはらんでいた。五七年にソ連が人工衛星スプートニクを打ち上げてアメリカがショックを受けてから六二年、世界が最も破滅に近づいたキューバ危機に至るまで、危機は続いていた。日本の円盤運動で最大の終末予言事件が起こったのはそうした時代のことである。

CBAの地球破局予言を巡る顚末

この主役が松村雄亮という人物で、団体は宇宙友好協会、略称をCBA（Cosmic Brotherhood Association）という。なお第一次資料が入手困難であったために、以下の記述は平野威馬雄編『それでも円盤は飛ぶ！――日本における空飛ぶ円盤』（空飛ぶ円盤シリーズ、高文社、一九六〇年）ならびに『地球ロマン』復刊第二号（絃映社、一九七六年）に依拠したことをお断りしておく。[21]

さて、松村は航空業界の有力なジャーナリストで、その関係で早くから海外の円盤情報にふれていた。一九五七年（昭和三十二）一月には日本最初のUFO写真を撮影している。同年八月に久保田八郎、小川定時（『生長の家』編集者）、橋本健（超科学者）らとともに宇宙友好協会を結成。五九年（昭和三十四）六月二十七日夜、筑波山頂で円盤観測会をおこない、テレパシーによる円盤への呼びかけに成功（もちろん異論はあるが）、その模様は七月一日の朝、ラジオ東京の『ラジオ・スケッチ』で放送されている。そして七月十日、松村はテレパシーに誘われて宇宙連合の長老とファースト・コンタクトに成功、近いうちに地球の大変動があることを明かされる。

この破局予言には実は参考書があった。松村自身が訳したスタンフォード兄弟の『地軸は傾く？——宇宙人からの地球人への指針』（「宇宙シリーズ第一期」第四巻、宇宙友好協会、一九五九年）である。奥付によると八月十日発行とあるので、むしろこの出版に合わせてコンタクトストーリーが出現したのだろう。原書はその前年に出たばかりの自費出版の本であり、いかに松村がこの本を重視していたかがわかる。

この本によって、大災害（catastrophe の頭文字を取ってCと呼ばれた）の原因は地軸の傾きで、日時は一九六〇年（昭和三十五）頃だろうということが会のなかでは通説となっていった。こうした情報は会員総会や地方会員には極秘文書で伝わっていったようである。五九年暮れに徳永光男の出した「トクナガ文書」は、六〇年か六二年に地軸が傾いてCが起こること、それまでにサバイバル用品を準備すること、Cの一〇日前に電報を流すので、選ばれた者は円盤に乗ってほかの惑星に行き、そこで三年間の再教育を受けた後、地球に戻って新しい黄金時代をつくること、などを会員に伝えている。

翌年一月には、平野威馬雄が情報源となって、『産経新聞』に情報が漏れだす。円盤界内部でも批判派の急先鋒、高梨純一によって「トクナガ文書」がすっぱ抜かれてしまう。外部からの批判も高まり、一九六〇年三月、松村はいったん代表を降り、アダムスキー派の久保田八郎が会長に就任する。わずか半年程度の騒動だが、予言の期日（一九六〇年六月二十日）以前に会が刷新されたことで事件は終息している。

この破滅へ向かうはずの一九五九年から六一年（昭和三十四から三十六）にかけて、ＣＢＡは「宇宙シリーズ第一期」と銘打ったコンタクティー本を七冊出版している。ラインナップを見るとアダムスキーは『精神感応（テレパシー）——宇宙語の理論と応用』（久保田八郎訳、一九五九年）の一冊だけで、ウィリアムスンとその一派と目される本は、ジョージ・ハント・ウィリアムスン／アルフレッド・Ｃ・ベイリー／ジョン・マッコイ『宇宙交信機は語る——宇宙人との交信、それをめぐる秘密』（増野一郎訳、一九六〇年）、レイ＆レクス・スタンフォード『地軸は傾く？——宇宙人から地球人への指針』（松村雄亮訳、一九五九年）、ジョン・マッコイ／オルフェオ・アンゼルチ『宇宙人は呼ぶ——彼等は統合される：人間本体と無限性』（沢崎透訳、一九六〇年。七光線の『僧院紀要』第一号・第二号を収録）、そして四〇〇ページを超えるＧ・Ｈ・ウィリアムスン『宇宙語・宇宙人』（増野一郎訳、一九六一年）の四冊である。[22]これからするとＣＢＡはウィリアムスン主義者が優勢であった。久保田は一時的にＣＢＡの代表となったが、十月には早くも小川定時に取って代わられ、翌年にはＣＢＡを追われて、別個にアダムスキー主義団体、日本ＧＡＰを設立し、生涯アダムスキー主義の宣伝に挺身することになる。

さらに、この後、ボード（ウィジャーボードのこと）によって霊的存在と交流していた小川定時、徳永光男、渡辺大起らのグループと、宇宙人との物理的接触を得ていると主張する松村との間の闘争が持ち上がる。この闘争に勝利して代表に返り咲いた松村は、以下のように事件を総括している。

当協会発足に際しましては、ＣＢＡの基本方針として円盤・宇宙人の研究を目的とし、従来の宗教、類似宗教、心霊現象等とは厳密に区別することを申し合わせ、この線に沿って実行して来たのでありますが、（中略）ＣＢＡの代表たる小川定時氏以下数名の者は、かつてこれによりもたらされたワンダラー意識を以て、ボード（いわゆるコックリさん）によってもたらされる〝天の神様〟なるメッセージを自己中心に盲信し、私がこのボードの指令に反した行動を行ったと称し自分の画いた宇宙人のイメージ（多分アダムスキ的なもの）に合わぬため、私はもとよりそれにつながるブラザーを否定（後略）[23]

松村は、ウィリアムスンが宇宙人とボードで交流していたという事実を知らなかったはずはないが、宇宙人とのコンタクトという自らの特権を独占するために、ここではアダムスキーの素朴実在論の側に立ってボード派を批判している。

ＣＢＡを脱退した小川、徳永、渡辺らは、「天の神様」や「金星の長老ＡＺ」（あるいはサナンダ）とのコンタクトを続けていく。彼らは、一九六〇年に到来しなかった地球の大変動を、六〇年から始まる「世の終わり」の聖戦と解釈し直して、日本のワンダラーたちには、地球のカルマを解除するために山の儀式を続ける使命と、新しい地球を建設する使命とが委ねられているという信仰に至る[24]。

松村雄亮の陰謀論的宇宙考古学と生長の家との論争

一九六一年（昭和三十六）八月、ＣＢＡは『宇宙語・宇宙人』出版記念と題して、ジョージ・ハント・ウィリアムスン講演会を東京・有楽町の朝日講堂で開催している。このとき、日本空飛ぶ円盤研究会との間にトラブルが発生し、研究会側はウィリアムスンの自称〝博士〟号を含め、いくつかの公開質問をＣＢＡに送り付けている。

このような「科学派」円盤研究団体と内部からの離反者に対し、松村は謀略論的傾向を強めていく。物質主義者のオリオン星雲が奸計を張り巡らし、軍縮で利益を失うことを恐れる国際銀行家資本家たちをたきつけてＣＢＡを妨害している、ボード事件で脱退した者たちもアダムスキー一派も、オリオン星雲の策略によって動いている——このような論理でＣＢＡは円盤運動では例を見ないほど戦闘的な集団と化していき、ついには生長の家との論争にまで突き進んでいく。

その宇宙考古学によれば、太陽と円盤を崇拝し、宇宙連合のブラザーと提携していた文明がかつては南アメリカなど世界各地にあった。しかし白人による植民地支配でその痕跡も消えかけていると主張し、ＣＢＡは植民地解放、先住民との連携などを謳っていた。

戦後の生長の家は欧米の霊的運動に門戸を開けていたせいもあって、小川定時をはじめ、ＣＢＡは会員に多くの生長の家信者を抱えていた。谷口雅春も最初はアダムスキーなどのコンタクティー文献を好意的に見ていたようである。しかし問題は一九六二年（昭和三十七）に開催された「空飛ぶ円盤十五周年記念特別大講演会」の内容であった。大和朝廷は、太陽円盤のシンボルである鏡を九州古代国家から徴発し、宇宙人との連携を抹消しようとした、と述べたのである。円盤史学の立場から天皇制への真っ向からの批判に対して、とりわけ六〇年安保以降、反共主義に固まっていた当時の生長の家は、六二年七月、生長の家の理事名でＣＢＡを天孫降臨を否定し天皇制を覆す陰謀団体として警告する文書を出し、さらに谷口雅春本人が、ＣＢＡを共産主義の謀略によって空飛ぶ円盤が八岐大蛇（マルキシズム）に呑み込まれたと批判している。しかしＣＢＡ側はこれにひるまず、警告文書を出した理事をつるし上げただけでなく、谷口自身をゴーストの使者であり竜神の手先にすぎないと批判している。

ハヨピラの太陽ピラミッド建設

翌一九六三年（昭和三十八）には熊本県山鹿市のチブサン古墳に、古代太陽王国の宇宙文明遺跡を顕彰するアーチと掲示板を取り付け、同市教育委員会からアーチの撤去を求められるという問題を起こしている。また、同年暮れ、北海道平取にハヨピラの太陽ピラミッド建設を発表。翌六四年（昭和三十九）に敷地を買収すると、会員を動員して建設を開始する。以下は、建設計画の最終プランである「プロジェクト66」発動にあたっての文章である。

宇宙のブラザーは、わが偉大なる宇宙代理者にして、ニューエイジワーカーの先駆者たる松村最高顧問に対する、大母船・円盤編隊を持って〝天と地との歴史的契約の証し〟を万人に明

示されたのである。（中略）
今や、その機を移さずコマンダー松村最高顧問の新しいオーダーは下った。すなわち、〝プロジェクト66〟。
まずその内容は、ハヨピラに世紀の金字塔すなわち〝太陽のピラミッド〟をうちたてることである。しかもそれはかって帝王の権力の象徴たるピラミッドではなく、或いは、国家権力による異民族圧政の血の金字塔でもなく、唯ひたすらにこの遊星地球の指導と援助のために幾千、幾万年にわたる恩恵を与えられし宇宙のブラザーに対する全人類の感謝の金字塔であり、同時にわれらの宇宙公報の誓願の記念塔なのだ。[25]

この熱狂は一体何だったのか。驚くべきは、一九五七年（昭和三十二）にCBAを結成して、五年もたたないうちに単なる円盤団体代表から「サーティーン」とも呼ばれる独裁的なカリスマへの松村の変貌である。それを支えるエネルギーはどこから出ていたのか。

先述したように、下中弥三郎は、戦前の「天皇」という価値観の代わりに「平和」という価値観を持ち出した。それは戦前の天皇メシア論者から戦後の社会主義者まで、みんなが翼賛できる都合のいい価値であった。しかし、その内実を問うことはなかった。アダムスキーの聞こえのいい平和のメッセージが受容されたのは、そうした背景があったからだろう。

対してCBAは、その平和自体を問うた。侵略者の平和か、被害者の平和か。大和朝廷による鏡の徴発とは、言い換えれば古代における天皇の戦争犯罪である。ＣＢＡは、天皇制のさらに古層にある太陽円盤まで遡ることで、批判の視座を構築した。その視座自体は超古代史という怪しげなものではあるが、霊的運動のなかで、これだけ真正面から天皇を批判した団体はいなかった。アダムスキー的な「平和主義」への不満や理想主義がＣＢＡを駆り立てていたのだろうか。そうだとしても、松村にはどういう意図があったのか。そして、その思想的源泉となるジョージ・ハント・ウィリアムスンが、アメリカきってのファシスト、ウィリアム・ダドリー・ペリーの弟子格であり、本人も反ユダヤ主義の謀略論者であったとは皮肉な事実であった。

ハヨピラ・ピラミッド建設後、ＣＢＡは急速にその勢いを失う。一九六七年（昭和四十二）六月にピラミッド完成を祝うセレモニーが最後の火花となり、その後の活動は急速に勢いが衰えている。松村の病気が原因であったともいわれる。アダムスキーが亡くなってから二年後のことである。国外では北ベトナムへのアメリカ軍の爆撃が始まり、ベトナム戦争は出口の見えない状況であった。

参考文献

稲生平太郎『何かが空を飛んでいる』（新人物往来社、一九九二年）（『定本　何かが空を飛んでいる』（国書刊行会、二〇一三年））。
マイケル・バーカン『現代アメリカの陰謀論　黙示録・秘密結社・ユダヤ人・異星人』（林和彦

訳、三交社、二〇〇四年）。
カーティス・ピーブルズ『人類はなぜＵＦＯと遭遇するのか』（皆神龍太郎訳、ダイヤモンド社、一九九九年）。
ピーター・ワシントン『神秘主義への扉　現代オカルティズムはどこから来たか』（白幡節子・門田俊夫訳、中央公論新社、一九九九年）。
『地球ロマン』復刊第二号「総特集　天空人嗜好」（絃映社、一九七六年）。
Ｌ・フェスティンガー／Ｈ・Ｗ・リーケン／Ｓ・シャクター『予言がはずれるとき　この世の破滅を予知した現代のある集団を解明する』（水野博介訳、勁草書房、一九九五年）。
Battaglia, Debbora, ed. *E.T. Culture* (Durham, NC: Duke University Press, 2005).
Beekman, Scott. *William Dudley Pelley* (Syracuse, NY: Syracuse University Press, 2005).
Bennett, Colin. *Looking for Orthon* (New York: Paraview Press, 2001).
Clark, Jerome. *The UFO Book* (Detroit: Visible Ink Press, 1998).
Jenkins, Phikip. *Mystics and Messiahs* (Oxford: Oxford University Press, 2000).
Kafton-Minkel,Walter. *Subterranean Worlds* (Port Townsend, WA: Loompanics Unlimited, 1989).
Lewis, James R., ed. *The Gods Have Landed* (Albany, NY: State University of New York Press, 1995).
Melton, J. Gordon. *Biographical Dictionary of American Cult and Sect Leaders* (New York: Garland Publishing, 1986).

——, *Encyclopedic Handbook of Cults in America* (New York: Garland Publishing, 1986).
——, ed. *The Encyclopedia of American Religions* (New York: Triumph Books, 1991).
Moseley, James W. and Pflock, Karl T. *Shockingly Close to the Truth!* (Amherst, MA: Prometheus Books, 2002).
Partridge, Christopher, ed. *UFO Religions* (London: Routledge, 2003).

第九章　陰謀論と円盤をめぐる、二、三の事柄

はじめに

その昔、一九八〇年代、九〇年代にかけて、アメリカでサタニスト恐怖という奇妙な社会現象が起こり、それをしばらく観察していたことがある。発火点となったのは、一九八〇年に精神分析医ローレンス・パズダーが執筆した『ミシェルは思い出す』（原題 *Michelle Remembers*）というノンフィクションである。鬱に悩んだ女性患者ミシェル・スミスが彼の治療を受け、幼児期に人格転換し、サタニストたちによって被ったさまざまな虐待を思いだすという内容である。客観的な証拠はなかったものの、幼児期におけるサタニストの集団による虐待とトラウマは悪魔的儀式虐待（Satanic Ritual Abuse: SRA）なる言葉で一般に広まっていった。特にオプラ・ウィンフリーのような有名なテレビのワイドショー司会者が、事実であるかのように報道した影響は大きかったと言われる。そして、郊外住宅地などで、サタニストが生贄を求めてさまよっているとか、幼稚園の経営者はサタニスト

で幼児を性的な悪魔崇拝の儀礼に用いたといった噂が広まり、社会がサタニストによって脅かされているというモラル・パニックが各地で立て続けに起こった。

一九九〇年代以降、事件は裁判沙汰になり、サタニストという告発が事実無根であったことが分かると次第に事件は沈静化していった。また、多くのルポルタージュや研究書が出版され、事件への反省が進んだ、はずであった。

二〇一六年の大統領選挙に絡んで、ピザゲイト事件なるものが起こっている。民主党の高官を含む幼児性愛の秘密組織があり、ワシントンのピザ屋などを拠点にして幼児を誘拐しているといった無根のデマが、アメリカ版「2ちゃんねる（現5ちゃんねる）」である4chanから広まり、実際にピザ屋が襲撃されたという事件である。確かに、当時、幼児性愛の事件も発生していたが、その背後に秘密組織があり隠蔽工作を行っているという論理の飛躍は、一九八〇年代のサタニズム恐怖の再現であった。

現在、陰謀論が拡散する媒体はインターネットが中心で、匿名掲示板やSNSなどを通じて、かつてより速い速度で、さまざまな奇妙な言説がつながり編集されて拡散している。支持者も、ミリシア（民兵）のような武装右翼団体に限られているわけでもない。とはいえ、その内容は決して新しいものではなく、このように古い要素が繰り返されている。特に、日本から見て奇妙なことは、アメリカの場合、陰謀論がUFO界から発生していることかもしれない。ここでは、管見の及ぶ範囲で、その奇妙な歴史と、日本とのつながりについて、少し歴史を遡ってみたい。

1　コンスピリチュアリティ

キリスト教福音主義者との親和性

陰謀論を信じる社会層は、キリスト教の白人男性というイメージがある。これはレーガン政権にまで遡るが、レーガンの大統領選挙戦を支えた宗教右派の隆盛がその背景にある。彼らは、パット・ロバートソンやジェリー・フォールウェルのようなテレビ説教師たちを信奉するキリスト教福音主義者であり、過激な信者は、信仰深きものは核戦争の終末直前に神が肉体もろとも天へ運んでくれる（空中携挙）[1]と信じており、むしろ終末は望むべきものであった。そうしたキリスト教福音主義者たちが、レーガン政権の強硬な対外政策を支持し、その一方で一九八〇年代のサタニズム恐怖のようなデマの広がる素地も作っていた。そしてレーガン政権後、陰謀論も出てくる。最も有名なものは、一九九一年、パット・ロバートソンが発表した *The New World Order* というベストセラーである。連邦準備制度、外交関係委員会、三極委員会、ビルダーバーグ・グループなどはアンチ・キリストであり、世界征服の陰謀を仕掛けているという内容であった。

キリスト教福音主義者による、終末論と結びついた陰謀論は、一九九五年に出版された小説 *Left Behind*（Tim LaHaye & Jerry B. Jenkins）、そしてそれを原作として映画化された何本かの映画に巧みに描かれている[2]。信仰深きものが空中携挙で姿を消した後、反キリストである国連事務総長が世界征服を狙い、それに対して主人公が抵抗するという筋である。

このような連邦政府とグローバリズムへの嫌悪を伴う陰謀論は、アメリカのミリシアのような武装派右翼の間に広まり、陰謀論者といえば、白人男性、戦闘的、キリスト教原理主義といったイメージを生み出している。そして、オカルトやニューエイジのような、いわばヒッピー上がりの連中は、悪魔の手先に数えられていたわけである。

ニューエイジと陰謀論との結合

こうした前提からすると、二〇二一年一月六日、アメリカ連邦議会乱入事件で悪名を轟かせたQアノンのシャーマンを自称するジェイク・アンジェリ（ジェイコブ・チャンスレー）の存在は、奇妙な感じを与えるかもしれない。つまり、角のついた服を着て、体に北欧神話のタトゥーを入れた狂戦士（バーサーカー）のような姿は、キリスト教というよりペーガニズムのものである。しかも、収監されたジェイクが自然食品の差し入れを要求したというニュースも報じられた。アンジェリはどうもキリスト教福音主義者というよりは、それと対立するはずのスピリチュアルの陣営に属しているようである。

実は、この点については、二十一世紀に入って、それなりの研究が蓄積されている。つまり、女性が主体で楽天的、進歩主義的で、どちらかといえばリベラルな政治的態度をとるスピリチュアルと、男性中心で終末論的で右翼的な陰謀論が合体する動きがある。その一例として、デイヴィッド・アイクがいる。テレビのパーソナリティから緑の党の活動家となり、スピリチュアルな政治活動家という立場であったが、幻覚剤アヤハスカを摂取して「真理」に目覚め、爬虫類人による地球支配という陰謀論を唱えはじめ、多くの信奉者を獲得した一方で、緑の党から陰謀論が出現したことは、ニューエイジを共感的に研究してきた研究者に当惑を与え、この現象に対して Charlette Ward と David Voas の研究者チームは、conspiracy と spirituality から conspirituality なる用語法を提案し、学界でも注目を浴びている。また、イギリスの宗教学者デイヴィッド・ロバートソンは *UFOs, Conspiracy Theories and the New Age* (London: Bloomsbury Academic, 2016) で、ニューエイジ以降のスピリチュアルと陰謀論について、デイヴィッド・アイクなどを中心に、さらに詳細な調査と分析を行っている。

この陰謀論への転回は、スピリチュアルの前身となった一九八〇年代のニューエイジ運動の破綻として説明されることもある。ニューエイジに見られる世界の転換への期待をモチーフとする楽天的な終末論（これ自体、アメリカ宗教史では後千年王国運動に分類されるような思想である）が実現しなかったこと、その失敗を説明するための原理として導入されたという説もある。そもそも、ニューエイジ運動を一般に広めたマリリン・ファーガソンの『アクエリアン革命』[3]の原題が *The Aquarian Conspiracy* (1980) であったように、善意の陰謀論とニューエイジは馴染み深いものであった。あるいは、対抗文化寄りの論客ロバート・アントン・ウィルソンが一九七五年、ロバート・シェイ[5]との共著で発表した三部作のＳＦ小説 *Illuminatus! Trilogy*[4]、そして一九七七年に発表した *Cosmic Trigger* は、さまざまな陰謀論やオカルティズムをリアリティ突破の道具として用いて、イリュミナティの名前を広めている。

これが悪意の陰謀論に転回したことは、確かに事件ではあった。デイヴィッド・ロバートソンは前掲の研究書中で、特に一九八七年に設定された「ハーモニック・コンバージェンス」（マヤ暦による日程で、その日に世界中の聖地で一四万四〇〇〇人が平和の瞑想を一斉に行うことで新しい時代が到来するというもの）の失敗が、ニューエイジャーたちが陰謀論に向かう契機になったと指摘している。

拡散する陰謀論の支持者層

しかし、リベラルで平和的なはずのスピリチュアルと、保守的で戦闘的なキリスト教福音主義という対立する陣営が、陰謀論で野合するといった現象は、決してデイヴィッド・アイクに始まったことではない。

たとえば、さきほどのサタニズム恐怖の背景には、キリスト教だけでなく、ジュディス・ハーマンの *Trauma and Recovery*（New York: Basic Books, 1992）[6] に代表される、回復記憶運動があった。幼児期の性的虐待被害者の声を聞き取るはずが、存在しない性的虐待事件を作り出す事態ももたらしたということであるが、そもそもリベラルな陣営に属するはずの回復記憶派のカウンセラーや論客が、SRAを擁護し、対立するキリスト教福音主義者のサタニズム妄想に与したわけである。これが残した教訓は、陰謀論クラスターを、政治的立場や、支持者の学歴や年収などで囲い込むことは難しいということであろう。

コンスピリチュアリティは、一九九〇年代以降の陰謀論の姿やスピリチュアリティの変貌をとらえるには便利な言葉であるが、それ以前から陰謀論は、いろいろな場所に出現している。それはアメリカの政治学者マイケル・バーカンによる陰謀論研究の労作 *A Culture of Conspiracy*（2003）[7]でもすでに研究されているところであり、以下、その説を参考にしつつ、ＵＦＯ界と陰謀論について述べてみたい。

2　円盤と陰謀

ニューエイジ、ＵＦＯ、陰謀論をつなぐ二冊の本――*The Fringes of Reason* と *Kooks*

一九六八年から一九七一年にかけて出版されたアメリカの対抗文化の記念碑的出版物で、エコロジーや意識革命を広めた有名な著作に *Whole Earth Catalog* がある。またあまり知られていないが、一九八九年にこのシリーズの延長線で出版された *The Fringes of Reason* というムック本がある。超心理、異端科学など、いわゆる「オカルト」に当たるさまざまな奇矯なアイデアが一歩退いたスタンスから紹介されていて、ロバートソンの議論に従えば、ハーモニック・コンバージェンス失敗後のニューエイジへの冷めた雰囲気をよく伝える本であるが、そこでかなりの割合を占めているのがＵＦＯにまつわる伝説や理論の類である。極論すれば、日本の精神世界におけるアニミズムと同等の割合を、ニューエイジでＵＦＯが占めているとも言えるだろう。もちろん、とりあえず科学的な観測を中心とするＵＦＯ界と、意識の革命や新たな共同体を希望するニューエイジの世界の間には境界線はあるが、後者は前者から一九五〇年代のコンタクティーなど、さまざまなレガシーを引き継いでいる。

一方、陰謀論については、*The Fringes of Reason* では一本の記事があるばかりであった。一九七〇年代、愛国団体ジョン・バーチ協会に関係した初老の女性が経営する陰謀論の書店を訪れたルポルタージュである。つまり、右翼のサブカルチャーという程度の存在だった。その後、*The Fringes of Reason* と同様に偏奇な信条を集めた *Kooks*（1994）というムック本が出たが、そこでは五分の一が陰謀に当てられている。五年間で陰謀論が飛躍的に増えたわけではないにしても、無視できないほどに広まったことは想像できよう。その中にＵＦＯ界と陰謀論を結ぶ人物として、ミルトン・ウィリアム・クーパーの世界観が紹介されているが、その話の前にＵＦＯ界と陰謀論について触れておきたい。

ＵＦＯ界の陰謀論と大成者ミルトン・ウィリアム・クーパー

ＵＦＯ界で陰謀論が入り込んだ初期のものは、「メン・イン・ブラック」伝説であろう。ＵＦＯ目撃を隠蔽するために、ダークスーツの怪しげな人間（あるいは宇宙人）が秘密工作をしているという伝説は、一九五六年に出版されたグレイ・バーカーの *They Knew Too Much about Flying Saucers* で有名になっている。(8) このように、円盤はすでに到来している、ただ何らかの方法で隠蔽されているだけだというレトリックが、その後、次第に拡大していく。

一九八〇年代は、いくつかの隠蔽と陰謀説がＵＦＯ界を席巻し始めた時期である。ひとつは、アブダクション事件の流行である。宇宙人によって誘拐されたという主張であるが、サタニズム恐怖と同様、宇宙人によって記憶は隠蔽されているという前提で、催眠療法によって、性的な虐待を含む宇宙人による暴力の記憶を「回復」する。つまり、一九五〇年代のコンタクティーたちは平和を希求する宇宙人のメッセージを伝えたが、一九八〇年代には直接危害を加える恐怖の存在に変化していて、悪は防ぎようもなく個人を襲い、しかもその記憶は隠蔽されているので、知られていないことこそ陰謀の証であるという、論駁不可能な論理構造をとる。

エイリアンは人間だけでなく家畜も襲う。この伝説を広めた人物は、テレビ製作者のリンダ・モールトン・ハウである。彼女は、最初、「キャトル・ミューティレイション」、つまり血液を抜き取られた牛などの家畜の死骸が発見された事件を調査した。そして一九八〇年に*Strange Harvest*というドキュメンタリーを作成し、エイリアンによる犯行説を主張して、ＵＦＯ界だけでなく一般にも広く知られることになる。その彼女が、その後次第に連邦政府による隠蔽説に傾き、エイリアンは家畜の内臓を必要としており、連邦政府はエイリアンと密約を結んでいるという説を唱えるようになる。

一方、ロズウェルの宇宙船墜落、エリア51での宇宙人の捕獲といった伝説が広まり、これも一九八〇年代に、トルーマン元大統領がすでに密約を結んでいること、あるいはＭＪ12という超法規的な秘密機関が隠蔽を行っているといった説が広まる。

そのような陰謀説を集大成した人物が、ミルトン・ウィリアム・クーパーである。[9] 彼は元軍人で、政府の密謀を明かす機密書類を所有していると主張しただけでなく、その説はユダヤ人やイリュミナティという古典的な陰謀説を組み込んだ、大掛かりなものになっている。一九八八年以降、彼の説はＵＦＯ界にさえ批判されていた。[10] 彼は次第にＵＦＯ界から、右翼の世界に足を移していき、「イリュミナティで社会主義」のクリントン大統領から迫害されているという妄想を抱き、ミリシアとの連携を表明するようになる。彼は連邦政府への納税を拒否し、そのために内国歳入庁とのトラブルが続き、最後はシェリフとの銃撃戦で亡くなっている。ＵＦＯ界では、彼の説は批判されたが、その陰謀論を広めた *Behold a Pale Horse*（1991）はミリシアの世界で広まり、Ｑアノンのシャーマン、アンジェリが陰謀論（彼にとっては隠れた真理であるが）に覚醒するきっかけになったと言われる。

つまり、まとめてみると、ＵＦＯ界では、墜落円盤などの情報を政府が隠蔽しているという限られた範囲での陰謀論が広まり、それが連邦政府を好まない右翼の心情とつながり、さらにクーパーなどがユダヤ人やイリュミナティなどの古典的な陰謀論を取り入れて、旧来の陰謀論の世界観をさらに完成させ、右翼とＵＦＯ界をつなぐ陰謀論が広まったということになる。先に述べたようにクーパーは古参のＵＦＯ研究者からは批判を浴びていたものの、ＵＦＯ界という、右翼より広い読者層に陰謀論をアピールし、そしてQアノンへの道を開いたわけである。

3　太平洋をとりまく陰謀

太平洋を超えた陰謀論の連動は二十一世紀の特徴か？

以上のようなアメリカでの陰謀論の流行は、二十世紀日本では「対岸の火事」であって、陰謀論は、アメリカ発の珍奇な思想として消費されるか、信じる者は一部の新宗教運動などに限られていて、あまり一般に広まることはなかった。欧米での陰謀論研究の隆盛に比べて日本では非常に少ないということからも分かる。その原因がどこにあり、二十一世紀に入って流行しているのはなぜか、という問題は論者の力量を超えているが、ただ、アメリカのサタニズム恐怖が、幼児の無垢性を強調する風潮と連動していたように、ことさらに「本来の日本」を作り上げ美化する風潮と無縁でないことは言えるだろう。

現代の状況は、インターネットによって、アメリカのQアノンと日本のJアノンが連動している。太平洋を超えて陰謀論に基づく運動が連動する事態というのは、確かに二十一世紀的ではある。しかし、コンスピリチュアリティの原点へ向けて遡ってみると、まったく新しい事態でもないことも分かる。

日本へ紹介されたもうひとつのUFO陰謀論——ジョージ・ハント・ウィリアムスン

ＵＦＯ界での陰謀論は、バーカンがすでに指摘しているところだが、もうひとつの起源がある。それは、一九五二年アダムスキーが砂漠で宇宙人オーソンと出会う場面を目撃した一人であり、彼自身もウィジャー盤を用いて宇宙人とコンタクトを行ったジョージ・ハント・ウィリアムスンである。[11]アダムスキーよりもさらに神智学の影響が濃いコンタクティーで、古代宇宙人説の先駆でもあったが、終末論や陰謀論についても先駆者であった。

彼は、間も無く地球に大破局が起こり、善なる宇宙人が空飛ぶ円盤で救出に来て、新たな黄金時代が来る、と考えていた。彼の弟子であるスタンフォード兄弟が書いた『地軸は傾く?』（レイ＆レクス・スタンフォード、松村雄亮訳、宇宙友好協会、一九五九年。原題は、*Look Up*［1958］）では、円盤は人体と同じようなチャクラを持ち宇宙エネルギーで飛行していること、修行によって身体の力場を変えた人間は円盤からのビームで安全な空中に引き揚げられるという説明がなされている。つまり、これは空中携挙説の空飛ぶ円盤版ということになる。

さらに陰謀説については、ジョン・マッコイとの共著 *UFOs Confidential*（1958）において、グレイ・バーカーの説を受けて円盤目撃証言を封じ込めようとする謎の「サイレンス・グループ」が存在すること、それは反キリストの精神で邪悪な陰謀を行っており、さらにその背後に「国際銀行団」という国際的秘密結社（international cabal）が存在するという説である。その断片を少し原書から翻訳しておこう。[12]

- 「隠れた帝国」は周到に、世界の食料供給に危険な要素を入れている[13]！
- 生物科学は、今や人間の情動を食物にある種の化学物質を入れることで制御しているのだ[14]。
- 自然食以外のものを食すな[15]！
- 国連は、故意に、そして周到に、超世界統一政府（One World Government）になろうとしており、それは合衆国を吸収し、主権を破壊し、憲法を空無化しようとしている！　国連に騙されるなかれ、それは徹頭徹尾、反キリストなのだ[16]。

キリスト教原理主義の陰謀論や、陰謀論と自然食品の結びつきも、すでにここに見られる。もちろん、現在のＱアノンと比べれば、その流布した範囲ははるかに小さかったであろうが、その原型はここにあったわけである。

興味ぶかいことに、ウィリアムスンは同時代の日本でも知られていた。日本の初期のコンタクティー団体、宇宙友好協会（ＣＢＡ）は一九六〇年代初頭、アダムスキーとウィリアムスンらの著作を翻訳紹介している。特に、ウィリアムスンの説は影響が大きく、その中の一冊で、ウィリアムスンのグループに属するスタンフォード兄弟の『地軸は傾く？』は、一九六〇年代初頭に有名な終末論騒動を起こしており、一九六一年にはＣＢＡの招聘でウィリアムスンは来日も果たしている。*UFOs Confidential* も、宇宙シリーズ第一期第三巻『宇宙交信機は語る』（増野一郎訳、宇宙友好協会、一九六〇年）の後半「円盤をめぐる秘密」に訳出されている[17]。『地軸は傾く？』から、ニューエイジ的な一節を引用しておこう。

最早やこの「新時代」に至る道を簡単に取り壊すことは誰にもできません。また「新時代」への道をただいたずらに頭の中で望んだり空想したりすることもできません。ただ私たちに出来ることはその輝やかしき「新時代」への道を実際に生きることだけなのです。私たち一人一人が各自「新時代」の創造者たらねばなりません。（中略）私たちの地球の素晴らしい「霊的完成（スピリチュアル・フルフィルメント）」は今やまさに進展されつつあるのです[18]。

アメリカでは、最初に述べたようにＵＦＯ界がニューエイジに持つ役割は大きいが、もともと円盤コンタクティーは神智学の影響が強く、メタフィジカル（神智学、スピリチュアリズムなどのさまざまなオカルトの結びついたものへの総称）と空飛ぶ円盤のサブカルチャーが一九六〇年代の対抗文化世代の参入によって、ニューエイジにつなぐ道を開いたとも言える。他方、日本では、ＣＢＡの遺産は、ＵＦＯ界の一部にしか残らなかったようにも見える。終末論に比べると、国際銀行団の陰謀論も広まっていない。

しかし、もう一歩、歴史を遡ると、陰謀論が二十世紀日本でも一般にも広まった例外的な時期がある。それは戦前から終戦にかけてのユダヤ人陰謀論の流行である。ユダヤ人が非常に少なく、キリスト教の信者数も少ない日本で、『シオンの議定書』のような偽書が真面目に読まれたのは奇妙なことであるが、さらに奇妙なのは、陰謀論とファシズムとスピリチュアルを結びつけた原型的な人物が、日本の偽書信奉者と結びついたということである。

陰謀論活動家の原型――ウィリアム・ダドリー・ペリー

ウィリアムスンに話を戻すと、その陰謀論をどこから仕入れたのかという問題について、バーカンは、*Handbook of Spiritualism and Channeling*（2015）の第一〇章「オカルティストと宇宙人」で、アメリカのファシズム活動家ウィリアム・ダドリー・ペリーと反ユダヤ主義活動家ジェラルド・L・K・スミスの影響を指摘している[19]。特に、バーカンは、ペリーとの思想的な類似、そして直接の関係があったことから、ペリーの影響を重視している。

ペリーはもとハリウッドのシナリオ・ライターで、神秘経験を経て、メタフィジカル思想に目覚め、キリスト教とオカルティズムと反ユダヤ主義の結びついたような思想を唱えるようになる[20]。ドイツでのヒトラーの台頭に影響を受け、一九三三年、アメリカ銀軍団（Silver Legion of America あるいは、そのナチスの突撃隊を模した制服から銀シャツ隊とも呼ばれた）を設立し、アメリカにファシズム政権の樹立と白人優越主義、反ユダヤを唱え、一時は一万五〇〇〇人の会員を集め、大統領選にも出馬している。しかし、その親ナチズム的な活動が非米活動委員会の注目するところになり運動は解散を余儀なくされ、一九四二年、扇動的な出版物を発行した廉で有罪、懲役刑に服している。戦後、出獄後は、政治的発言を控え、もっぱら、そのメタフィジカルな思想を執筆出版している。その彼の個人誌に空飛ぶ円盤記事を執筆した若き協力者がウィリアムスンであった。

ペリー↓ウィリアムスン↓ニューエイジ↓スピリチュアリティという直線的な系譜が描けるかどうかはおそらく異論もあるだろうが、もしコンスピリチュアリティ活動家の原型となる人物を探すとすれば、ペリーがその有力候補にはなるだろう。

ペリーの思想を日本に広めた三人――古賀治朗・岩崎陽山・三浦関造

最後に、バーカンも触れていない事実について述べておきたい。それは、このペリーという人物が、一九四〇年代前半の日本ではそれなりの知名度を持つ人物であったということである。

一九四〇年八月二九日の『読売新聞』三面には「米国を揺がす銀シャツ党」という記事が掲載される。アメリカから帰国したばかりの古賀治朗のインタビューをまとめたもので、「澎湃たる全体主義　反ユダヤの潮流　地下運動に二百万人」という見出しがつき、ルーズヴェルトの政権がユダヤの傀儡であること、日本との連帯を唱えるペリーの親書を紹介している。これに続き、古賀と、法律関係の通訳で銀シャツ隊にも関係していた在米日本人、岩崎陽山の二人は、ユダヤの陰謀説とペリーの活躍を紹介する記事をいくつかの雑誌に発表し、さらに古賀はペリーの著書『飢えなき生活』（池田新一訳、黎明之原理刊行会、一九四二）も出版している。ペリーの名前こそ出てこないが、一九四一年六月二十三日から六回に亘って『報知新聞』には「アメリカの地底政府」と題する記事が連載され、ユダヤ人の地底政府がルーズヴェルトを操っているという陰謀論が紹介されている。すでにユダヤ陰謀論はシベリア出兵の時から日本に紹介されて流布しており、特に新しいものではなかったが、ペリーの存在はアメリカ内部の分断を過大に伝えることで、好戦気分を高める効果はあったであろう。

さらにこの時期、ペリーの思想を紹介した人物には三浦関造がいる。三浦は宗教的著述や、オカルティズムの著作で知られているが、一九三〇―三一年の渡米の際にペリーと会って意気投合していた[21]。彼は一九四一年から二年にかけ、上海で英語冊子を少なくとも三冊出版しており、*Thus Spake a Prophet: American Oligarchy and the Silver Shirts*（1942）は、副題にあるように、反ユダヤ主義を含めてペリーの思想を紹介している。

一九四〇年代に、こうした出版物が集中した原因のひとつに、日米開戦前後の情報戦の中で、ペリーを利用しようとする秘密工作が関係した可能性はある[22]。ただし、ペリーが日本からの資金援助を受けた可能性は少ない。

ペリー思想の受容者たちの共通点――反ユダヤ・『竹内文献』・陰謀論

ともかく、それ以上に興味深い点は、三人の共通点である。三浦は元メソジストの牧師であり、岩崎は渡米時に神学校で学んでいる。そして、古賀は作曲家、古賀政男の弟で、渡米までは、酒井勝軍の有力な信者であった[23]。つまり、反ユダヤ主義の移入にはキリスト教（そしてそのレガシーを借用した大本）の背景が必要であったという当然の結論であるが、もうひとつ古賀と三浦をつなぐさらに奇妙な共通点がある。それは、酒井勝軍にも影響を及ぼした有名な偽書、『竹内文献』である。三浦は、一九四一年に上海で出版した英文冊子 *Symbol of Tomorrow* 中で、『竹内文献』について記述している[24]。『竹内文献』に描かれた世界の支配者としての天皇という太古の理想が実現していない現実を説明する上で、悪役としてのユダヤ人は便利なアイコンであったのだろう。つまり、ペリーの思想を最初に受容したのは、キリスト教の素養があり、ユダヤ人という言葉にリアリティを感じていて、偽史に描かれた世界を征服した天皇という極端に美化された日本を信奉する者たちであった。

偽書と陰謀論という結びつきは、決して泡沫的な存在ではなく、翼賛体制下、むしろ勢いをました日本の神代史運動と結びついた政治運動にも関係していた。一九四二年、陸軍中将であった中島今朝吾が提唱した「皇道世界政治研究所」なるものが発足している。発起人には、林銑十郎、鵜澤總明、徳富蘇峰などの有名人から、『神日本』主宰で『上記（うえつふみ）』研究でも知られる中里義美、医師で心霊研究家の塩谷信男、国家主義者で超古代文献の研究者であった藤澤親雄、政治家で雑誌『海外之日本』（『皇道世界』と改題して、皇道世界政治研究所の機関誌となる）を発行していた中村嘉寿らと並んで、岩崎陽山と古賀治朗も含まれていた。そして、中島による『皇道世界政治の提唱』（皇道世界政治研究所、一九四二年）によれば、同研究所は、『竹内文献』『物部文献』『九鬼文献』『上記』『富士文献』の研究と同時に、チャーチワードのムー大陸や、バビロニア、ボリビアなどに存在する神代文化の研究を目的としていたという[25]。

皇道世界政治研究所のアジェンダにある世界に普遍的に存在するはずの神代文化なるものを宇宙人に置き換えれば、ウィリアムスン（そしてその大衆版であるデニケン）が唱えた古代宇宙人説に類似し、それをユダヤ人（あるいはウィリアムスンの場合は究極的にはオリオン星人）の陰謀論が補完するという構造もよく似ている。

おわりに

ともあれ、紙数も尽きたので、陰謀論をめぐる遡行の旅はこれくらいにしておきたい。

結論に足るものもないが、陰謀論はイデオロギーを問わず出現するものであり、いかに啓蒙活動をしようとも消えることはないようにも思われる。日本の場合、アメリカのように絶えず陰謀論（そして謀略や秘密工作）が発生している文化ではなく、むしろ消費され忘れ去られてきた。そもそもアメリカの場合、「ユダヤ人」にリアリティがあり、諜報機関による秘密工作という現実があり、連邦政府を敵とする右翼政治思想の伝統があるなど、文化の差は大きい。

ただし、日本でも一九四〇年代と現在、陰謀論が広まっている。現在は「陰謀論」が乱用され、思考停止させるためにも用いられている気味さえあるが、いずれもメディア上に構築された表象に人々が群がる時代であることは間違いないだろう。

＊日本のペリー受容については、大澤絢子氏、フィリップ・デスリプ氏、神保町のオタ氏よりご教示いただいた。記して感謝したい。サタニズム恐怖については「記憶の中の悪魔――「悪魔教恐怖」論」（『舞鶴工業高等専門学校情報科学センター年報』第二七号［一九九九年］）、円盤宗教運動と陰謀論については「円盤と至福千年――ヘブンズゲイト論」（同年報、第二六号［一九九八年］）を参照。(26)

初出一覧

Ⅰ　一九七〇～九〇年代のカルト的場——或る「類似宗教学者」の回想

第一章　日本の霊的(スピリチュアル)思想の過去と現在——カルト的場の命運
　樫尾直樹編『スピリチュアリティを生きる——新しい絆を求めて』（せりか書房、二〇〇二年）

第二章　余はいかにして「類似宗教学者」になりしか——吉永進一インタビュー
　「吉永進一氏インタビュー」（挑戦的萌芽研究『現代日本における「オカルト」の浸透と海外への伝播に関する文化研究』研究成果報告書、研究代表者・一柳廣孝、科研課題番号・二〇六五二〇一七、二〇一一年）

Ⅱ　カルトと洗脳

第三章　ＵＳ新宗教(カルト)団体洗脳説を洗う——信者は本当に人格を変えられてしまうのか？
　『Ａｚ』第二一号（新人物往来社、一九九二年）

第四章　回心と洗脳――救済と心理学の関係について
長谷正當・細谷昌志編『宗教の根源性と現代』第二巻（晃洋書房、二〇〇一年）
第五章　記憶の中の悪魔――「悪魔教恐怖」論
『舞鶴工業高等専門学校情報科学センター年報』第二七号（一九九九年）

Ⅲ　陰謀論とＵＦＯカルト

第六章　ユダヤ・メーソン陰謀論の誕生
『歴史読本　臨時増刊』第三六巻一八号（通巻五五四号、新人物往来社、一九九一年）
第七章　円盤と至福千年――ヘヴンズゲイト論
「円盤と至福千年――ヘブンズゲイト論」（『舞鶴工業高等専門学校情報科学センター年報』第二六号、一九九八年）
第八章　円盤に乗ったメシア――コンタクティーたちのオカルト史
「円盤に乗ったメシア――コンタクティたちのオカルト史」（一柳廣孝編著『オカルトの帝国――一九七〇年代の日本を読む』［青弓社、二〇〇六年］）
第九章　陰謀論と円盤をめぐる、二、三の事柄
『現代思想』二〇二一年五月号（第四九巻第六号、青土社、二〇二一年）

編者解説

横山茂雄

本書の著者である吉永進一は二〇二二年三月に他界した。享年六五。

わたしが吉永と初めて会ったのは一九七六年春で、彼は京都大学理学部に入学してきたばかりの一回生、わたしは文学部英文科の三回生だった。今から半世紀近く前のことになる。

出会った場は「京都大学UFO超心理研究会」（以下、「U超研」と略記）という学内のサークルだが、残念ながら、わたしにはこの際の記憶、印象はまったく残っていない。本書第二章「余はいかにして「類似宗教学者」になりしか」（二〇一一年）で吉永自身が回想するところでは、京大を志望したのは「幻想文学研究会」に入るためだったのに見つからず、「なんでこんな馬鹿なことをやっているクラブがあるんだ」と思って「U超研」に顔を出したら、意外にもそこに「幻想文学研究会」代表のわたしがいて驚いたということらしい。

ただし、吉永はここで事実誤認をしている。

吉永が「京大幻想文学研究会」の存在を知ったのは、彼がまだ高校生だった七四年秋に刊行されたクラーク・アシュトン・スミスの短編集『魔術師の帝国』(創土社)によってである。訳者代表として京大教授だった蜂谷昭雄の名前が挙がっているけれど、作品の大半については「京大幻想文学研究会」のメンバーが翻訳を担当した。この「京大幻想文学研究会」とは、安田均などを中心に一九七〇年に設立された「京大SF同好会(第二期)」にあった内部サークルだったが、それが依然として旺盛な活動を続けていると吉永は思い込んでいたわけである。吉永の言葉を引けば、「本まで出すくらいなら、もうちょっと人がいっぱいいて、盛んにやってるって思ってたのに。騙されたと思」ったらしい(本書第二章)。しかしながら、「京大SF同好会(第二期)」そして、「京大幻想文学研究会」は既に一九七三年三月——つまり、わたしが入学する一年前、吉永の入学する三年前——に実質的な活動を停止していたのだ。

他方、わたしはそれとは完全に無関係なかたちで、七五年に「京都大学幻想文学研究会」(以下、こちらを「幻文研」と略記)を設立し、蜂谷教授に指導をお願いして週一回の読書会をおこなっていた。名称が同じだったから、吉永が勘違いをしたのは無理ないかもしれない。おまけに、縁あって、わたしは「京大SF同好会(第二期)」=「京大幻想文学研究会」の旧メンバーたちと親交を結ぶようになっていたから、吉永の頭の中ではふたつの異なる会がひとつに融合してしまったのだろう。(1)

ともかく、そういうわけで、わたしにとって吉永とは「U超研」と「幻文研」の双方での後輩にあたる。「幻文研」の場合、設立当初は、主宰者のわたしを除けば正規の会員は文学部で一学年下の女性ひとりしかおらず、しかも、彼女は七六年初夏に不幸にも亡くなってしまったので、吉永の語る通り「要するにY〔横山〕さん一人」の状態だった。また、吉永の「U超研」に関する「こんな馬鹿なことを」云々という言葉を額面通りに受け取るならば、七六年の時点での彼の主たる関心はむしろ幻想文学だったということなのか。(2) わたしは四回生の頃には「U超研」でほとんど活動しておらず、他方、「幻文研」の読書会はわたしが大学院に進んでからも続けていたから、大学でのサークル活動という面からすれば、学生時代の吉永との交友は「幻文研」のほうが長期にわたる。(3)

吉永が本書第二章で触れているように、七六年十一月から、わたしは「幻文研」主催というかたちで「百鬼夜行館」と銘うった映画上映会を京大西部講堂で開始するのだが、吉永はその際には貴重な「労働力」となってくれた。第一回目の上映は中川信夫監督特集で、『東海道四谷怪談』(新東宝、一九五九年)、『女吸血鬼』(新東宝、一九五九年)の二本立て——DVDはおろかヴィデオもない時代のことだから、名のみ聞く『女吸血鬼』をどうしても観たいと思って自分のために始めたようなものである。

話を「U超研」に戻そう。

七四年四月に京大に入学したわたしは、立て看かポスターでその存在を知り、すぐさま加入したのだが、このサークルが発足したのはわずか六ヶ月前の七三年十月のことにすぎない。

創設の中心になったのは当時理学部の三回生だった浅井総一。[4]彼はアメリカのコンタクティー、ジョージ・アダムスキーの信奉者であり、一九七〇年に山本佳人が中心となって設立された「宇宙研究協会（CRC）」の関西支部における主要メンバーだった。山本は当時は東京藝術大学の学生で、アダムスキーのみならず、反重力機関で有名だった英国のジョン・サールにも傾倒していた。浅井はまた学外のアダムスキー派の守田健という人物の助力者として「UFOグループ」という会を関西で立ち上げた。守田は「U超研」の設立にも手を貸している。この「UFOグループ」が「ヒマラヤ聖者研究会」へと名称を変えるのが七四年春頃のことで、機関誌も『UFOグループ会報』から『聖者』へと改名された。[5]これは守田や浅井がベアード・T・スポールディング『ヒマラヤ聖者の生活探求』（全五巻、仲里誠吉訳、霞ケ関書房、一九六九年）[6]の熱心な読者であったからだ。彼らは同時にエドガー・ケイシーにも心酔、さらに、桜沢如一の創立した日本CI協会などの影響下で玄米正食にも興味を寄せていた。

松村雄亮を中心に一九五七年に創設された「宇宙友好協会」が過激な活動の末に実質的な解散を迎えたのは七三年頃のことだが、[7]七〇年代中期の日本の空飛ぶ円盤界はどのような状況だったのか。荒井欣一が一九五五年に設立し、三島由紀夫、黛敏郎などの著名人を会員に擁した「日本空飛ぶ円盤研究会」についていうならば、既に組織としての活動は大幅に縮小していた。他方、実証派、反コンタクティー派の旗手である高梨純一が一九五六年に設立した「近代宇宙旅行協会」は依然として健在で、また、七三年には並木伸一郎らによって「日本宇宙現象研究会」が結成されている。他方、アダムスキー派の団体としては、「宇宙友好協会」の元幹部だった久保田八郎が一九六一年に設立した「日本GAP」が最も有名だが、久保田は七三年夏には商業誌『UFOと宇宙　コズモ』を創刊するにいたる。

今から振り返ってみると、七三年から七四年にかけては戦後日本の〈オカルト〉にとって非常に大きな節目だった。というか、そもそも〈オカルト〉なる言葉、概念が広く流通するようになったのがこの頃に他ならない(8)。

七三年にはコリン・ウィルソンの『オカルト』(新潮社)が翻訳刊行され、五島勉の『ノストラダムスの大予言』(祥伝社)も出ている。つのだじろうが『うしろの百太郎』(『週刊少年マガジン』、一九七三―七六年)や『恐怖新聞』(『週刊少年チャンピオン』、一九七三―七六年)の連載を開始したのも同年のことだ。七四年に入ると、ユリ・ゲラーが来日、TV番組『木曜スペシャル』に出演して、日本に超能力ブームを惹き起こした。他方、映画では『エクソシスト』(ウィリアム・フリードキン監督、一九七三年制作)が公開されて多くの観客を動員。矢追純一『空飛ぶ円盤を追って』(平安書店)、中岡俊哉『恐怖の心霊写真集』(二見書房)の刊行、手塚治虫『三つ目がとおる』(『週刊少年マガジン』、一九七四―七八年)の連載開始もやはり七四年である。

例は枚挙にいとまがないが、かくて、七四年頃から幽霊、超能力、スピリチュアリズム、超心理学、オカルティズム、魔術、UFO、超古代文明などを一括して指す言葉として〈オカルト〉が一般に定着しはじめた。それ以前は、〈不思議〉、〈謎〉、〈怪奇〉、〈怪異〉、〈怪談〉、〈奇談〉といったタームが適宜用いられていたのだから、この変化はきわめて大きかったといえる。

もちろん、無から有は生じるはずもなく、その背景には一九六〇年代後半以降の欧米のヒッピー・カルチャー、カウンター・カルチャーにおける爆発的なオカルト・リヴァイヴァルがあった。また、単に同時代欧米からの波及、影響にとどまらず、本邦でも〈オカルト〉を探究する人々は、七〇年代半ばのブームより以前、戦後ほどない時期から少数ながらも活動を続けていた。

たとえば、古いところでは、戦前に浅野和三郎が率いた「東京心霊科学協会」を継承する「日本心霊科学協会」やその分派の「心霊科学研究会」、あるいは、三浦関造の主宰する「竜王会」、中野文隆、関口野薔薇、吾郷清彦などを中心とする「日本神学連盟」などが挙げられよう。一九六〇年代に入ると、十菱麟がインドネシア発祥の宗教運動スブドやエドガー・ケイシーの紹介に努め、超心理学の分野では、大谷宗司（「日本超心理学会」）、本山博（「宗教心理学研究所」）、市村俊彦（「超心理研究会」）、橋本健、関英男といった面々が活動を開始した。また、双葉社で秘境をテーマとする雑誌の編集をしていた竹下一郎の設立した大陸書房が、六〇年代末頃から、ジェームズ・チャーチワード『失われたムー大陸』（小泉源太郎訳、一九六八年）などを皮切りに〈謎〉、〈怪奇〉を売り物にする書物を次々に刊行しはじめた。あるいは、一九七〇年には、楢崎皐月の所蔵するとされる超古代文書「カタカムナ文献」を世に広めようとする「相似象学会」が創設される。[9]

七〇年代初頭から「宇宙研究協会」の山本佳人が精力的に執筆した書物が『テレパシーの四次

元』（大陸書房、一九七一年）、『宇宙意識の哲学的研究』（霞ヶ関書房、一九七四年）、『キリスト宇宙人説』（大陸書房、一九七四年）、『聖書とＵＦＯ』（大陸書房、一九七四年）であり、そして守田健と浅井総一の「ＵＦＯグループ」が「ヒマラヤ聖者研究会」へと名称を変えた事実からも分かるように、ＵＦＯをテレパシーなどのサイキック現象、さらに神智学やその影響下に形成された欧米のいわゆるメタフィジカル思想、初期ニューエイジ思想と渾然一体となったかたちで受容する若い世代が我国でも七〇年代初め頃には出現しており、八〇年代にブームとなる〈精神世界〉の基盤は既に形成されていたといえよう。こういった背景を考えると、揺籃期の「Ｕ超研」は「ＵＦＯグループ」が大学生をオルグするために組織した団体という側面があったのかもしれない。ただし、以上のような状況を大学に入ったばかりのわたしが知る由もなかったのはいうまでもない。

一九七三年十月に発足した「Ｕ超研」は、翌月の十一月祭（京大学園祭）に参加して、アダムスキー関係資料（「日本ＧＡＰ」の作成したＵＦＯ写真スライド上映を含む）や『宇宙の四次元世界』（大陸書房、一九七一年）、『超相対性理論入門』（大陸書房、一九七二年）の著者、清家新一の重力発電機の展示などをおこない、延べ一三〇〇名の入場者を集めたという。[10] また、翌月及び七四年一月にはエーリッヒ・フォン・デニケンの著作を元にしたドイツのドキュメンタリー映画『未来の記憶』を上映。[11] 七三年十二月の時点で部員三〇名に達し、週に三回の集会（「円盤ゼミ」、「アダムスキゼミ」、「超心理ゼミ」）が開始された。

機関誌『宇宙波動』の創刊は、会の発足後四ヶ月の一九七四年二月だった。手書き文字の謄写版（表紙は青焼きコピー）で一六頁だが、五〇〇部という部数にはいささか驚かされる。部員数は三五名、さらに京大生以外の外部会員は一〇名となっている。わたしが入会した直後の同年六月には二号を同じ体裁で発行、二八頁と大幅に量が増えた一方、部数は二五〇部となった。二号によれば、部員数は三〇名、さらに外部会員が一〇名。三号は同年十月に刊行され、四二頁の量を誇る。部数は二〇〇部。『宇宙波動』の制作はなかなか大変な作業で、徹夜した思い出がある。部員数は変動していないが、外部会員が二五名に増大。また、活動日は週二回となった（「超古代大陸ゼミ＆ＥＳＰ実験」、「エドガー・ケイシーゼミ＆円盤観測」）。同年の十一月祭では、ＵＦＯや超能力関連の展示に加えて、本山博による講演会を開催し、彼がフィリピンの心霊手術を現地撮影した映画も併せて上映——聴衆の数は三五〇名にのぼった[12]。

「Ｕ超研」の外部会員も含めての在籍者数、機関誌発行の頻度、部数、十一月祭での活動などは、当時のオカルト・ブームの熱気を反映しているといえるだろう。ただし、たいがいの文化系サークルでも事情は同じだろうが、本当に熱心な会員はさほど多くはなかった。七四年の時点ではせいぜい一〇名前後だったように記憶する。ともかく、わたしがそのなかのひとりだったことはまちがいない。たとえば、入会してほどない一九七四年七月には、北海道まで出かけ、ＵＦＯコンタクティー、スプーン曲げ少年、ＵＦＯフラップ（出現頻発）地域の目撃者たちの調査をおこなった。以降、二年間ほどは多くの超心理研究者、心霊研究者、ＵＦＯ目撃者、霊能者などの許を訪れた。また、井村宏次とは七四年の夏頃に出会っており、わたしは彼から以降大きな影響を受け続けることになる。井村については後に改めて触れたい。

ともかく、大学に入るやオカルト・ブームの渦中にいきなり巻き込まれたわけで、しかも、単なる見物人、傍観者ではなく、ささやかな役割しか果たさなかったとはいえ自分自身が当時の〈オカルト〉界の住人、プレーヤーのひとりでもあったということだ。なお、「U超研」設立と前後して、他の大学でも同種のサークルが生まれており、関西では、たとえば、「未来科学研究会」（同志社大学）や「関西学院大学UFO超心理研究友の会」などが結成される。このため、一九七五年七月には、「関西学生超常現象懇談会」なるものまで開催された。[13]

ところで、わたしはそもそもなぜ「U超研」に入ったのか。

大学の門を潜ったら「不思議研究会」なるものを自分で設立しようと心に決めていたのは記憶に残っており、既にそういうサークルが存在すると知ったから入会したのだ。

ただし、どうして「不思議研究会」を作ろうと志したのか、その理由や動機が自分でも分からない。これは韜晦などではまったくなく、本当に思い出せない。実のところ、高校生時代はもっぱら絵画、音楽、文学に明け暮れていたし、濫読していた書物のなかにUFOや心霊、超心理学関係の本は含まれていなかった。もちろん、澁澤龍彦や種村季弘などの著作を通じてオカルティズムや魔術について簡単な知識は得ていたけれど、そこから「不思議研究会」を作りたいという気持につながったとは考えにくい。さらに、家族や親族に〈オカルト〉に興味を持つものは誰もいなかったし、宗教とも無縁の環境で育った。ただ、小学生の終わり頃から怪奇小説や幻想小説を読み耽っており、神秘的なものへの憧憬（しょうけい）が人一倍強い性質だったのは事実だろう(14)。

ともかく、一九七四年、七五年がオカルト・ブームのピークであったことはまちがいなく、「U超研」の活動もこの時期が最も狂熱的であったように思う。また、初期の熱心なメンバーのほとんどが理学部、工学部、薬学部など理系学部の学生であり、わたしのような文系はごく少数であった事実は、色々な意味で示唆的かもしれない(15)。七六年入学の吉永にしても理学部だった。

本書第二章における「U超研」についての吉永の「なんでこんな馬鹿なことをやっているクラブがあるんだ」という言葉は既に引いたが、同章では、ユリ・ゲラーが来日して超能力騒動が起こった七四年について、当時高校生だった吉永は、「その頃からオカルトはもう卒業したぞという意識があって、高校生なので生意気ですから、こんなものと馬鹿にしつつも、でもやっぱり見ちゃうんですよね。やっぱりその頃から距離を置きつつ、面白いなと思ってたのでしょうね」とも語っている。これもやはり額面通りに受け取るならば、彼は入会当初から醒めた意識を持っていたようで、わたしの体験とはかなりの隔たりがあるといえよう。

「不思議研究会」を自ら作ろうと思っていたくらいだから、少なくとも、わたしには「こんなものと馬鹿に」するような感情はまったくなかった。自分の認識する〈世界〉・〈現実〉とは異なる〈世界〉・〈現実〉が存在する可能性があるのではないかという思いが強かった。

とはいえ、もちろん盲目的に信じていたわけではない。たとえばアダムスキーやヒマラヤ聖者などは最初から論外だったたし、「U超研」に入会して二ヶ月もたたない時期に『宇宙波動』二号（一九七四年六月）へ寄稿した「「コックリさん」について」という文章では、コックリさんは心霊現象ではなく「内意識」の「amplifier」として機能すると論じている。だが、『宇宙波動』三号（一九七四年十月）に執筆した「北海道遠征報告　その3　札幌のテレポーテーション事件」では、未知の現象がやはり存在するのではないかという方向に傾き、懐疑と確信の間で心が「振り子のように、揺れている」と記すにいたる。

大学に入ってほどない時期から、わたしはC・G・ユングやヴィルヘルム・ライヒに強い興味を抱くようになった。とはいえ、ユングの〈オカルト〉的側面については本邦ではまだ紹介が進んでおらず、英訳本で読んでいた。また、ライヒのオルゴン・エネルギーに関しても情報が非常に乏しかったので、二回生になった時、わたしは「オルゴンエネルギー」と題する短文と翻訳を『宇宙波動』七・八合併号（一九七五年七月）に寄せている。ユングのシンクロニシティについての文章を文学部のクラスで出していた同人誌に書いたのも、やはり二回生の時だった。フロイトのふたりの弟子が描いた対蹠的とでも呼ぶべき軌跡に魅せられていたのだろう。なお、未知の〈世界〉・〈現実〉への希求は、幻想文学の耽読とも表裏一体であり、一回生の終わり頃には「文学におけるオカルティズム」（『宇宙波動』五号［一九七五年二月］）という拙い文章も発表している。

武内裕『日本のピラミッド』（大陸書房）が刊行されたのは二回生の後半、一九七五年十二月のことであるが、同書は「U超研」のメンバーの一部に強い影響を与えた。これについては、背景の説明が必要かもしれない。デニケンの名前は先に挙げたが、当時のオカルト・ブームにおいて彼の著作は広く読まれ、「U超研」でも内外の古代遺跡に強い興味を抱くメンバーは少なくなかった。他方、一九七一年に古田武彦『「邪馬台国」はなかった』（朝日新聞社、一九七一年）がベストセラーになり、翌七二年には高松塚古墳が発見されるなど、当時は古代史ブームが世間を席捲した時代でもあり、たとえば、松本清張は小説『火の回路』（『朝日新聞』朝刊、一九七三―七四年）[16]において、飛鳥の巨石遺跡はゾロアスター教伝来の痕跡だとする説を展開した。

デニケンの流行もこの古代史ブームと連動する部分があったのは疑えない。わたしを含めて四名の「U超研」会員が初めて飛鳥を訪れたのは七五年十月で、益田の岩船の巨大さに驚いたのは今も記憶に残る。その二ヶ月後にはデニケン自身が来日し、彼が飛鳥に赴いた際にはテレビ局からの依頼でわたしたち「U超研」のメンバーも同道した。そして、これとほぼ同時期に『日本のピラミッド』が世に出たのである。

当時のわたしたちは竹内文献や「日本のピラミッド」発見者の酒井勝軍など戦前の日本の日猶同祖論や偽史などについてはほとんど無知に等しかったので、『日本のピラミッド』には驚愕のほかなかった。要するに、当時のわたしたちにとって〈オカルト〉はあくまで欧米から渡来した「洋物」であったわけなのだが、同書の出現によって、視野が一変するような衝撃を覚えたのである。

しかも、同書の刊行から約半年後の七六年夏には、著者の武内裕は、本名の武田洋一で編集者として『復刊　地球ロマン』一号（紘映社）を世に送りだした。「偽史倭人伝」と題された同号は、明治以降の偽史に関するパースペクティヴを具体的な資料によって初めて提示した画期的なものだった。以降、『復刊　地球ロマン』は隔月刊の雑誌として約一年間刊行されることになる。全号とも「天空人嗜好」、「我輩ハ天皇也」、「秘教大全」、「神字学大全」など特集形式を採っていたが、わたしたちに与えた衝撃は計り知れないものがあった。たとえば「宇宙友好協会」のカルト的側面や本邦の神代文字をめぐる妄想について知ったのは、すべて『復刊　地球ロマン』を通じてであった。

武田洋一が現在はもっぱら武田崇元の名で知られる人物であるのはいうまでもない。遅くとも七六年末頃まではわたしは武田と会っており、翌七七年八月に刊行された『復刊　地球ロマン』六号――これが終刊号で「綺想科学鑑」特集――には本名でライヒのオルゴン・エネルギーに関する文献の翻訳を寄せた[17]。四回生のときだった。ちなみに、武田のこういった活動に甚大な影響を与えた人物のひとりとして、アルフレッド・ジャリ『ユビュ王』の翻訳（現代思潮社、一九六五年）などで知られる戯曲家、演出家の竹内健が挙げられる。竹内が七二年に雑誌『パイディア』（竹内書店）一二号において担当した「日本的狂気の系譜」と題する特集は、『復刊　地球ロマン』の先駆、祖型を成したといっても過言ではない[18]。

前置きがずいぶん長くなったが、おおよそ以上のような状況の中、一九七六年春に吉永は「U超研」に入会してきた。彼は本書第一章「日本の霊的思想の過去と現在」（二〇〇二年）で以下のように述べている。

このサークル〔「U超研」〕は二重構造になっていた。中核にはブックリスト〔『オカルトブックリスト』〕を編んだ求道者的な学生がいたが、周辺には好奇心から参加した学生たちがいた。今から振り返ると、前者の学生たちは、意識と文明の進化を信じ、科学と宗教の合致する地点を探り、組織に属することなく、個々人の自由な自己実現による精神運動を目指したという、まさに島薗進のいう新霊性運動の典型例であった。魚座の時代から水瓶座の時代へ、物質的な世界から精神的な世界へ、が彼らの標語であった。

それに対して、後者はＥＳＰ実験の統計処理を行う科学主義者とブッキッシュな実証主義者たちの集団で、いわばスケプティカルな学生たちといえる。時に後者の学生は、前者の学生の説教臭さに鼻白むこともあったが、しかし、いずれにしても世間離れしたサークルであったのは間違いない。

正直なところ、わたしはこの記述について大きな違和感を覚えざるをえない。なぜなら、わたしが「ブックリストを編んだ求道者的な学生」でなかったのは確かだけれども、同時に、「ＥＳＰ実験の統計処理を行う科学主義者」、「ブッキッシュな実証主義者」、「スケプティカルな学生」のいずれでもなかったからだ。かつて記したように、七四年、七五年頃のわたしは、空飛ぶ円盤が「花火のように幾度も幾度も夜の夢のなかで炸裂」するような精神状態にあった[19]。のみならず、少なくとも七四年四月から七六年三月にかけての時期、わたしを除いても、以上の範疇に含まれるようなメンバーはほとんどいなかった。たとえば、「ＥＳＰ実験の統計処理を行う科学主義者」についていうならば、この期間に刊行された『宇宙波動』十冊のうち統計処理の記事が掲載されたのは『宇宙波動』四号（一九七四年十二月）だけで、以降でも『宇宙波動』一七号（一九七八年七月）にしか掲載されていない。この二篇の原稿の著者たち――一人は私より上の学年、一人は吉永と同学年――だけが、私の知る「ＥＳＰ実験の統計処理を行う科学主義者」である。

吉永の側ではひょっとしたら「ブッキッシュな実証主義者」にわたしを含めているのかもしれないが、そもそも、「ブッキッシュな実証主義者」という言葉自体が何を意味するのかわたしには分からない。オカルティズムの歴史を文献を用いて研究しようとする姿勢を指すのなら、後述するように、わたしがそちらの方向へと明確に転じるのは七六年後半のことになる。

「スケプティカル」という形容詞にいたっては、ＵＦＯも含めた超常現象、超自然現象の存在を基本的に疑う立場を指すなら、七四年から七五年にかけての会員にはそういうタイプの人物は含まれていなかったとほぼ断言できる。しかし、一九九七年に執筆された文章でも、吉永は「ＵＦＯ超心理研究会という名前はともかく、会員は懐疑主義のバチアタリが多かった」と繰り返す[20]。彼は少なくとも自分自身を「スケプティカル」あるいは「懐疑主義のバチアタリ」と規定していたのだろうか。

『オカルトブックリスト』について、吉永は「U超研」の刊行物であるかのように記述しているが、正確にいうならば、これは「U超研」メンバーのOとNの二名によって私的に編まれたものである。[21] 彼らは「U超研」設立の直後、七三年の秋か冬に加わったメンバーで、わたしより一学年上にあたり、共に理学部の学生だった。UFO目撃を契機にU超研に加入したとのことで、以降、浅井総一や学外の守田健の強い感化を受けて、「ヒマラヤ聖者研究会」にも加わる。彼らが吉永のいうように一時期「求道者的な学生」と化したのは事実だが、加入の際の動機には「好奇心」が確実に含まれていただろうし、それをいうなら、ほとんどのメンバーは「好奇心」に駆られてのことだったにちがいない。彼ら二人は本来の資質やその他の要因によって「求道者」となったにすぎない。

さらに、吉永は浅井と彼ら二人を「中核」と定義し、その周囲に「スケプティカルな学生」がいたという構図を描いているが、これも当時の実態とは明らかに異なる。実際には浅井たち「求道者」のグループは数の上からはごく少数だったばかりか、会のヘゲモニーを掌握していたわけでもない。また、メンバーが『オカルトブックリスト』のような私的な小冊子を刊行するのは、彼らに限ったことではなく、UFO目撃事例調査や古代遺跡調査報告をメンバーが個人で刊行した例は他にもある。

実のところ、草創期の「U超研」はアモルファスかつ非常に自由な集団であり、「求道者」と非「求道者」の間に溝があるどころか、基本的には両者が和気藹々として共に活動していたのが常態だった。[22] たとえば、先に触れた一九七四年七月の北海道遠征に参加したのは、浅井総一、二回生の

O、それに、わたしともう一名（反コンタクティー派でUFO目撃の実地調査に熱心な人物）の一回生だった。要するに、「求道者」と非「求道者」は、対立するどころか、空前のオカルト・ブームの中を、共に熱に浮かされたように動き回っていたのである。また、「求道者」側は自分たちの世界観、あるいは玄米正食やヨガの実践を他のメンバーに無理に押しつけたりはしなかった[23]。わたしも含めて初期のメンバーの大半は未知の〈世界〉・〈現実〉を希求しつつ、懐疑と確信の間を常に揺れ動いていたように思う。

　吉永はOとNが「その後、サークルとは別の組織を作り、小さなミニコミ誌を刊行し、本格的に新しい精神運動を開始しようと試みた。そのまま進めば、グル不在のまま、自分たち自身が求道者から導師へと成長していったかもしれないが、中心メンバーの就職が決まり卒業すると、組織は簡単に解消していった」と述べている（本書第一章）。また、「もともとUFO超心理研を作られたA［浅井］さんって先輩は、この人生派というか、ケイシーを日本に紹介すると同時に道を追求する、といった肌合いの人で、のちにUFO超心理研とは別個にヒマラヤ聖者の会というのを作ってます。ここは『アクエリアス』っていう雑誌を出してますね。それから、『オカルト・ブック・リスト』っていうのをこの人たちが作ってます。僕がU超研に入った年にできた組織で、そのAさんって方が中心に、Aさんの一つ下のNさんっていう方とOさんって方と、学外のM［守田］さんという人たちが中心になってやってたんです」とも語る（本書第二章）。ふたつの記述はかなり食い違うのみならず、いずれも誤りが多い。

吉永のいう「小さなミニコミ誌を刊行」した「サークルとは別の組織」とは「ヒマラヤ聖者研究会」を指すわけだが、先に記したように、これは守田健と浅井総一が一九七四年春頃に「UFOグループ」を改称したものであって、発足は吉永がU超研に加入した時期より二年前に遡る。「ヒマラヤ聖者研究会」にOとNは創立段階から加入し、そちらでの活動にやがて軸足を移していく。また、これも先に述べたが、「ヒマラヤ聖者研究会」の機関誌の名前は当初は『聖者』で、一九七六年七月までに計十号が刊行され、OとNは『宇宙波動』ではなくこちらに寄稿するようになった。[24]なお、守田健は八〇年代に「ヒマラヤ神術」という団体の「導師」として浮上し、活動をおこなう。[25]ともかく、吉永が見た、あるいは記述した「U超研」の光景は、明らかな誤りを含むだけでなく、わたしの見た光景とかなり異なっている点は強調しておきたい。

吉永が「U超研」に加入した七六年春の新入会員の数について、彼は「僕の学年は〔吉永も含めて〕理学部が二人と文学部が一人だったかな」と回想する。[26]また「決して大きなクラブではなく」と語るが、たとえば前年七五年に開催された夏の合宿には二〇名以上のメンバーが参加した。[27]『宇宙波動』の一四号（一九七七年七月）から一七号（一九七八年七月）までの刊記では連絡先として吉永の名前、住所が記載されており、つまり、二回生から三回生の時期に彼は「U超研」の代表を務めていた。

吉永が『宇宙波動』へ寄稿を開始するのはかなり遅い時期からで、入会後一年半経過した一五号

（一九七七年十月）に掲載された「九州史蹟名所調査報告」が最初となる。題名の示す通り、石造の隧道遺跡「トンカラリン」やストーンサークルについてのレポートである。その約半年後の一六号（一九七八年三月）には「DOR除去と雲破壊」を寄稿――これはヴィルヘルム・ライヒのクラウド・バスター関連の翻訳で、「科学先覚志士記伝　1　ライヒの巻」との副題がある。先に述べたように、前年の七七年八月、わたしは『復刊　地球ロマン』第六号にライヒのオルゴン・エネルギー関連の翻訳を載せており、吉永の原稿にも拙訳への言及が見られる。三本目で最後になるのが一八号（一九七八年十一月）に掲載された「レイ・ハンティング」――副題は「異端科学先覚志士記伝2」――で、イギリスのレイ・ライン関連の翻訳である。[28]

一九七七年秋の十一月祭に、「U超研」は同会主催の講演会に『日本のピラミッド』の著者で『復刊　地球ロマン』の編集者でもあった武内裕＝武田洋一を講師として招くことになった。[29] わたしが武田とは前年から交流を開始していたのは既に述べた通りである。

この十一月祭の約一ヶ月前に刊行された『宇宙波動』一五号（一九七七年十月）の編集後記（「地球波動」）で、吉永は、「最近、近代ピラミッド協会なる秘密結社が組織されたとか伝え聞く」、「協会では機関誌〝ピラミッドの友〟（仮題）を出すそう」だと記している。[30] それから二〇年後に執筆された文章では、近代ピラミッド協会は「UFO超心理研究会（ははは）が大学祭で「武内裕」を講演に招くことになって、面白半分に作った」とあり、[31] 本書第二章では、「『ピラミッドの友』という雑誌を冗談で出したんです。武田さんが十一月祭に来るんだし、洒落で作ろう」、「洒落なんだから題名も一番ばかばかしい名前にしようってことで『ピラミッドの友』」、「だから近代ピラミッド協会なんて、実体はないんですよ」と語られている。(32)

『ピラミッドの友』は予告通りに一九七七年十一月二十日、十一月祭開催の直前に刊行された。手書き孔版刷り、本文三二頁に折り込み地図一葉が付され、部数は一〇〇部、頒価一五〇円――刊記によれば「編集　近代ピラミッド協会　発行　京大UFO超心理研究会」となっている。

掲載された記事は「伊予国大州巨石遺構調査報告」、「広島県比婆山系葦嶽山」、「三輪山調査抄録」、「トンカラリンと岩倉のトンネル遺構」、「東九州疾走！　資料編」など五篇――「僕〔吉永〕よりも真面目に巨石遺跡が好きだという先輩もいたので、U超研の会員で手分けして巨石を調べて、自称巨石遺跡を集めた雑誌」(本書第二章)であって、当時の「U超研」メンバーたちが巨石に対して燃やした並々ならぬ情熱を反映した内容と呼べる。誌名を裏切らない実地調査報告が並んでおり、したがって、その点に関しては、「冗談」、「面白半分」という言葉はふさわしくない。要するに、「U超研」内部で巨石に凝っていたメンバーたちが武内の講演会を目前にして盛り上がり、同会の当時の代表だった吉永がまとめ役となって作られたのが『ピラミッドの友』一号ということになろう。「近代ピラミッド協会なんて、実体はない」という吉永の発言は、その消息を伝える。

同号では、吉永は、望月真次の筆名で書いた「東九州疾走！　資料編」以外に、冒頭と末尾にそれぞれ置かれた「ピラミッド宣言」(無署名)と「ピラミッド基礎講座　速習編」(近代ピラミッド協会)を執筆――前者の「ピラミッド宣言」には、近代ピラミッド協会会員は「いかなる学問的権威も認めません」、「被抑圧民族の復権を望みます」、「社会主義・資本主義いずれの帝国主義も認めません」、「妄想の優位性を認めます」などの文言が並んでおり、「冗談」、「洒落」であると同時に、彼が『日本のピラミッド』や『復刊　地球ロマン』から受けた影響の大きさが窺えよう。なお、わたしはこの一号に関して相談を受けたのは確かだが、寄稿しておらず制作実務に関わった記憶もない。刊行時は四回生の秋にあたり、卒論の執筆に追われて、時間の余裕がなかったためだろうか。

「『ピラミッドの友』も最初はオカルト史雑誌でもなくて、一号だけの雑誌で終わるはずだった」（本書第二章）という吉永の言葉通り、その後、同誌の第二号は一向に出る気配はなかった。

結局、二号（頒価一五〇円、部数一〇〇部）が刊行されるのは、約一年半が経過した一九七九年四月のことになる(33)。そして、同号に掲載された全六篇の記事のうち、三篇が巨石関係、残る三篇が欧米のオカルティズム関係で、『ピラミッドの友』が巨石遺跡研究誌からオカルティズム研究誌へと方向を転ずる過渡期にあたる。吉永が執筆したのは「神智学略史」と題する文章で、彼の神智学への関心はごく若い頃から胚胎していたことが分かる。わたしはオカルティズム史関係の翻訳で参加した。最晩年の吉永は「一九七九年、私はクラブ［「U超研」］の先輩だった横山茂雄氏と『ピラミッドの友』なるオカルト史研究の同人誌を出し」たと記しているから(34)、彼はこの二号を『ピラミッドの友』の実質的創刊号と考えていたのだろう。実際、オカルティズム研究の面では、同号が吉永とわたしの協同作業の起点であり、このときにいたって、「近代ピラミッド協会」はようやく若干の

「実体」を有したといえるかもしれない。

三号以降は非常に早いペースで刊行されていく。三号（頒価三〇〇円）が七九年八月、四号（頒価四〇〇円）が七九年十二月、五号（頒価四〇〇円）が八〇年四月だから、四ヶ月に一冊出たことになる。また、従来の手書き孔版印刷が三号から手書きオフセット印刷に変わり、部数は三〇〇部となった。

三号掲載の記事で巨石関連は一篇のみで、他の四篇はオカルティズム、スピリチュアリズムなどの歴史に関する論考、翻訳である。[35] また、巨石についての論考も本邦における巨石遺跡研究史を酒井勝軍、宇佐美景堂、上原清二なども視野に入れて辿るものだった。同号に吉永は色神博士の筆名で「心霊学と霊術家」を寄稿する。これは六頁の短い文章ながら、平井金三、高橋五郎、谷口雅春、浅野和三郎、田中守平、木原鬼仏、渡辺藤交などが言及され、前号の「神智学略史」と並んで、彼の後の研究の原点をなす論考だろう。

四号、五号には巨石関係の記事はいっさい掲載されておらず、この段階で『ピラミッドの友』という誌名はいわば羊頭狗肉となった。四号に吉永は無署名の読み物しか寄稿していないけれど、井村宏次「異端霊術標本集」と拙稿「聖別された肉体――オカルト人種論とナチズム」が掲載された。前者は『霊術家の饗宴』、後者は『聖別された肉体』の原基をなす。[36]

五号は「終刊号」と銘うたれており、八〇年春の時点で『ピラミッドの友』はいったん幕を閉じる。内容的には完全なＧ・Ｉ・グルジェフ特集で、吉永やわたしは翻訳を担当。七〇年代半ばから京都を本拠にグルジェフの「ワーク」を実践し「ムーヴメント」の公演もおこなっていた会「イーデン・ウェスト・キョウト」[37]のメンバーが、その主宰者の浅井雅志を初めとして数人寄稿するなど、この号は同会とのコラボレーション的刊行物の色彩が濃い[38]。同会との接触、交流が生じたのは七九年頃で、「U超研」の会員には「イーデン・ウェスト・キョウト」に加入した人物もいたが、わたしはほとんど関係していない。

吉永は「澁澤の『異端の肖像』に刺激されて、大学一年の頃、英語の勉強をかねてウスペンスキーの『奇蹟なるものを求めて』を読んでから、グルジェフのファンだった」、「[『ピラミッドの友』を]終わるのは思い入れがあるグルジェフで行こう」(本書第二章)と語っており、早くからグルジェフに強く魅かれていたのは確かだが、他方、グルジェフについてのまとまった文章は遺しておらず、この点は興味深い。彼がグルジェフの教義よりはグルとしてのパーソナリティに魅惑されていたのではないかという印象をわたしはもっている。また、彼自身は「イーデン・ウェスト・キョウト」と一時期密接な関係を持ちながらも、加入はしなかった。

以上が『ピラミッドの友』第一期の略史であるが、同誌がオカルト研究へと傾いていった経緯について、吉永は「『地球ロマン』の影響は強いですね。それと、Y［横山］さんがイギリス旅行で買ってきたフランシス・キングの『悪魔と鉤十字』。そこからジェイムズ・ウェブ、エリック・ハウとか、イギリスのオカルト史研究の本を読み始めたんだと思います。フランセス・イェイツも、この頃からかなあ」、「それでYさんがフランシス・キングを翻訳するので、それを出したいというので、面白かろうってことで、『ピラミッドの友』っていう名前を使って西洋と日本のオカルト史研究の雑誌を出そうって第二号を出した」と述べている（本書第二章）。

これにも若干の誤りが含まれているので訂正しておくと、イギリスの在野研究者であるフランシス・キングの『悪魔と鉤十字』[39]をわたしが入手したのは、刊行直後の七六年夏、何と旅行先のインドの書店においてだった。吉永が「U超研」に入ってほどない頃である。わたしは同書によってイギリスでは近代オカルティズム史について真摯で詳細な研究が始まっているのを知り、七八年頃までにはエリック・ハウやジェイムズ・ウェブの著作に触れていた。とりわけ、近代オカルティズムの流れを、同時代の思想、政治、文学、美術などとの密接な関連を検証しつつ、新たな西欧文化史、概念史として再構築しようするウェブの二冊の先駆的研究には大きな刺激を受けた[40]。こういったわたしの興奮が吉永にも「伝染」して、一号で終わるはずだった『ピラミッドの友』が五号まで刊行されたわけである。ウェブがわたしのみならず吉永にも甚大な影響を与えたのは疑う余地がない。

他方、フランセス・イェイツの存在については、わたしの場合、七四年か七五年頃に川島昭夫から教えられた。四歳年長の川島とはわたしの大学入学直後に知り合って以降長年にわたって親交を続けることになるが、彼は当時イギリス史を研究する大学院生だった[41]。したがって、イェイツの『薔薇十字の啓蒙』[42]などは、わたしはかなり早い時期に入手していた。ルネッサンスの思想、文化における魔術やオカルティズムの重要性を強調してやまないイェイツの著作群が学術的に高い評価を受け、しかも、多くの追随者を生み出している事実、欧米の学問領域の一部で大きな変革が起こっている事実を意識することになった[43]。

ところで、『ピラミッドの友』の二号から終刊号が出た時期、つまり一九七九年から八〇年にかけては武田洋一が雑誌『迷宮』（白馬書房）を刊行した時期とほぼ重なっている。『迷宮』は六号で終わった『復刊　地球ロマン』をさらに尖鋭化させた本格的オカルト研究誌で、現在から見ても驚くほど充実した内容を誇り、わたしや吉永はただならぬ衝撃を受けた。ただし、そのあまりの先駆性のゆえに、同誌はわずか三号で終刊を迎えてしまう。そして、この三号（一九八〇年七月）に吉永は「霊と熱狂——日本のスピリチュアリズム序説」を寄稿する。これは先に触れた「心霊学と霊術家」（『ピラミッドの友』三号）を下敷きに発展させたもので、オカルト研究家としての吉永の初の本格的論考と呼べよう（本セレクション第一巻に収録）。また、同号には井村宏次の「霊術家の饗宴」も掲載され、これは大幅な増補を施して、四年後の一九八四年、画期的な著作『霊術家の饗宴』（心交社）として刊行される。

なお、一九七九年十月、大学院修士課程二回生だったわたしは、高校時代からの友人で、同志社大学在学中より工作舎の松岡正剛に感化されていた後藤繁雄と共同するかたちで、幻想文学の雑誌『ソムニウム』（エディシオン・アルシーブ＋彗星倶楽部）を創刊した。主として後藤側が印刷資金を工面し編集実務のスタッフを提供、内容面はこちら側が担当するという仕組だったので、執筆者、協力者にはわたしの当時の友人知己がかなりの数を占める。[44] 人もお金もなかったので、写植の貼り込みなどはわたしたちも助けることになり、吉永も第二号（一九八〇年四月）から同誌編集の手伝いに来ている。『ソムニウム』は結局四号（一九八一年九月）で終刊となる。吉永は三号（一九八〇年九月）に短い書評を寄せたのみだが、[45] 同誌の編集部には後藤と横山の人脈の双方から多様な人々が出入りしたので、当時の彼にとってはかなりの刺激となったようだ。

一九八一年四月、わたしは職を得たので、京都を離れて岡山へと移り住む。一方、吉永は前年三月に理学部生物学科を卒業していた。「まったく勉強してません。それでも卒業できたのは、日高敏隆先生の良い意味の放任主義のおかげです」と本人は述懐している（本書第二章）。卒業研究の題目は「パウル・カンメラーについて」。いうまでもなく、カンメラーとは獲得形質は遺伝するとの実験結果が捏造と暴露されて自殺に追い込まれた生物学者である。『宇宙波動』に載せた「異端科学先覚志士記伝」の続きのつもりだったのか、ともあれ、いかにも吉永らしいといえよう。

卒業後の進路について本人はずいぶん迷いがあったようだが、結局、理学部を卒業した八〇年春に京大文学部の宗教学科に三回生として編入、三年後の八三年三月に卒業した。卒業論文の題目は未詳だが、シャーマニズム論であったらしい（本書第二章）。なお、わたしが由良君美監修『世界のオカルト文学　幻想文学　総解説』（自由国民社、一九八一年）や荒俣宏編『世界神秘学事典』（平河出版社、一九八一年）に執筆を依頼された関係で、文学部に入り直した頃の吉永も両書に寄稿している。

文学部への編入について、吉永は「Tさんという Y〔横山〕さんの中学時代からの友人がいまして、彼が法学部から文学部に学士入学して、宗教学にいった」、「Tさんがユング心理学で宗教学にいくという話だったので、それなら僕もエリアーデでいいかなと思い、調子にのって入った」と語る（本書第二章）。当時の京大の宗教学では宗教哲学が圧倒的な主流をなしていたので、それとは毛色の異なるユングの研究を志すTのような学生が周囲にいたのは吉永には心強かったのだろう。これでふと思い出したのだが、わたしが一回生のときから親しかった禅僧の対本宗訓がやはり宗教学専攻で、彼も霊的なものへの関心が強く、ふたりでよく議論を交した。ただし、彼は学生時代の吉永とは面識はなかった。対本は後に臨済宗佛通寺派の管長を経て医師となるという異色、異数の途を歩み、今も「僧医」として活躍する。

吉永は学部から引き続き大学院への進学を希望していたが、入試不合格となったため果たせず、八三年四月から堺市立工業高等学校に英語教諭として勤務する。しかし、高校教師としての生活は二年で終え、八五年四月に京大大学院修士課程（宗教学専攻）に入学し、修士論文「歴史と聖なるもの――エリアーデにおける〝歴史〟の両義性」を書き上げて、八七年四月には博士後期課程へと進んだ。研究対象はウィリアム・ジェイムズだった。九〇年三月に同課程を退学、五年後の九五年四月に舞鶴工業高等専門学校に英語担当の講師として就職し、以降、定年となる二〇二〇年三月まで同校に勤めることになる。

一九八〇年四月に五号で終刊を迎えた『ピラミッドの友』であるが、吉永は同誌には強い愛着があったのだろう、わたしが岡山に移ってから出した手書きコピー誌『特殊古本雑誌』一号（一九八三年二月）、二号（八三年七月）、四号（八四年五月）[46]に、それぞれ「ピラミッドの友No.6――下中弥三郎特集」（嗜眠道人名義）、「ピラミッドの友No.7——木村鷹太郎の箱庭世界」（市民〔ママ〕道人名義）、「ピラミッドの友No.8——黒船・霊媒・カリフォルニアワイン」（嗜眠道人名義）と題する記事を寄稿した。いずれもごく短いものだが、同時にいかにも彼らしい文章といえる。たとえば、「黒船・霊媒・カリフォルニアワイン」は、十九世紀米国の特異な宗教家トマス・レイク・ハリスに入信した幕末の薩摩藩日本人留学生、長澤鼎を扱う。この頃、吉永とわたしがハリスや彼の信奉者ローレンス・オリファントに強い興味を持っていたのが思い出される[47]。わたしの場合、オリファントに焦点を絞った論考を書こうと志したはずだが、未だ果たせていない。当時は十九世紀欧米のオカルティズム文献の入手が困難で、わたしは吉永と領域を分担して収集をおこなっていたのも記憶に蘇る。

『特殊古本雑誌』は四号で終刊となってしまうが、完全に潰れたはずの「近代ピラミッド協会」は二年後の八六年春に「再興」を果たす。わたしと吉永が企てていたオカルティズム史を扱う論集『オカルト・ムーヴメント——近代隠秘学運動史』（創林社）の刊行が紆余曲折の末にようやく決まり、同書は「近代ピラミッド協会編」[48]という体裁をとることになったからだ。わたしは「序」と「影の水脈——西洋近代オカルティズム略史」、吉永は「神智学の誕生——或いは、HPBとアメリカ」を執筆した。「序」の冒頭で「最近は大きな書店へ赴けば必ずといってよいほど、〈精神世界〉などと銘うたれた一角が設けられているのを目にすることになる」とわたしが記しているように、まさに〈精神世界〉ブームの只中で『オカルト・ムーヴメント』は世に出たわけである[49]。ところが、同書は刊行直後に版元の社長が逮捕されるという予測不能の事態に見舞われ[50]、書店にはほとんど出回らないまま消えてしまった。

しかしながら、それから五年後の九一年春に、雑誌『ピラミッドの友』は蘇ることになる。号数は第一期をそのまま引き継いで六号とされた。吉永がまだ京都にいて予備校教師などをしつつ暮らしていた時期にあたる。わたしは同号の冒頭で以下のように記している[51]——「『ピラミッドの友』が長年の沈黙というか沈滞、懶惰を破って、遂に復刊されることになったのはまったくもってめでたいかぎりである。思えば、母体たる近代ピラミッド協会（第二次）が『オカルト・ムーヴメント』刊行のためにお手軽に再編されてから閲した歳月が既に五年［中略］近代ピラミッド協会も再度崩壊の運命を辿ったのである」。吉永は同号「編集後記」（無署名）で「出そう出そうと言い出してから2年くらい経ってしまった」と述べているから、彼とわたしの間で八九年前半頃から『ピラミッドの友』再発行の話は出ていたのだろう。

この六号に吉永は「Hooligans Began Laughing——オカルト史補遺（1）」（岩本道人名義）と翻訳「陰謀の真実　ロバート・アントン・ウィルソン・インタビュー」（無署名）を寄せた。前者は十九世紀末の秘教結社「ラクソーのヘルメス同胞団（Hermetic Brotherhood of Luxor）」をめぐる文章で、彼はかなり早い時期からこの謎めいた団体の起源に強い興味を抱いていた。後者は題名通り、アメリカのヒッピー・カルチャー、ドラッグ・カルチャーから出現してカルト的人気を誇った作家、思想家ロバート・アントン・ウィルソンが陰謀論について語ったものである。そして、この六号と前後する時期に吉永は本書第六章「ユダヤ・メーソン陰謀論の誕生」（一九九一年）を執筆した。

ウィルソンが、ロバート・シェイと共同で執筆した長大な三部作の小説『イリュミネイタス!』（一九七五年）については、わたしは既に一九八七年にその内容を紹介する文章を草している。[52]『イリュミネイタス!』は、アダム・ヴァイスハウプトの創立した「啓明教団（イリュミナティ）」が世界征服を画策するという陰謀理論に対する諷刺であると同時に、セックス、ドラッグ、魔術による〈自由〉の獲得を語った書でもあった。ウィルソンはサイケデリック・カルチャーの旗手ティモシー・リアリー、そして魔術師アレスター・クロウリーの強い影響下にあったからで、同書は六〇年代アメリカのカウンター・カルチャーの七〇年代における重要な結実のひとつと呼べるだろう。

八〇年代に入ってから、『聖別された肉体』執筆のためにわたしは近代欧米の陰謀論について色々と調べており、また、アメリカのUFO界で陰謀理論が跋扈しはじめるのが八〇年代後半のことだった。わたしは一九九〇年に本名で『聖別された肉体』（書肆風の薔薇）、九二年に稲生平太郎名義でUFO論『何かが空を飛んでいる』（新人物往来社）を上梓し、後者では「陰謀の泉」という章まで設けたばかりか、UFO界と極右勢力の関係にも言及した。たとえば、吉永が本書第八章「円盤に乗ったメシア」（二〇〇六年）及び第九章「陰謀論と円盤をめぐる、二、三の事柄」（二〇二一年）で論ずるウィリアム・ダドリー・ペリーも既に『何かが空を飛んでいる』に登場していた。[53]

ともあれ、八〇年代中頃のわたしはウィルソンの著作をかなり読み漁っていたわけだが、吉永の場合は、ウィルソンに文字通り傾倒したというべきだろう。ウィルソンへの言及は本書第二章及び第六章に見出せるが、吉永は「僕は［ウィルソンの］ファン」、「かなり影響を受けてますね。彼の本を読んで、見方がやわらかくなりました。そこまで懐疑にこだわらなくてもいいんじゃないかって。どういう人かって説明しづらいんですが、いわゆるニューエイジ文化の中では非常に辛口な方です。現実的な感覚に根ざした健全な批判精神と、超自然的への柔らかな感受性がうまくバランスが取れて」おり、「狂気じみた世界の中でどうやって正気を保つかについての示唆を与えてくれる」と語る（本書第二章）。

私見では、ウィルソンは、「かなり」どころか、オカルト研究に対する姿勢において最も強い影響を吉永に及ぼした人物のひとりに他ならない。実際、『ピラミッドの友』七号（一九九一年八月）から、彼はウィルソン『新異端審問』[54]の翻訳を連載しはじめる。これにあたって、吉永はウィルソン本人に宛てて手紙を書き翻訳の承諾までもらっていたから[55]、熱意のほどが分かるだろう。

この翻訳の動機として「彼〔ウィルソン〕の人をおちょくった文体抜きには、このアナーキーなプラグマティストの魅力は語れないから」だと吉永は述べるとともに[56]、同書を読んだことによって世界観――というより世界観の底にある態度のようなもの――が少々変わったのは事実である。それまでが冷淡な傍観者だったとしたら、〝も少し暖かい目で見てもいいのか〟てなくらいの違いではあるが、それでも自分としては結構大きい変化であったように思う（その後、円盤研究家稲生平太郎氏によって薦められて読んだジョン・キール『モスマンの黙示』[57]も相乗効果があったようだ）。

と記す。

わたしは先に、「U超研」時代の吉永は自分自身を「〔スケプティカル〕あるいは「懐疑主義のバチアタリ」と規定していたのだろうか」と問うたが、以上の文章から推すと、初期の吉永はやはり「冷淡な傍観者」であったらしい。長年身近に接していたにもかかわらず——あるいは、それゆえにか——わたしはその点をほとんど理解していなかったようだ。吉永の記述した「U超研」の光景がわたしの見た光景とかなり異なっているのも、彼が「U超研」草創期の熱狂状態を体験していなかったためだけではなかったのだろう。

したがって、主としてウィルソンの影響を受けて、一九八〇年代後半頃から、彼は「世界観の底にある態度」を変化させ、〈オカルト〉に対して、本書第二章で語られるような以下のような距離で接するようになったと推察される。


信と疑との間にいつも一定の間合いを常にとってるわけじゃないです、僕も。信じたり疑ったり驚いたりをずっと繰り返してるだけなんです。だからどこかでオタマジャクシが降ったといえば驚いて見に行きたいなと思います（笑）。まあもう学生じゃないので、簡単にはできないんですが。やっぱりもしかしたら世界はそうなのかなっていうですね、感情がわきますよね。それはやっぱり、その感情っていうのはそういうもんだというふうに、素直に受け取るべきだろうということですね。そこから先どう考えるかっていうのは各自の判断ですから。（本書第二

章）

さらに、彼がウィルソンの「人をおちょくった文体」に魅せられたことも疑えない。いうまでもないだろうが、ウィルソンの文体は彼の世界観と不即不離であって、吉永が本当に書きたいと夢想していたのは、ウィルソンのような文体＝距離で〈オカルト〉を縦横に語る書物であっただろうとわたしはほぼ確信している。

なお、彼は本書第二章でオウム真理教の中川智正の体験に触れて「〝巫病〟って言葉でいってもまたちょっと安全な立場でいけるわけで、そうじゃなくて現実に裂け目ができるような瞬間があったろうなと思うんですよね。そういったものがあるんだということを前提としないと、なかなかオカルトという言葉でこの分野を研究している意味はないんではないか」と、さらに踏み込んだ見解を述べている。(58) 二〇一〇年の時点でなされた発言だが、彼がこういった立場にいたったのはいつ頃になるのだろうか。

八〇年代末以降の吉永の〈オカルト〉への姿勢に影響を与えたものとしては、イギリスの雑誌『フォーティアン・タイムズ』（*Fortean Times*）も挙げられよう。

「蛙が空から降ってきたというような奇妙な現象報告や、オカルトからカルトまで、一般のマスコミの隅で報道されるような事件ばかり集めた」同誌について、吉永はこう語る。

フォーティアンというのは、二十世紀前半に、ありそうもない奇妙な事件ばかりを集めた本を出していたチャールズ・フォート（一八七四―一九三二）に由来する言葉で、『フォーティアン・タイムズ』は一九七三年にSFファンだったボブ・リカードの始めた同人誌に始まるようですが、僕が目にしたのは八〇年代後半、Y〔横山〕さんから教えてもらったように思います。クールなビリーバーというか、柔らかなスケプティクスというか、近代ピラミッド協会にとても立場が似ているので驚きました。（本書第二章）

ボブ・リカードは、少年時代からSF作家、編集者のジョン・W・キャンベルの影響でチャールズ・フォートに強い興味を抱き、一九七三年に『ニュース』（*The News*）と題するアマチュア雑誌を自費刊行しはじめる。次第に多くの読者、協力者、執筆者を獲得した同誌は、一九七六年に『フォーティアン・タイムズ』と改題され(59)、その後、編集陣、フォーマット、版元などに多くの変遷があったとはいえ、現在にいたるも月刊誌として発行され続けている。

わたしは八九年秋から約一年間ロンドンに住んでいたのだが、その際にリカードの知己を得たばかりか、以降数年間は『フォーティアン・タイムズ』の日本通信員という「肩書」をもらっていた。そのためもあって、わたしは一九九一年春から同誌の記事を紹介する「アズ・フォーティアン・ワールド」を雑誌『Ａｚ』（新人物往来社）に無署名で連載――単なる翻訳、抄訳ではなく、要約と大幅な補足を同時におこない、場合によってはかなり自由に書いた。その第四回目が「欧米における悪魔的児童虐待は現代版〝魔女狩り裁判〟か⁉︎」と題する原稿で、当時の英米で頻発した「悪魔儀式虐待（Satanic Ritual Abuse）」、すなわち、悪魔崇拝者たちが儀式において幼児を性的に虐待しているとされる事件、パニックの一端を日本でおそらく初めて伝えたものだと思う。[60]

したがって、「悪魔儀式虐待」、そして、それに関連する「虚偽記憶」や「洗脳」という問題についてわたしは強い関心を寄せていた。「悪魔儀式虐待」に関して、吉永は「初めて聞いたのはいつだったか、多分九一、二年頃、稲生平太郎から聞いたんではないかと思う」と記すが、[61]彼はやがてわたしより遥かに熱心に研究をするようになり、その成果として本書第三章「US新宗教団体洗脳説を洗う」（一九九二年）、第五章「記憶の中の悪魔」（一九九九年）、第四章「回心と洗脳」（二〇〇一年）などが執筆された。また、一九九九年には、「悪魔儀式虐待」の代表的事例であるポール・イングラム事件を扱う優れたノンフィクション、ローレンス・ライト『悪魔を思い出す娘たち』[62]を、わたしと吉永の共訳で柏書房から刊行することにもなった。なお、一九九〇年に出た『別冊宝島一一四号・いまどきの神サマ』（JICC出版局）に対して、その翌年、吉永が「洗脳カルトだって？断言してもいい、あなたたちの言う洗脳カルトなんて存在しないよ。だって、考えてごらんよ、そんなに凄い洗脳だったら、死ぬまで信じ続けるだろうさ、そしたら、洗脳されたなんて文句言う奴もいなくなるじゃないか」と舌鋒を浴びせているのは目を惹く。[63]

この辺りで『ピラミッドの友』第二期からいったん離れて、吉永の〈オカルト〉観にロバート・

アントン・ウィルソンと並んで大きな影響を与えた人物のひとりであった井村宏次について少し語っておきたい。

先に記したように、わたしが井村と初めて面識を得たのは、大学に入って数ヶ月後の一九七四年夏頃である。超心理学を本格的に研究している人物が大阪にいるとの情報を得て、「U超研」の他のメンバー数人と共に話を聞きにいった(64)。当時の井村は三十代前半で、日本心霊科学協会関西支部に所属しつつ、スピリチュアリズム、サイキカル・リサーチ、超心理学の研究を独自におこない、一九七一年から『テレパシー研究』誌に頻繁に寄稿していた。斯界のいわばニュー・ウェーヴともいうべき存在だった。『テレパシー研究』は、先に名を挙げた在野の超心理学研究家、市村俊彦が一九六七年に創刊した雑誌で、新潟で発行されていた(65)。井村は早くからテレパシーや透視についての科学的な実験を志し、同時に、内外の文献、情報を精力的に収集していた。そして、一九七五年春、「生体エネルギー研究所」の看板を大阪市西成区の天下茶屋に構えていた仕事場に掲げることになる(66)。

「生体エネルギー研究所」には「U超研」だけでなく同志社大学の「未来科学研究会」、そして関西学院大学や北海道大学の学生なども出入りし、彼らの協力で井村は驚異的なペースで多様な実験をおこなった。この成果は一九七七年一月に超感覚研究会編『超感覚——ESPの世界を探る・付キルリアン写真法の研究』(生体エネルギー研究所)として自費出版された。二六〇頁を超える本格的な実験報告書である。これらの実験に最も貢献したのは「未来科学研究会」のメンバーだったと思う。同会も井村とはやはり七四年半ば頃から接触していた。なお、「U超研」についていえば、吉永のいう「科学主義者」などはほとんどいなかったので[67]、『超感覚』末尾のスタッフ欄には「U超研」会員の名前は誰も挙がっていない。

『超感覚』に既に「経絡の秘密——psiと東洋医学」という論考を寄せていることからも窺えるように、井村はやがてESPなどの解明を中国医学、中国哲学の〈気〉の概念に求める方向へと転じ、自らが鍼灸師となると共に、『霊術家の饗宴』と同年に『サイ・テクノロジー——気の科学・気の技術』（工作舎、一九八四年）を刊行する[68]。

吉永は本書二章で「井村さんと生体エネルギー研究所というのは、僕にとっては決定的な影響だった」、「井村さんとの出会いがなければ、霊術研究などに足を踏み入れることはなかった」と述べ、井村について縷々語っている。また、最晩年になっても、「学界の流れにはあまり関係なく、井村さんの研究と資料にひきずられるままに［霊術、民間精神療法関係の資料を］読み続けてきたに過ぎない」、あるいは、「霊的現象の存在を認めながら、常に批判的、科学的な態度を崩さ」なかった井村の「超心理学の実験に協力する中で、超常現象の可能性というよりも、科学的論証の厳格さを教えられたと思う」と記す[69]。ちなみに、一九九〇年代半ばには、井村、横山、吉永の三者で〈オカルト〉をめぐる鼎談を複数おこなっている[70]。

井村は霊能者でありながら、自らも含めた霊能者の限界、危うさを意識するという非常に稀有な立場を取り続けた人物で、しかも、根底にあったのは浄土真宗への揺るぎない信仰だった[71]。この点について、吉永は「超常現象があるっていう立場、それからそれに対する懐疑の立場。それからさらにそれの奥にある、例えば信仰という……宗教的な信仰といったもうちょっと深い立場とか。そういったのが一つの人格の中で一緒になって、機に応じて出てくる」というように説明している（本書第二章）。ただし、〈オカルト〉について、井村は〈本物〉と〈インチキ〉を峻別する厳密な態度を終生崩さなかったと同時に超感覚の実在をかたく信じた霊能者でもあったから、「懐疑」という言葉はいささか不適切かと思う。

わたしは井村とは彼が二〇一四年に他界するまで四〇年間の長きにわたって交流を続けたけれど、彼は存在そのものが圧倒的な人物で、しかも多面体的な存在だった。数々の著書、翻訳、論考を遺したとはいえ[72]、文章を通じて立ち現れる井村はあくまで彼の一面にすぎないし、かつまた、わたしは井村のすべての面を見聞したわけではない。吉永は井村に「生体エネルギー研究所」で初めて会った際の印象を「なんという変なおっさんだと思った」とするが（本書第二章）、わたしの場合、初対面の時からたちまち井村という人物に強く魅了され、それは彼がこの世を去るまで変わることはなかった。本稿では井村について詳しく語る余裕はなく[73]、かつまた井村が吉永に与えた影響とわたしに与えた影響とは当然ながら異なっていよう。わたしにとっては、かつて用いた言葉を使うならば、「世界の全体像を見きわめようとする不退転の意志」を備えた人物であり[74]、世界の豊穣さというものを井村ほど教えてくれた人は他にいない。

『ピラミッドの友』第二期は、現時点で確認しえた限りでは、二〇〇二年まで刊行された[75]。執筆者は基本的には吉永とわたしのふたりだが、若干の例外もある。制作実務はほぼ吉永が担当したけれど、版下や表紙の制作を吉永の大学院時代の後輩Yが助けた号も多い。無署名の「編集後記」はすべて吉永の執筆。部数は多い号でせいぜい三〇部くらいだったのではあるまいか[76]。すべて友人知己に配布された。既に言及した六号、七号も含めて刊行順に並べると、以下のようになる。

『ピラミッドの友』六号（一九九一年三月）
『ピラミッドの友』七号（一九九一年八月）
『ピラミッドの友』八号（一九九二年五月）
『ピラミッドの友』九号（一九九三年九月）
『ピラミッドの友』一〇号（一九九四年三月）
『ピラミッドの友』一一号別冊臨時増刊（一九九四年十一月）
『ピラミッドの友』一一号（一九九六年六月）
『ピラミッドの友』一二号別冊（一九九六年六月）
『ピラミッドの友』一二号（一九九七年十月）二〇周年記念特集号
『ピラミッドの友』一三号別冊（一九九七年十一月）
『ピラミッドの友』二〇〇一号（二〇〇〇年七月）

『ピラミッドの友』2002（二〇〇二年九月）

一見したところ、このリストには誤記や遺漏が多いと思われるかもしれない。たとえば、一一号別冊臨時増刊は一一号の約一年半前、一二号別冊は一二号の一年以上前の刊行になっているし、一三号別冊があるのに一三号は存在しない。[77] しかし、これは一一号以降の号数表記、刊行時期がかなり不規則かつ無秩序な状態と化したためで、記載の誤りではない。また、一三号から二〇〇号までは「欠番」なのである。[78]

誤解が生じないように記しておくと、七号以降の『ピラミッドの友』は純然たるオカルト研究誌ではない。

六号の「編集後記」で吉永は「オカルト界の総合誌を目指す」と宣言するものの、続く七号はわたしと吉永の映画関係の記事が全体の半分近くを占めるし、[79] 九号にはわたしの小説が載っている。[80] あるいは、「空飛ぶ円盤特集号」と銘うたれた一一号別冊臨時増刊の場合、「円盤」は「円盤」でもレコード、CDを指し、音楽関係の記事だけで埋め尽くされた。[81] 一〇号の「編集後記」によれば、『ピラミッドの友』とは「普通の宗教、普通でない宗教、普通でない歴史、普通のオカルト、小説、映画、音楽、オーディオ趣味、鉄道模型工作、古本屋情報、温泉発掘などなど、宗教非宗教を問わずカルト的娯楽記事」を掲載する「日本唯一のカルト「娯楽」誌」とされている[82]――要するに、吉永とわたしが好き放題に書き散らす場であった。

とはいえ、オカルト関連の記事で注目に値するものも少なくないので、以下思いつくまま幾つかについて触れてみたい。

七号（一九九一年）に吉永が執筆した「オカルト史補遺（2）心霊民俗学者の逆襲——アンドリュー・ラング」（岩本道人名義）は、題名の示す通り、ラングのサイキカル・リサーチに対する立場を扱う。一九八九年からの在英時代、わたしの脳裡に、十九世紀後半の英国の人類学、民俗学、神話学、サイキカル・リサーチなどを妖精を軸として論じる『妖精の誘惑』と題する書物の構想が浮かんだ。当然ながらラングはその主要な登場人物のひとりとなるべき存在で、吉永にも資料を貸したりした。ただし、『妖精の誘惑』は結局書かれずじまいに終わり、[83] 他方、吉永もラングの提起した問題は「今でも民俗学や人類学、宗教学が頬かむりしている部分」としつつ、ラングについては以降ほとんど触れていないのではないか。

八号（一九九二年）に掲載された吉永の「サイキな人たち（3）哲学者の憂鬱」（中村酔狂名義）[84]は、ウィリアム・ジェイムズをめぐる文章。ただし、「「サイキな人」にふさわしく、変わった家、奇妙な友人、怪しげな治療法とジェイムズにまつわる変ちくりんな話題をいい加減に並べようという趣向」である。実際、ジェイムズの人脈は非常に幅が広く、わたしもほんの数年前に、「四次元立方体 tesseract（もしくは tessaract）」という概念を造出したC・H・ヒントンとジェイムズの間に交流があったと知って驚いたことがある。[85]

大学院の博士後期課程でジェイムズを研究した吉永は、九〇年代に「ウィリアム・ジェイムズの心霊研究」（『宗教哲学研究』七巻［一九九〇年］）、「心理学と有神論――ウィリアム・ジェイムズの場合」（『宗教哲学研究』一〇巻［一九九三年］）などの学術論文を書いているが、「正直言うと他所に書けないような話題をメモ代わりに残しておこうという魂胆」と本人も認める通り、「サイキな人たち（3）哲学者の憂鬱」には論文執筆の過程で溜まっていたフラストレーションが発散された趣きがある。[86]吉永はジェイムズの人生、世界観には魅かれるところ大だったようなので、彼についての文章をもっと遺しておいてもらいたかったと思う。[87]

ちなみに、吉永は大学院修士課程でミルチャ・エリアーデを研究したにもかかわらず、以降は彼について詳しく論じることはなく、エリアーデに関する研究書の翻訳（共訳）が一冊あるのみだ。[88]吉永はエリアーデはその小説群にこそ「本質」が映し出されていると語り（本書第二章）、わたしもまた小説に露わとなる幻視者、神秘主義者としてのエリアーデには若い頃から強く惹かれてきた。[89]吉永がエリアーデ研究から離れたのは、ひとつには宗教学という領域で小説も含めたかたちで論ずるのが困難だったからだろうし、さらに、ルーマニア語という障壁もあっただろう。ただ、それと同時に、エリアーデの場合、〈オカルト〉との距離が、ロバート・アントン・ウィルソンやジェイムズとは大きく異なるという理由もあったのではないかとわたしは考えている。

八号に話を戻すと、同号掲載の「オカルト史補遺（3）エレキな大将（1）」（岩本道人名義）は、拙著『聖別された肉体』で取り上げたアドルフ・ランツの『神聖動物学』の一節「神々は生ける電気受信局であったばかりでなく、発電所、放送局でもあった」が冒頭で引かれているように、オカルティズムやスピリチュアリズムなどに流布した「電気」の概念を扱う。このエッセイの一部を基盤として、本セレクション第一巻収録の論文「「電気的」身体――精妙な流体概念について」（一九九六年）が執筆された[90]。なお、「エレキな大将」とはあんまりな題名だと思われる読者もおられるかもしれない。しかし、フリンジ・カルチャー、ジャンク・カルチャーをこよなく愛した男というのがわたしの抱（いだ）く吉永像の根本であって、むしろ本領発揮の感さえ覚える。

一〇号（一九九四年）には吉永は「サイキな人たち（番外）テクノでサイケな千年王国主義者」（尾羽[91]究太名義）と「類似宗教ノート（一）」（岩本道人名義）などを執筆[92]。前者は「サイケデリックの福音伝道者」であるテレンス・マッケナをめぐるものだが、マッケナへのインタヴュー記事の翻訳が大半を占める。後者は戦前における国体論者、国粋主義者と〈オカルト〉的運動の関係について論じたもの。太霊道の田中守平も俎上に載せられ、これは後の「太霊と国家」（二〇〇八）（本セレクション第一巻に収録）などへとつながっていく。

一一号（一九九六年）に寄せられた「私的神智学研究誌」（岩本道人名義）は、『オカルト・ムーヴメント』（一九八六年）に収録の「神智学の誕生」執筆の際に用いた神智学関連文献を回顧しつつ、以降に刊行された新しい研究書を紹介する[93]。「二〇周年記念特集号」と銘うたれた一二号（一九九七年）掲載の「霊光の曙――泰西隠秘学来朝抜書」（吉永進一名義）は、明治後期から昭和三十年代までの本邦オカルト本で欧米のオーラ概念や生体エネルギー概念に言及する箇所を引用列挙。なお、『新異端審問』の連載は一二号が最後になり未完のまま終わった。

二〇〇一号（二〇〇〇年）の「あなたと夜と悪魔と虐待とフロイト」（岩本道人名義）は、本書第五章「記憶の中の悪魔」（一九九九年）へのインフォーマルな補遺をなし、同論文執筆後に「筆の勢いで書いた代物」だという。かなり詳細な文献紹介を含む。

ところで、同じく二〇〇一号に寄せた「綺書周游――一名、駄本地獄、連載第五回」（二世　濱口賢虚」名義）で、[94]わたしは中西牛郎についてかなり詳しく記している。明治初期の本邦における神智学の移入にはかなり早い頃から関心を持っており、たとえば、エッチ・エス・オルコット『仏教問答』（今立吐酔訳、仏書刊行会、一八八六年）を入手したのは一九八〇年代後半だった。[95]そして、一九九三、四年頃に中西牛郎の著書『新仏教論』（興教書院、一八九二年）を読んでからは、この人物に俄然強い興味を抱くようになる。[96]当時の吉永は明治初期の仏教と神智学の関係についてはさほど深い注意を払っておらず、したがって、中西の存在はまったく認識していなかった。九八年にいたって、わたしは中西の『秘密の奥殿』（大日本国光宣揚会、一九二三年）などを入手――それを契機として、天理図書館などに赴き彼に関する調査をおこない、二年後の二〇〇〇年になって、ようやく結果の一端を記したという経緯である。[97]ただし、この頃より、わたしは『日影丈吉全集』の仕事に着手するかたわら、[98]小説『アムネジア』の執筆と英国ルネッサンス期の学者ジョン・ディーの研究にいわば取り憑かれ、近代オカルティズムの世界から離れてしまう。他方、吉永は神智学と本邦近代仏教の関係についての調査を本格的に進める道を歩んでいく。その成果が彼の遺著『神智学と仏教』（法藏館、二〇二一年）にまとめられたのは周知の通りである。

二〇〇四年頃から吉永とわたしは疎遠になり、晩年の数年間を除けば、ほとんど会う機会はなかった。したがって、わたしが彼について語る資格がある期間については、遺漏が多いとはいえ以上でほぼ触れたかと思うし、以降の彼の活動については他に適任者が幾らもおられるだろう。

単に老耄のゆえというだけでなく、わたしは若い頃から自分の過去についてあまり関心がないので、記憶は断片的で曖昧模糊としている。したがって、本稿を草するにあたっては、できる限り正確を期するべく文献資料や第三者の証言によって事実を確認、裏付けするよう努めた。とりわけ、岩田文昭氏、垂谷茂弘氏、堀内将人氏、井戸慶治氏、白石裕己氏からは少なからぬ御助力を賜った(順不同)。本書第二章については、一柳廣孝氏、橋本順光氏から転載を快諾していただいた。また、国書刊行会の今野道隆氏の尋常ならざる熱意と細心の編集作業がなければ、本書は成立しなかっただろう。ここに記して諸氏に篤く感謝する。

二〇二三年六月

註

第一章

（1）【編註】「ある学生サークル」とは「京都大学ＵＦＯ超心理研究会」のこと。同会及び『オカルト・ブック・リスト』については、本書第二章も参照。本章及び第二章での双方に関する記述には事実誤認が少なくないので、その点については巻末の編者解説を参照。

（2）当時、インドのグル、ラジニーシのグループが数少ない交流の拠点となっていたが、そことは一線を画し交流もなかった。ラジニーシの集団は対抗文化の名残を色濃く残していた。

（3）島薗進『精神世界のゆくえ』（東京堂出版、一九九六年）参照。

（4）ちなみに「精神世界」という語は、最初はインドとネパールを指して使われていた。

（5）宗教社会学で「カルト的場（カルティック・ミリュー）」と呼ばれるが、ここでいうカルト的とは狂信的集団のことではなく、セクトと対比して組織化されない状態を指す。

（6）厳密には、アントワーヌ・フェーヴル『エゾテリスム思想』（田中義廣訳、白水社、一九九五年）一七頁以下、エゾテリスム思想の四要素を参照のこと。

（7）そのようなものを秘教史学者ハネグラーフは区別して「オカルティズム」と呼んでいるが、これは彼独自の用語である。

（8）ちなみに欧米の秘教思想では、古代の真理の中心はエジプト、インド、チベットなどが多く、一方戦前の日本では、外国に真理の中心を置くことはなかった。

（9）この項、出口三平氏のご教示による。

（10）桑原俊郎『精神霊動　第二編』（開発社、一九〇四年）一九六頁。

（11）同書、二〇三頁。
（12）井村宏次『新・霊術家の饗宴』（心交社、一九九六年）付章参照。
（13）【編註】『ソムニウム』一—四号（エディシオン・アルシーブ＋彗星倶楽部、一九七九—八一年）。同誌についていは、本書第二章及び本書巻末の編者解説を参照。
（14）【編註】『ピラミッドの友』第五号（近代ピラミッド協会、一九八〇年）。同誌については、本書第二章及び本書巻末の編者解説を参照。

第二章

（1）【編註】このパネルについては、「カルト／スピリチュアリティ／現代宗教の把握——藤田庄市著『宗教事件の内側』、櫻井義秀編著『カルトとスピリチュアリティ』を題材に」（『宗教と社会』第一六号［二〇一〇年六月］）を参照。
（2）【編註】ユリ・ゲラーの初来日は、一九七五年ではなく一九七四年。彼が出演した同年三月放映のTV番組『木曜スペシャル』によって、日本中に狂熱的なスプーン曲げブームが惹き起こされた。
（3）【編註】『魔術師の帝国』収録の大半の作品は、安田均、山田修、広田耕三など京大幻想文学研究会のメンバーが翻訳を担当し、蜂谷昭雄、荒俣宏、鏡明が一篇ずつを翻訳。
（4）【編註】「Y」とは本書編者の横山のこと。なお、横山が創設、主宰していた京大幻想文学研究会は、名称は同一であるが、『魔術師の帝国』の京大幻想文学研究会とはまったく別のサークル。この点については、本書巻末の編者解説及び「横山茂雄ロングインタビュー——川島昭夫・吉永進ーらとの交友、そして古本収集話」（『近代出版研究』第二号〔皓星社、二〇二三年〕）を参照。

（5）【編註】本書編者の横山が編集、発行していた手書きのコピー雑誌。第四号（一九八四年五月二十六日）まで刊行。第二号から発行所名は不適応社、部数は七部に変更。吉永は、第二号から第四号に「ピラミッドの友№6」、「ピラミッドの友№7」、「ピラミッドの友№8」を寄稿。これについては巻末の編者解説及び「横山茂雄ロングインタビュー」を参照。

（6）【編註】『ソムニウム』創刊の経緯については、本書巻末の編者解説及び「横山茂雄ロングインタビュー」を参照。吉永が編集の手伝いをするようになるのは、同誌第二号（一九八〇年四月）から。

（7）【編註】享年五六。

（8）【編註】死後に刊行された著書は『詩神の巡幸』（山口書店、一九八七年）。幻想小説の訳書にチャールズ・ウィリアムズ『万霊節の夜』（国書刊行会、一九七六年）、G・マクドナルド『ファンタステス』（国書刊行会、一九八一年）など。

（9）【編註】吉永が代表であった時期は、一九七七年春頃から翌年春頃まで。巻末の編者解説を参照。

（10）【編註】現在ではもっぱら武田崇元の名前で知られる。本書巻末の編者解説を参照。

（11）【編註】井村宏次については、本書巻末の編者解説、武田崇元・横山茂雄『霊的最前線に立て！――オカルト・アンダーグラウンド全史』（国書刊行会、二〇二四年）、横山茂雄「井村宏次さんの思い出」（ＡＳＩＯＳ編『昭和・平成オカルト研究読本』〔サイゾー、二〇一九年〕所収）などを参照。

（12）【編註】正しい名称は「未来科学研究会」。

（13）【編註】邦訳、フランセス・A・イエイツ『記憶術』（青木信義他訳、水声社、一九九三年）。

（14）【編註】邦訳、フランセス・イエイツ『ジョルダーノ・ブルーノとヘルメス教の伝統』（前野佳彦訳、工作舎、二〇一〇年）。

（15）【編註】イーデン・ウェストについては本書巻末の編者解説も参照。

（16）【編註】邦訳、P・D・ウスペンスキー『奇蹟を求めて――グルジェフの神秘宇宙論』（浅井雅志訳、平河出版社、一九八一年）。

（17）【編註】前者は横山茂雄『聖別された肉体――オカルト人種論とナチズム』（書肆風の薔薇、一九九〇年［『増補　聖別された肉体』（創元社、二〇二〇年）］）、後者は井村宏次『霊術家の饗宴』（心交社、一九八四年［『新・霊術家の饗宴』（心交社、一九九六年）］）の萌芽をなす論考。

（18）【編註】井村の論考は「近代日本の異端医療の系譜――維新以後の霊術家の饗宴」。吉永の論考は「霊と熱狂――日本スピリチュアリズム史序説」で、本セレクション第一巻に収録。

（19）【編 註】原著は、Auguste Viatte, *Les sources occultes du romantisme: Illuminisme-Théosophie 1770–1820* (1928).

（20）【編註】『幻想文学』六五号「神秘文学への誘い」（二〇〇二年一〇月）収録の稲生平太郎と石堂藍による対談「神秘的文学夜話」を参照。

（21）【編註】一九八一年が正しい。

（22）【編註】『オカルト・ムーヴメント』の刊行に「Gさん」は関係しておらず、横山が代表として創林社との交渉にあたった。吉永は岩本道人名義で「神智学の誕生――或いは、HPBとアメリカ」を、横山は序文と「影の水脈――西洋近代オカルティズム略史」（稲生平太郎『定本　何かが空を飛んでいる』〔国書刊行会、二〇一三年〕に再録）を執筆。
(23)【編註】このURLは現在では消滅。
(24)【編註】この段落における記述には事実誤認が少なくない。その点については巻末の編者解説を参照。
(25)【編註】ジャワ島西部、スンダ地方の伝統音楽のひとつ。
(26)【編註】鍼灸治療が中心となってから、生体エネルギー研究所は西天満の古いビルの四二〇号室に移転。
(27)【編註】オウム真理教幹部。二〇一八年に死刑を執行された。
(28)【編註】精神科医でシャーマニズム研究者の佐々木雄司が、東京高裁に提出した「鑑定意見書」において、中川を「巫病症候群」の典型だと最初に定義した。藤田『宗教事件の内側』二八八—二九〇頁。
(29)【編註】フランシス・キングやジェイムズ・ウェブについては、横山茂雄「三十年後のあとがき」（『増補　聖別された肉体』所収）及び本書巻末の編者解説を参照。
(30)【編註】『フォーティアン・タイムズ』については、本書巻末の編者解説を参照。
(31)【編註】井村宏次と横山は同誌に寄稿しているし、本書第三章「US新宗教団体洗脳説を洗う」（一九九二年）も同誌に掲載された。『Az』の編集長だった野村敏晴は後にビイング・ネット・プレスという出版社を興し、井村の著訳書を多数刊行する。
(32)【編註】ウィルソンについては、本書巻末の編者解説を参照。
(33)【編註】いわゆる「フォーティアン現象」のひとつ。

（34）【編註】本書第一章「日本の霊的思想の過去と現在」。

（35）【編註】吉永進一編・解説『日本人の身・心・霊——近代民間精神療法叢書』（全八巻、二〇〇四年）、『日本人の身・心・霊——近代民間精神療法叢書Ⅱ』（全七巻、二〇〇四年）、『催眠術の黎明——近代日本臨床心理の誕生』（全七巻、二〇〇六年）。

（36）【編註】基盤研究（B）「心理主義時代における宗教と心理療法の内在的関係に関する宗教哲学的研究」（研究代表・岩田文昭、科研課題番号・一三四一〇〇一〇、研究期間・二〇〇一—二〇〇三年度）。

（37）【編註】ラマチャラカについては、第一巻第三章「呼吸法とオーラ」、第九章「太霊道と精神療法の変容」を参照。

（38）【編註】スティーブンソンと彼の二人の養子については、吉永進一『神智学と仏教』（法藏館、二〇二一年）一一四—一一八頁を参照。

第三章

（1）【編註】原著は、Shirley Harrison with Sally Evemy, *Cults: The Battle for God* (London: C. Helm, 1990).

（2）ディヴィッド・G・ブロムリー、アンソン・D・シュウプ・ジュニア『アメリカ「新宗教」事情』（稲沢五郎訳、ジャプラン出版、一九八六年）。【編註】原著は、David G. Bromley and Anson D. Shupe, Jr, *Strange Gods: The Great American Cult Scare* (1981).

（3）シュウプ＆ブロムリー『新しい自警団』。【編註】Anson D. Shupe, Jr. and David G. Bromley, *The New Vigilantes: Deprogrammers, Anti-cultists, and the New Religions* (Beverly Hills, CA. and London: SAGE Publications, 1980), p. 155.

（4）【編註】原論文は、Eli Shapiro, “Destructive Cultism,” *American Family Physician* (February 1977).

（5）アイリーン・バーカー『統一教会員になるまで』。【編註】原著は、Eileen Barker, *The Making of a Moonie: Choice or Brainwashing?* (1984).

（6）【編註】ロバート・B・チャルディーニ『影響力の武器――なぜ、人は動かされるのか』（社会行動研究会訳、誠信書房、一九九一年）。原著は、Robert B. Cialdini, *Influence* (1984).

（7）【編註】「ボウ・アンド・ピープ」については本書第七章も参照。

（8）『アメリカ行動科学者』二〇巻六号参照。【編註】同誌掲載の原論文は、Robert W. Balch and David Taylor, “Seekers and Saucers: The Role of the Cultic Milieu in Joining a UFO Cult,” *American Behavioral Scientist*, vol. 20, no. 6 (1977).

第四章

（1）E. T. Clark, *The Small Sects in America* (Gloucester, MA: Peter Smith, 1981), p. 91.

（2）Charles G. Finney, *Revivals of Religion* (London: Oliphants, 1928), pp. 12–13.【編註】原著の初版は一八三五年。

（3）ウィリアム・ジェイムズ『宗教的経験の諸相』下巻（枡田啓三郎訳、岩波文庫、一九七〇年）三八二頁。

（4）Frederick Morgan Davenport, *Primitive Traits in Religious Revivals* (New York: Macmillan, 1905), p. 323.

（5）【編註】William Walters Sargant, *The Battle for Mind* (London: William Heinemann, 1957). 邦訳、ウィリアム・サーガ[マ]ント[マ]『人間改造の生理』（佐藤俊男訳、みすず書房、一九六一年）。

（6）Ibid., p. 189.

（7）Anson D. Shupe Jr. & David Bromley, *The New Vigilantes*（Beverly Hills: Sage Publications, 1980）、Eileen Barker, *The Making of Moonie*（Oxford: Basil Blackwell, 1984）などがある。邦訳があるものでは、ディヴィッド・G・ブロムリー、アンソン・D・シュウプ・ジュニア『アメリカ「新宗教」事情』（稲沢五郎訳、ジャプラン出版、一九八六年）、原著は、David Bromley and Anson D. Shupe Jr., *Strange Gods*（Boston: Beacon Press, 1981）.

（8）【編註】邦訳、V・パッカード『かくれた説得者』（『パッカード著作集』第一巻、林周二訳、ダイヤモンド社、一九五八年）。

（9）【編註】邦訳、ロバート・B・チャルディーニ『影響力の武器——なぜ、人は動かされるのか』（社会行動研究会訳、誠信書房、一九九一年）。

（10）マーガレット・シンガー『カルト』（中村保男訳、飛鳥新社、一九九五年）九九頁から要約。原著は、Margaret Thaler Singer, *Cults in Our Midst*（San Francisco: Jossey-Bass, 1995）.

（11）Tana Dinees, *Manufacturing Victims*（Montreal: Robert Davis, 1998）, pp. 203–204.

（12）【編註】邦訳、フローラ・リータ・シュライバー『失われた私』（巻正平訳、ハヤカワ文庫、一九七八年）。

（13）Richard Ofsea, *Making Monsters*（Berkeley: University of California Press, 1996）, chap. 10を参照のこと。

（14）【編註】同書はカナダの精神科医が自分の患者のひとりと共著のかたちで出版した。本書第五章を参照。

（15）このパラノイア現象については、James T. Richardson et. al., eds, *The Satanic Scare*（New York: Aldine de Gruyter, 1991）ならびに拙論「記憶の中の悪魔――「悪魔教恐怖」論」（『舞鶴工業高等専門学校情報科学センター年報』第二七号〔一九九九年〕）を参照のこと〔本書第五章に再録〕。

(16)【編註】邦訳、ジュディス・L・ハーマン『心的外傷と回復』（中井久夫訳、みすず書房、一九九六年）。

(17)【編註】邦訳、エレン・バス、ローラ・デイビス『生きる勇気と癒す力』（原美奈子、二見れい子訳、三一書房、一九九七年）。

(18) Judithe Herman, *Trauma and Recovery* (New York: Basic Books, 1992) 所収の afterword を参照のこと。

第五章

(1) Anton Szandor LaVey, *The Satanic Bible* (New York: Avon, 1969), p. 25.

(2) Jeffrey S. Victor, *Satanic Panic* (Chicago and LaSalle, IL: Open Court, 1993), Appendix IV.

(3) Debbie Nathan and Michael Snedeker, *Satan's Silence* (New York: Basic Books, 1995) 扉。【編註】正確には同書の献辞（[p. v]）。

(4)【編註】本章で頻出する「伝説」は、いわゆる「都市伝説」を指す。

(5) ファミリーに関する「伝説」はヴィンセント・ブリオージ（担当地方検事）やエド・サンダースのノンフィクションで広められた。人身供犠の根拠ない風説は、エド・サンダース『ファミリー』（小鷹信光訳、草思社、一九七四年。原題 Ed Sanders, *The Family* [1971]）十三章を見よ。マンソン本人が語った実像は、ニューエル・エモンズ『悪魔の告白』（越智道雄・樋口幸子訳、ジャプラン出版、一九九〇年。原題 Nuel Emmons, *Manson in His Own Words* [1986]）を参照のこと。さらにアーサー・ライアンズ

『黒魔術のアメリカ』（広瀬美樹・鈴木美幸・和田大作訳、徳間書店、一九九四年。原題 Arthur Lyons, *Satan Wants You* [1986]）第七章を参照。

（6）Paul Sieveking, "Poor Cow," *Fortean Times*, no. 68（Apr/May 1993）, p. 24.

（7）一九八九年四月十六日付 *Fort Worth Star-Telegram* には、地元警察筋の談として「切断された動物がこの地域の至るところで発見されている。しかし悪魔教徒活動中という危険信号を掲げているのは、血を抜きとられた動物、組織を切除された牛、頭を刎ねられた羊である」とあったという。Victor, op. cit., p. 12.

（8）この自伝に虚偽が多いことは、一九九二年にキリスト教系雑誌 *Cornerstone* によって暴露される。その顚末とマイク・ウォーンケの教会 Holy Orthodox Catholic Church in Kentucky の奇妙な由来については Mike Hertenstein and Jon Trott, *Selling Satan*（Chicago: Cornerstone Press, 1993）を参照。

（9）Michelle Smith and Laurence Pazder, *Michelle Remembers*（New York: Pocket Books, 1981）.

（10）ミシェルの二人の姉妹はいずれも虐待の事実を覚えていない。隣人たちはミシェルがカルトに監禁されていたはずの時期に毎日学校に通う彼女の姿を覚えているという。Mark Pendergrast, *Victims of Memory*, second edition（Hinesburg, VT: Upper Access Books, 1996）, p. 35 fn.

（11）1. Lauren Stratford, *Satan's Underground*（Eugene, OR: Harvest House, 1988）; 2. Judith Spencer, *Suffer the Child*（New York: Pocket Books, 1989）; 3. Robert S. Mayer, *Satan's Children*（New York: Avon, 1991）. 1のStratford は筆名で、内容が事実とくいちがうこと、精神的に問題のある性格だったことなど、出版の翌年に *Cornerstone* 誌に暴露された。その後、版元は絶版に付している〔**【編註】**同書は一九九一年に別の出版社から刊行され、現在も新本として入手可能〕。2の著者は看護婦。邦訳はジュディス・スペン

サー『ジェニーの中の四〇〇人』（小林宏明訳、早川書房、一九九三年）。3の著者も分析医。

（12）Mayer, op. cit., p. 261.

（13）Debbie Nathan, "Satanism and Child Molestation," in *The Satanism Scare*, eds. James T. Richardson, Joel Best and David Bromley（New York: Aldine De Gruyter, 1991）, pp. 81–82.

（14）マクマーティン幼稚園の地下トンネルについては、The Santa Cruz Ritual Abuse Task Force（http://members.cruzio.com/~ratf/）を参照。【編註】このＵＲＬは現在では消滅しているので、以下のＵＲＬを参照（https://web.archive.org/web/20010404045131/http://members.cruzio.com/~ratf/）。

（15）Nathan, op. cit., p. 82.

（16）Ibid., pp. 82–83.

（17）フェルズ・エイカーズ託児所（Fells Acres Day Care Center）はマサチューセッツ州の事件で、告発されたのはGerald Amiraultとその母親と妹。幼児ポルノ製作の容疑で物証無しに有罪判決が下されたが、現在も裁判に問題があったとして係争中。ウィー・ケア保育園（Wee Care Nursery School）はニュージャージー州の事件で被疑者はKelly Michaels、一旦は四七年の懲役刑を宣告されたがマスコミに報道されてから支援弁護士がつき、九三年に控訴審で有罪破棄。カントリー・ウォーク（Country Walk）事件は、フロリダ州の同地在住のキューバ移民Frank Fusterが、自宅で運営している託児所で起こった事件。Frankは終身刑に処せられたが、彼を有罪にする上で最も重要な証言をした妻のIlleanaはその後、証言を翻している。この事件の捜査を指揮した検事（後の司法長官）ジャネット・リノについては、Illeanaへの尋問など調査に行き過ぎがあったという疑いが出ている。さらにリノは、無罪に終わった十三歳の少年Bobby Finjeの同様の幼児虐待事件の捜査でも問題があったと言われる〔【編註】この事件ではBobby Finjneは被疑者〕。カントリー・ウォーク事件の背景についてはDebbie Nathanの詳細な調査がある。Nathan and Snedeker, op. cit., pp. 170ff. 参照。

(18) Ibid., chap. 5 参照。

(19) Ibid., p. 76.

(20) ゲストの衝撃的な告白と、疑似教養番組的な構成で、タブロイドTVと揶揄される。Charles Panati, *Panati's Paradise of Fads, Follies, and Manias* (New York: Harper Perennial, 1991), pp. 472ff. によれば、ある月のジェラルドのショーには、トップレス喫茶店、連続強姦魔、妊娠した囚人、「セックス・リング」、レズビアン、家庭内暴力といった話題が並んだという。オプラを典型として「告白」→「癒し」というフォーマットがあるが、それについてはWendy Kaminer, *I'm Dysfunctional, You're Dysfunctional* (New York: Vintage Books, 1993), chap. 2 参照。

(21) Victor, op. cit. , p. 20.

(22) Jeffrey S. Victor, "The Dynamics of Rumor-Panics about Satanic Cults," in *The Satanism Scare*, p. 228.

(23) ジェラルド・リヴェラ (Geraldo Rivera) についてはReligious Toleranceのウェブサイト、Geraldo Rivera: lSatanic Ritual Abuse & Recovered Memories (http://www.religioustolerance.org/geraldo.htm) 参照。彼は一九九五年末の番組の中で、それまでの悪魔カルト報道があやまちだったことを認めている。

(24) ノースカロライナ州での事件。園長Robert Kellyと職員のDawn Wilsonが終身刑の判決を受けたが、九五年の控訴審で有罪判決は破棄された。

(25) Victor, *Satanic Panic*, p. 25.

（26）市の性犯罪捜査官ボブ・ペレスが自分の養子に強制して、ペンテコステ派の教会の Robertson 牧師などを性的虐待の廉で告発させたと言われている。私選弁護士を雇う資力のある被告はすべて放免され、国選弁護人がついた被告はすべて刑務所に服役した。Katryn Lyon, *Witch Hunt*（New York: Avon Books, 1998）参照。

（27）イギリス、オークニー島で牧師 Morris McKenzie を被害者とする冤罪事件〔【編註】一九九一年に起こった〕。一九九一年にはニュージーランドのクライストチャーチで、市民保育センターの Peter Ellis が子供から性的虐待を告発される。

（28）Pendergrast, op. cit., pp. 303ff.

（29）Ibid., p. 284.

（30）ＦＭＳ財団が一九九七年一月から三月にかけて、二〇五六家庭を対象に行った結果。この数値は、一九九三年の調査と大きな変動は無かったという。"Family Survey Update," *FMS Foundation Newsletter*（e-mail edition）, vol. 6, no. 4（April 1, 1997）.【編註】以下のＵＲＬを参照（http://www.fmsfonline.org/newsletters/fmsf_1997_april_v6_n4.pdf）。

（31）Philips Stevens, Jr., "The Demonology of Satanism: An Anthropological View," in *The Satanism Scare* 参照。

（32）告白本の題名は *The Awful Disclosure of Maria Monk*（1835）. Brian Regal, "Nuns on the Run," *Fortean Times*, no. 87（June 1996）, pp. 34ff 参照。

（33）James T. Richardson, Joel Best and David Bromley, "Satanism as a Social Problem," in *The Satanism Scare* 参照。

（34）David G. Bromley, "Satanism: The New Cult Scare," in *The Satanism Scare*, p. 54.
（35）アーサー・ライアンズ、前掲書、第七章を参照。
（36）David G. Bromley and Susan G. Ainsley, "Satanism and Satanic Church," in *America's Alternative Religions*, ed. Timothy Miller (Albany, NY: State University of New York, 1995) 参照。
（37）J. Gordon Melton, *Encyclopedic Handbook of Cults in America* (New York and London: Garland Publishing Inc., 1986), p. 76.
（38）Hal Lindsey with C. C. Carlson, *Satan is Alive and Well on Planet Earth* (Grand Rapids, MI: Zondervan Publishing House, 1972. 邦訳、ハル・リンゼイ『サタン』〔松代幸太郎訳、いのちのことば社、一九七五年〕). Erwin W. Lutzer and John F. DeVries, *Satan's "Evangelistic" Strategy For This New Age* (Wheaton, IL: Victor Books, 1989) という題名通りの本もある。逆にファンダメンタリズムのニューエイジ攻撃を非難した本に R.A. Gilbert, *Casting The First Stone* (Longmead, Shaftesbury, Dorset: Element, 1993) がある。
（39）Richardson, Best and Bromley, "Satanism as a Social Problem," p. 7.
（40）ＡＩＰＯ（アメリカ世論研究所）の調査。Andrew M. Greeley, *Religious Change in America* (Cambridge, MA: Harvard University Press, 1989), pp. 13–14 による。
（41）ＰＴＬクラブという福音伝道番組のネットワークを率いていた人気説教師ジム・バッカーは一九八七年に人気テレビ説教師のジミー・スワガートに女性スキャンダルを暴露され、ＰＴＬをいったんジェリー・フォールウェルに譲るが、すぐにフォールウェルの陰謀だったと主張。フォールウェルはこれに対抗して、さらなるスキャンダルを暴露。この後スワガート自身が、売春婦を買っていたことが暴露される。同年、別の説教師オーラル・ロバーツは寄付が予定額に達しなければ自分は神に召されると信者をおどかした。ＰＴＬの顚末は Hunter James, *Smile Pretty and Say Jesus*（Athens, GA: The University of Georgia Press, 1993）参照。

（42）Victor, *Satanic Panic*, p. 9.

（43）Ibid., p. 9.

（44）Susan J. Kelley, "Ritualistic Abuse of Children in Day-Care Centers," and Rob Tucker, "Teen Satanism," in *Recovery from Cults*, ed. Michael D. Langone（New York and London: W. W. Horton, 1993）.

（45）Nathan and Snedeker, op. cit., pp. 238–239.

（46）Ibid., p. 39.

（47）Ibid., p. 42.

（48）Ibid., p. 42. この対象になったのは幼児から十代後半の女性で、虐待は肉体的なものから言語による誘惑までを含む。

（49）Ibid., p. 44.

（50）例を挙げると、ニューハンプシャー州では青少年家庭局〔の予算〕が八五年から九五年までの間に八六五％の伸びを示した。一方虐待と扶養怠慢の件数は、ＳＲＡ騒動が盛んだった八六年には一三三八件だったものが、それが過ぎ去った九四年には八二二件に減少。サウスダコタ州では一九八三年に立件した虐待が二八八八件、立件しなかったものが二六八九件。国会でマクマーティン事件が問題となった翌年の八五年には前者が三九五七件、後者が五〇七九件と急増している。その後も虐待事件は増加し続け九一年にピークを迎えたあとは減少に転じている。八六年度以降は毎年、虐待容疑件数を含めた件数が一万件以上を数えているが、立件できた事件の件数は九二年、九三年と急落し、九四年には一九二三件まで下がっている。*FMS Foundation Newsletter*（e-mail edition）, vol. 5, no. 7（July 1, 1996）.【編註】以下のＵＲＬを参照（http://www.fmsfonline.org/newsletters/fmsf_1996_july_v5_n7.pdf）。

（51）Nathan and Snedeker, op. cit., passim.

（52）Mike Dash, "Bedevilled," *Fortean Times*, no. 72（Dec 1993/Jan 1994）, pp. 47ff.

（53）Pendergrast, op. cit., p. 437.

（54）Kaminer, op. cit., chap. 4.

（55）Pendergrast, op. cit., p. 258. Frieda Maybry は Re-Evaluation Co-Counseling という自助グループに入っていて、ＳＲＡの被害を思い出した。

（56）Ellen Bass and Laura Davis, *The Courage to Heal*（New York: Harper Perennial, 1988）. なお、ＳＲＡ被害者も一人（Annette）含まれている。この女性は四十八歳で近親姦を思い出し、その七、八年後に今度は儀式的虐待を思い出したという。

（57）Ibid., p. 86.

（58）Ibid., pp. 128–129.

（59）【編註】Flora Rheta Schreiber, *Sybil*（1973）. 邦訳、フローラ・リータ・シュライバー『失われた私』（巻正平訳、ハヤカワ文庫、一九七八年）。

（60）John F. Kihlstrom, "Exhumed Memory," in *Truth in Memory*, eds. Steven Jay Lynn and Kevin M. McConkey（New York: The Guilford Press, 1998）.

（61）Judith Herman, *Trauma and Recovery*（New York: Basic Books, 1992）, chap. 6. 邦訳、ジュディス・L・

ハーマン『心的外傷と回復』（中井久夫訳、みすず書房、一九九六年）。

（62）ジュディス・ハーマンは *Trauma and Recovery* の一九九七年版の後書きで、内戦に伴う集団暴行を非難し、東欧、南アフリカなどの過去の政治家たちが罪を償わない姿を逃げ回る虐待者に比定し、回復記憶を否定するものは児童虐待者の弁護者であると非難している。しかし彼女の非難する戦争犯罪には、大国の大量破壊兵器による暴力は含まれないようである。

（63）Kihlstrom, op. cit. p. 11.

（64）ジョンズ・ホプキンス医科大の精神科医ポール・マクヒューは「ＭＰＤは医原的行動症候群であり、暗示によって悪化し、患者への注目、社会的結果、集団への忠誠心によって維持されている」と述べている。Pendergrast, op. cit., p. 167.

（65）Sherill Mullhern, "Satanism and Psychotherapy," in *The Satanism Scare*, p. 154.

（66）Richard Ofsea and Ethan Waters, *Making Monsters* (Berkley and Los Angeles: University of California Press, 1994), chap. 11. なおこの件は一〇六〇万ドルという記録的な額を支払うことで和解したという (*FMS Foundation Newsletter*, vol. 6, no. 11 [December 1997] [e-mail edition]【編註】以下のＵＲＬを参照［http://www.fmsfonline.org/newsletters/fmsf_1997_dec_v6_n11.pdf］)。

（67）Pendergrast, op. cit., p. 172.

（68）Ibid., pp. 193–194. さらに詳しくは Ofsea and Waters, op. cit., chap. 9 参照のこと。

（69）Bill Ellis, "Flying Saucers from Hell," *Magonia*, no. 40 (London: John Rimmer, 1991). なお、ＵＦＯ誘拐事例と記憶については他に Robert A. Baker, *Hidden Memories* (Amherst, NY: Prometheus Books, 1996) あるいは Leonard S. Newman and Roy F. Baumeiser, "Abducted by Aliens," in *Truth in Memory* などの研

究がある。

（70）この幼児期へのオブセッションについてはウルズラ・ヌーバー『〈傷つきやすい子ども〉という神話』（丘沢静也訳、岩波書店、一九九七年。原題 Ursula Nuber, *Der Mythos vom Frühen Trauma*〔1995〕）が参考になる。

（71）Smith and Pazder, op. cit., p. 35.

（72）【編註】Paul Ingram 事件の詳細については、ローレンス・ライト『悪魔を思い出す娘たち』（稲生平太郎・吉永進一訳、柏書房、一九九九年。原著は、Lawrence Wright, *Remembering Satan*〔New York: Alfred A. Knopf, 1994〕）を参照。

第六章

（1）【編註】この引用の出典は『ジャコバン主義の歴史に関する回想録』。A. Barruel, *Memoirs Illustrating the History of Jacobinism*, tr. Robert Clifford（1798, repr. Fraser, Mich: American Council on Economics and Society, 1995）, p. 3.

（2）【編註】この引用の出典も『ジャコバン主義の歴史に関する回想録』。ただし、原文の一部が省略、改変。Barruel, p. 3.

（3）【編註】ウィルソンについては、本書第二章及び本書巻末の編者解説を参照。

（4）【編註】原著は、Emmanuel-Augustin Chabauty, *Francs-maçons et juifs: Sixième âge de l'Eglise d'après l'Apocalypse*（1880）.

第七章

（1）よく混同される sect と cult という語について、宗教社会学者 Stark と Bainbridge は、前者は社会のコンベンショナルな宗教伝統内にとどまりながらより厳密に宗教を実践するために逸脱して見える集団を指し、後者は宗教伝統の外にある集団、と定義している。これは簡便で見事な定義だが、しかし実際にマスコミなどで使われている用法では、ブランチ・ダヴィディアンのような、極めてキリスト教的な集団にもカルトという語を使っている。また、ヘヴンズゲイトのように、一見逸脱した教義体系ながら、実際はコンベンショナルなキリスト教的世界観に合致するように思われる教団はどうなのか。学問的な用語としてはどうかと思うが、一般でも頻繁に使われるようになったので、本論文ではあまり深い意味をもたせずにカルトという語を用いた。特にＵＦＯカルトは用語と化しているので、そのまま用いた。なお、これについては次の研究を参照。Rodney Stark and William S. Bainbridge, *Religion, Deviance, and Social Control*（New York: Routledge, 1996）, pp. 104ff.

（2）Jeffrey Lundgren については Pete Earley, *Prophet of Death*（New York: William Morrow, 1991）を参照せよ。

（3）ＣＮＮの第一報では、事件の前週に起きた「太陽寺院」による三度目の集団自殺事件との関係をほのめかしてあった。CNN Interactive U. S. News（http://www.cnn.com/US/9703/26/mass.suicide.too/index.html）を見よ。

（4）テレビドラマは二人の設定を利用したＳＦで、パイロット版が制作され、事件以前にビデオ化されている。日本版題名『超時空メシア襲来』（キングレコード、K48V-15016）、原題 *Mysterious Two.*

【編註】監督・脚本は『ゾンゲリア』（一九八一年）のゲイリー・シャーマン。アメリカでの放映は一九八二年だが、制作されたのは一九七九年頃らしい。現在ではYouTubeで視聴可能。

（5）これらの事実については J.K. Hadden が作製しているヴァージニア大学の優れた宗教社会学のホームページ、http://cti.itc.virginia.edu/~jkh8x/soc257/index.html を参照した〔【編註】このＵＲＬは消滅しているが、以下のＵＲＬで閲読可能（https://web.archive.org/web/20070626163512/http:/religiousmovements.lib.virginia.edu/nrms/hgprofile.html）〕。なお「二人」は人間的条件克服のため本名を用いなかったわけだが、複数の名称で混乱しないよう、本名で統一した。また、ヘヴンズゲイトの呼び名は、ＨＩＭ、Bo and Peep Group などいろいろだが、信者たちは単に「グループ」（The Group）と自称している。本論では、これも便宜上、すべてヘヴンズゲイトに統一している。

（6）Robert W. Balch and David Taylor, "Seekers and Saucers: The Role of Cultic Milieu in Joining a UFO Cult," *American Behavioral Science*, vol. 20, no. 6 (1997) を参照のこと。「ボウ・アンド・ピープ」と洗脳問題についての日本語での紹介は、拙稿「ＵＳ新宗教団体洗脳説を洗う」（『Ａｚ』第二二号〔新人物往来社、一九九二年〕）も参照〔本書第三章に再録〕。

（7）"First Statement of Ti and Do" 日付は一九七五年三月となっている。この文書はいくつかあるヘヴンズゲイトのホームページとそのミラーサイトから入手できる。論者は http://www5.zdnet.com/yil/higher/heavensgate/book/2-2.htm より入手した。【編註】このＵＲＬは消滅しているが、Heaven's Gate のサイトは現在もウェブ上に存続しており、この文書は以下のＵＲＬで閲読可能（https://www.heavensgate.com/book/2-2.htm）。

（8）J. Valee, *Messengers of Deception* (Berkeley: And/Or Press, 1979), pp. 74-75. ヘヴンズゲイトだけでな

くラエリアン・ムーブメントに関しても、最も初期に言及した書物の一つ。

（9）【編註】原文は、"[T]he Kingdom of God is made up of non-mammalian, non-seed-bearing "containers" for souls". 出典は註（10）を参照。

（10）"USA TODAY" Ad/Statement（http://www5.zdnet.com/yil/higher/heavensgate/book/52.htm）.【編註】このURLも消滅しているが、ウェブ上に存続するHeaven's Gateのサイトで閲読可能（https://www.heavensgate.com/book/5-2.htm）。

（11）【編註】「携挙」「空中携挙」という訳語が一般には用いられている。本書第九章も参照。

（12）Michael Barkun, *Religion and the Racist Right*, revised edition（Chapel Hill, NC: University of North Carolina Press, 1997）, pp. 76–77.

（13）Bill Ellis, "American Gothic," *Fortean Times*, no. 100（July 1997）, p. 35. *The Late Great Planet Earth*（1972）には、『地球最後の日』（湖浜馨訳、いのちのことば社、一九七三年）、『今は亡き大いなる地球』（越谷道雄監訳、徳間書店、一九九〇年）、そして *Satan is Alive and Well on Earth Planet*（1972）には、『サタン――その正体と最後』（松代幸太郎訳、いのちのことば社、一九七五年）という邦訳がある。

（14）Charles B. Strozier, *Apocalypse*（Boston: Beacon Press, 1994）, p. 237.

（15）Ellis, op cit. p. 36.

（16）民話とUFO体験の関係については、Jacques Valee, *Passport to Magonia*（Chicago: H. Regnery, 1969）を参照のこと。またUFO体験に関する知的な考察は、稲生平太郎『何かが空を飛んでいる』（新人物往来社、一九九二年［『定本　何かが空を飛んでいる』（国書刊行会、二〇一三年）］）を見よ。UFOにおける光の体験がシャーマンの体験に通じる構造があるなど、示唆的な刺激に満ちている。

（17）ジョージ・アダムスキ（ママ）『空飛ぶ円盤同乗記』（久保田八郎訳、高文社、一九五七年）一五〇―一五一頁。原題 George Adamski, *Inside the Space Ships* (1955).

（18）同書、一九七頁。地軸の傾きと終末に関しては、古くからさまざまな説が現れていた。Joscelyn Godwin, *Arktos: The Polar Myth in Science, Symbolism, and Nazi Survival* (Grand Rapids: Phanes Press, 1993), chap. V を参照せよ。

（19）平野威馬雄編『それでも円盤は飛ぶ！』（高文社、一九六〇年）七七頁に引用されたスタンフォード『地軸は傾く』（宇宙友好協会、一九五九年）より。この著作の原題は Ray Stanford and Rex Stanford, *Look Up* (1958).

（20）平野、前掲書、八八頁。

（21）稲生平太郎は円盤カルトのメッセージを、①高度な宇宙人文明、②〔宇宙人が〕人類の創造主か文化英雄であった過去、③地球の終末の予言、の三つから成るとしている。稲生、前掲書、一〇〇頁〔定本版六一頁〕。

（22）CNN Interactive U. S. News (http://www.cnn.com/US/9703/28/cult.members/index.html).

（23）"USA TODAY" Ad/Statement (http://www5.zdnet.com/yil/higher/heavensgate/book/52.htm)〔註（10）の編註を参照〕.

（24）'95 Statement by an E.T. Presently Incarnate (originally posted to the World Wide Web October 11, 1995, slightly edited January 1997) (http://www5.zdnet.com/yil/higher/heavensgate/95upd96.htm).【編註】このＵＲＬも消滅しているが、ウェブ上に存続する Heaven's Gate のサイトで閲読可能 (https://www.heavensgate.com/misc/95upd96.htm)。

（25）中でも数少ない学問的研究のサイトがイギリスの King Alfred College に置かれた Centre for

Conspiracy Cultureのページである（http://www.wkac.ac.uk/research/ccc/index.html）。多数の陰謀サイトについては、ここのリンク先を参照のこと。【編註】イギリスのUniversity of WinchesterにあったCentre for Conspiracy Cultureは現在は存在していない。

（26）'95 Statement by an E. T. Presently Incarnate（http://www5.zdnet.com/yil/higher/heavensgate/95upd96.htm）〔註（24）の編註を参照〕.

（27）円盤陰謀理論については、稲生、前掲書、八、九章。またCentre for Conspiracy CultureのThe Cosmic Conspiracyのページを参照のこと〔註（25）の編註を参照〕。

（28）Barkun, op. cit., p. 256.

（29）イリュミナティ（啓明結社）は十八世紀末にドイツに誕生した啓蒙主義的政治結社であるが、短命に終わったにもかかわらず、その後さまざまな政治変動の黒幕とされた。拙稿「ユダヤ・メーソン陰謀論の誕生」（『歴史読本　臨時増刊』第三六巻一八号〔新人物往来社、一九九一年九月〕）を参照のこと〔本書第六章に再録〕。

（30）Barkun, op. cit., pp. 258–259. なお「黒いヘリコプター」というイコンはオウム真理教の陰謀論にも見られたが、この影響関係は不明。

（31）Ibid., p. 259.

（32）David Bay, "Anti-Christ, Aliens, and UFO'S"（http://www.mt.net/~watcher/ceraudio.html）.【編註】このURLは消滅しているが、以下のURLで閲読可能（https://www.cuttingedge.org/ce1030.html）。

（33）ＭＪ12に関してはもっともらしい公文書が出回り、さまざまな陰謀説が流れているが、ここに挙げた極端な例はウィリアム・クーパーの説。クーパーの人と思想についてはDonna Kossy,

Kooks (Portland, OR: Feral House, 1994), pp. 191ff. 参照。ただし現在の彼は、ＵＦＯは秘密政府による策謀であり人為的な現象と見なしている模様。今はミリシアの運動に接近しているのは注目すべきであろう。彼のサイトのＵＲＬは、http://harvest-trust.org/。【編註】二〇〇一年、クーパーは、逮捕に抵抗して発砲し射殺されるという劇的な最期を遂げた。クーパーについては本書第九章も参照。

(34) この部分は、イギリスのＵＦＯ研究誌 *Magonia* のサイトにある記事を参考にした (http://www.netkonect.co.uk/d/dogon/index.htm)。【編註】このサイトは現在では消滅している。Shramek の写真をめぐる騒動については、たとえば以下を参照 (https://www.eso.org/~ohainaut/Hale_Bopp/hb_ufo.html)。

(35) Heaven's Gate—How and When It (http://www5.zdnet.com/yil/higher/heavensgate/index.html).【編註】このＵＲＬも消滅しているが、ウェブ上に存続する Heaven's Gate のサイトで閲読可能 (https://www.heavensgate.com)。

(36) The Internet as a god and propaganda tool for cults (http://www.cnn.com/TECH/9703127/techno.pagans/index.html).【編註】これは現在は以下のＵＲＬで閲読可能 (http://edition.cnn.com/TECH/9703/27/techno.pagans/index.html)。

(37) 【編註】God's Salvation Church (Chen Tao) については、たとえば以下を参照。Charles Houston Prather, "God's Salvation Church: Past, Present and Future," *Marburg Journal of Religion*, vol. 4, no. 1 (July 1999).

第八章

（1）メタフィジックス、メタフィジカルとは、曖昧な用語だが、アメリカ西海岸ではオカルト全般をさす包括的な意味で使われていて、より狭い意味では、ニューソートに神智学やスピリチュアリズムを含んだ概念として用いられている。

（2）【編注】『地下世界』については以下を参照。稲生平太郎「地底への旅」（『ピラミッドの友』一〇号〔近代ピラミッド協会、一九九四年三月〕、後に『定本　何かが空を飛んでいる』〔国書刊行会、二〇一三年〕収録）。

（3）【編註】邦訳、ファイロス著、フレデリック・S・オリバー文『二つの惑星に生きて』（伯井アリナ訳、ナチュラルスピリット、二〇二〇年）。

（4）【編註】ペリーについては本書第九章も参照。

（5）【編註】アダムスキーについては本書第七章も参照。

（6）【編註】原著は、*Flying Saucers Have Landed.* 邦訳は本章に後出。

（7）【編註】原著は、*Inside the Space Ships.* 邦訳、ジョージ・アダムスキ『空飛ぶ円盤同乗記』（久保田八郎訳、高文社、一九五七年）。

（8）【編註】『空飛ぶ円盤同乗記』の一部は、「ジョージ・アダムスキー教授」名義で刊行された小説『宇宙の開拓者——月、火星、金星への旅』（原著は、*Pioneers of Space: A Trip to the Moon, Mars and Venus*）の焼き直しであることが暴露された。なお、『宇宙の開拓者』はアダムスキーの弟子のひとりが代筆したというのが通説になっている。たとえば、以下を参照。Marc Hallet, *A Critical Appraisal of George Adamski: The Man Who Spoke to the Space Brothers*, revised and enlarged ed.（electronic book: published by the author, 2016）.

（9）【編註】ウィリアムスンの生涯については、信奉者たちによって近年に刊行された以下の伝記も参照（二〇一三年にイタリアで刊行された書物の増補英語版）。Michel Zirger and Maurizio Martinelli, *The Incredible Life of George Hunt Williamson* (Baiso, Italy: Verdechiaro Edizioni, 2016). なお、彼の著書としては、他にも *Secret Places of the Lion*（1958）が『ライオンの隠れ家――異星人だった歴史上の偉人たち』（坂本貢一訳、求龍堂、一九九九年）、*Secret of the Andes*（1961）が『アンデスの封印』（坂本貢一訳、ごま書房、一九九七年）などとして邦訳されている。ウィリアムスンについては本書第九章も参照。

(10)【編註】*Other Tongues - Other Flesh*（1954）の邦訳名。同書については本章に後出。

(11)【編註】『宇宙交信機は語る』は、『円盤は語る』（原著は、*The Saucers Speak!* [1954]）と『円盤をめぐる秘密』（原著は、*UFOs Confidential* [1958]）を合冊した邦訳書名。書誌は本章に後出。

(12)【編註】ウィリアムスン、ベイリー『宇宙交信機は語る！』六二頁。

(13) アダムスキー型円盤について、ウィリアムスンの弟子だったスタンフォード兄弟は『地軸は傾く？』（松村雄亮訳、宇宙友好協会、一九五九年）のなかで、円盤の各部位はチャクラやオーラなどのオカルト的人体に相応していて、宇宙エネルギーを呼吸して浮揚していると主張した。

(14)【編註】アダムスキ、前掲書、一一二頁。

(15)【編註】『下中弥三郎事典』二二七頁。引用は同書の「世界連邦運動」の項からで、執筆者は田中正明。

(16)【編註】三浦『心霊の飛躍』三〇一頁。

(17)【編註】三浦『幸福への招待』八頁。

(18)【編註】同書、一四頁。

(19)【編註】信楽『鞍馬山歳時記』八頁。

（20）なお、キーチ夫人もアイアム運動などを遍歴した経験があり、終末事件の後も円盤コンタクティーの世界を離れることはなく、しばらくウィリアムスンの運営する南アメリカの「七光線の僧院」に滞在、六五年からはシャスタ山に居を構えて「サナンダとサナトクマラ協会」を運営する。

（21）【編註】ＣＢＡの活動については、近年に刊行された天宮清『日本ＵＦＯ研究史』（ナチュラルスピリット、二〇一九年）も参照。著者はＣＢＡの元メンバー。やはり元メンバーによる以下の書も、ＣＢＡ、松村雄亮に関する若干の記述を含む。佐々木啓吾『宇宙考古学入門』（大陸書房、一九七八年）。

（22）【編註】残りの二冊は以下のとおり。ダニエル・Ｗ・フライ、ロブサン・ランパ、バック・ネルソン『われわれは円盤に乗った――3つの驚異的コンタクト』（ＣＢＡ編、増野一郎、久保田八郎、丹下芳之訳、一九五九年）、ダナ・ハワード『宇宙の彼方より――金星人ダイアンの言葉』（秋吉春慶訳、一九六〇年）。

（23）「空飛ぶ円盤ニュース」一九六一年（昭和三十六）六月。「ドキュメントＣＢＡ」（『地球ロマン』復刊第二号［絃映社、一九七六年］）一六八頁より引用。

（24）彼らは一九七八年（昭和五十三）まで営々と儀式を続け、渡辺大起『オイカイワタチ』全五冊（オイカイワタチ出版会、一九八一―八二年）にその記録をまとめている。終末予言の失敗に決着をつけるための一八年の記録である。【編註】その後、渡辺大起は、『宇宙からの黙示録――オイカイワタチとは何か』（徳間書店、一九八二年）、『宇宙船　天空に満つる日』（山本耕一との共著、徳間書店、一九九三年）などの書物を執筆して、再浮上を果たした。

（25）【編註】「空飛ぶ円盤ニュース」一九六五年（昭和四十）九月。「ドキュメントＣＢＡ」（『地球ロマン』復刊第二号）一八九頁より引用。

第九章

（1）【編註】rapture のこと。これについては本書第七章を参照。

（2）二〇〇〇年に製作された最初の映画版は『人間消失』として日本版ＤＶＤも発売されている。

【編註】正確には、*Left Behind* は一九九五年から二〇〇七年にかけて刊行された全一六巻に及ぶ長大な作品。そのうち一二冊が邦訳されている（ティム・ラヘイ、ジェリー・ジェンキンズ『レフトビハインド』［上野五男訳、いのちのことば社、二〇〇二年］他）。日本で上映された最新の映画化作品は、ニコラス・ケイジ主演の『レフト・ビハインド』（二〇一四年）。なお、その続篇を謳う *Left Behind: Rise of Antichrist* がカナダで制作され、海外では二〇二三年初頭に公開されている。rapture をテーマにした映画作品については、武田崇元・横山茂雄『霊的最前線に立て！――オカルト・アンダーグラウンド全史』（国書刊行会、二〇二四年）を参照。

（3）【編註】松尾弌之訳、実業之日本社、一九八一年。

（4）邦訳、「イリュミナティ」三部作、『ピラミッドからのぞく目』、『黄金の林檎』、『リヴァイアサン襲来』（小川隆訳、集英社文庫、二〇〇七年）。

（5）邦訳、『コスミック・トリガー』（武邑光裕監訳、八幡書店、一九九四年）。

（6）邦訳、『心的外傷と回復』（中井久夫訳、みすず書房、一九九六年）。

（7）初版は『現代アメリカの陰謀論』（林和彦訳、三交社、二〇〇四年）として邦訳あり。今回参照したものは二〇一三年に発表された増補版。【編註】Michael Barkun, *A Culture of Conspiracy: Apocalyp-*

tic Visions in Contemporary America, 2nd ed.（Berkeley: University of California Press, 2013）.

（8）平野威馬雄の邦訳『空飛ぶ円盤ミステリー』（高文社、一九六〇年）でも日本に知られている。

（9）【編註】クーパーについては本書第七章も参照。

（10）たとえば、*Kooks* で紹介されている逸話によると、O. H. Krill なる宇宙人の名は、他のＵＦＯ研究者が冗談で思いついた名前を、彼が信じ込んだものという。

（11）【編註】ウィリアムスン及びＣＢＡについては本書第八章も参照。

（12）【編註】George Hunt Williamson and John McCoy, *UFOs Confidential*（Corpus Christi, TX: Essence Press, 1958）.

（13）【編註】Ibid., p. 46.

（14）【編註】Ibid., p. 47.

（15）【編註】Ibid., p. 47.

（16）【編註】Ibid., p. 53.

（17）同書の前半「宇宙交信機は語る」は、George Hunt Williamson and Alfred C. Bailey, *The Saucers Speak!*（1954）の翻訳。

（18）レイ＆レクス・スタンフォード『地軸は傾く？』一四三頁。

（19）【編註】Michael Barkun, "The Occultists and the Spaceman: The Metamorphosis of Dorothy Martin," in *Handbook of Spiritualism and Channeling*, ed. Cathy Gutierrez（Leiden: Brill, 2015）.

（20）【編註】ペリーについては本書第八章も参照。

（21）【編註】三浦関造については本書第八章を参照。三浦は、一九三一年にアメリカから日本へ送った文章において、ペリーの当時の活動、思想を「心霊家」として紹介している。三浦関造「米国で親しんだ四人の心霊家」(『心霊と人生』第八巻第一一号［一九三一年十一月号］)。

(22) 一九四一年十二月四日付 "Japanese Intelligence and Propaganda in the United States during 1941" と題するアメリカ海軍情報部の報告書では、日本政府ではペリーを通じてアメリカでサボタージュ工作を行う案が検討され、岩崎はその関係でペリーに接近したと分析されている。【編註】この報告書は以下のURLで閲読可能 (http://www.mansell.com/eo9066/1941/41-12/IA021.html)。

(23) 酒井の日本的なキリスト教は日ユ同祖論で親ユダヤの立場だったが、酒井は古賀の帰日直前に亡くなっているので師弟間の論争は発生しなかった。

(24) チャーチワードのムー大陸、『竹内文献』の紹介からはじまり、ユダヤ人に対して日本の天皇に帰依せよと提言する内容である。

(25) 【編注】正確にいうならば、一九四二年四月、鵜澤總明、林銑十郎、中島今朝吾、白鳥敏夫、藤澤親雄の五名によって発足が提唱され、同年六月に発起人会が開催されるという経緯を経て、皇道世界政治研究所は設立された。また、中里義美は発起人には含まれておらず、賛成者名簿に名前が挙がるにとどまる(『皇道世界政治の提唱』四五頁)。皇道世界政治研究所はその事業として海外へのプロパガンダに力点を置いており(『皇道世界政治の提唱』八—九頁)、実際、発足してまもない一九四二年九月に、藤澤親雄の著した英文冊子 *The World Significance of the Rise of Manchoukuo* (『満州国勃興の世界的意義』)を刊行している。同書において、藤澤は、「一千年以上の間、地下に埋もれていた日本の古文献」に「ミヨイ」という島の沈没が記載されており、これはチャーチワードのムー大陸と「地理的に合致」すると唱えた (p. 10)。

（26）【編註】前者は本書第五章に、後者は本書第七章に再録。

編者解説

（1）「京大SF同好会（第二期）」＝「京大幻想文学研究会」では、蜂谷教授との読書会はおこなっていない。このあたりの事情の詳細については、「横山茂雄ロングインタビュー――川島昭夫・吉永進一らとの交友、そして古本収集話」（『近代出版研究』第二号［皓星社、二〇二三年］）を参照。なお、別の文章でも、吉永は「幻文研」をやはり「歴史も伝統もある」サークルと記している。「幻想円盤金字塔異聞」（無署名）（『ピラミッドの友』二二号［近代ピラミッド協会、一九九七年十月］）。

（2）『幻想文学通信』一号（京都大学幻想文学研究会、一九七六年七月）に、吉永はわずか数行の短い書評（デニス・ホイートリ『黒魔団』［平井呈一訳、国書刊行会、一九七六年］）を寄せている。

（3）わたしはミステリ、探偵小説関係の学内、学外のサークルでも活動していたが、吉永はそちらにはまったく関わっていない。

（4）彼は一、二年ほど留年か休学をしていた可能性があり、生年は一九五〇年頃かもしれない。

（5）『聖者』二号（ヒマラヤ聖者研究会、一九七四年六月）。なお、号数は『UFOグループ会報』を引き継いでいるので、この二号が『聖者』創刊号となる。当時の関西UFO界については、堂本正樹・団精二・中園典明「座談会　日本円盤運動の光と影」（『復刊　地球ロマン』二号［絃映社、一九七六年十月］）も参照。「UFOグループ」の正確な設立時期は未詳であるが、機関誌『UFOグループ会報』一号の刊行は一九七四年三月で、「U超研」の機関誌『宇宙波動』一号（京都大学UFO超心理研究会、一九七四年二月）より一ヶ月後のことであるのに注意。つまり、機関誌の発行に関する限り、「U超研」のほうが「UFOグループ」に先行していた。

（6）原著は、Baird T. Spalding, *Life and Teaching of the Masters of the Far East* (1924-1935).

（7）本書第七章「円盤と至福千年」、「ドキュメントCBA」（『復刊　地球ロマン』二号）、天宮清『日本UFO研究史』（ナチュラルスピリット、二〇一九年）などを参照。「宇宙友好協会」解散後の松村の動向については、武田崇元・横山茂雄『霊的最前線に立て！――オカルト・アンダーグラウンド全史』（国書刊行会、二〇二四年）を参照。

（8）一九六〇年代から一九七〇年代前半にかけての本邦の〈オカルト〉をめぐる文化的状況については、『霊的最前線に立て！』を参照。

（9）『相似象』創刊号（宇野天然会事務所、一九七〇年十月）。また、一九七二年には、大陸書房が、いわゆる古史古伝のひとつ『上記（うえつふみ）』を解説した吾郷清彦『古事記以前の書』を刊行。

（10）「京大UFO超心理研究会年表　1973. 9～1977. 2」（『五周年記念プロローグ』［刊記なし］）。『五周年記念プロローグ』は『宇宙波動』一四号（一九七七年四月）の別冊付録として刊行されたもの。実際には会の設立から約三年半しか経過していないが、足掛け五年に達したという理由で「五周年記念プロローグ」と題されている。煩瑣になるので、いちいち注記しないが、「U超研」の活動に関する以下の記述については、この年表に多くを負う。

（11）原題は、*Erinnerungen an die Zukunfut* (1970). なお、わたしが「U超研」に入った直後の七四年五月にも京都ドイツ文化センターで上映。なお、この作品の短縮版は七四年十一月に『宇宙人は地球にいた』の題名で一般劇場公開。

（12）横山茂雄「11月祭報告　その2　講演会」（『宇宙波動』四号［一九七四年十二月］）。

（13）『宇宙波動』七・八合併号（一九七五年七月）。なお、『宇宙波動』一三号（一九七六年十一月）掲載の「関西超常現象懇談会の事務局をつくろう!!」という記事では、関西学院大学のサークルは「関学応用超心理研」となっており、また、新たに大阪大学の「阪大超自然現象研」が加入している。

（14）中村古峡は、その著『迷信に陥るまで——擬似宗教の心理学的批判』（大東出版社、一九三六年）で、人が迷信に陥る主要な理由のひとつとして「神秘の憧憬」を挙げる。

（15）超常現象を生物学などの自然科学的観点から解明しようとしたライアル・ワトスンの『スーパーネイチャー』が世界的ベストセラーになったのが、一九七三年のことである（邦訳の刊行は七四年）。

（16）七五年に文藝春秋社より単行書として刊行された際、『火の路』と改題。

（17）横山茂雄・訳編「W・ライヒとオルゴン・エネルギー」。後に改訂、短縮して、稲生平太郎・高橋洋・武田崇元『映画の生体解剖×霊的ボリシェヴィキ——霊・言葉・物質』（映画の会、二〇一八年、電子書籍）に収録。

（18）竹内健の重要性については『霊的最前線に立て！』を参照。

（19）稲生平太郎『何かが空を飛んでいる』（新人物往来社、一九九二年）。後に『定本　何かが空を飛んでいる』（国書刊行会、二〇一三年）として再刊。

（20）「幻想円盤金字塔異聞」。なお、本書第二章では、吉永は「U超研」会員を「人生派」と「SF派」の「二手に色分け」する。「SF派」もはなはだ曖昧な言葉だが、吉永の説明によれば、「ようするにのちの「と学会」にあたるような、オタクな人たち」だという。そうすると、やはり

「スケプティカル」、「懐疑主義」に近い意味で「SF派」が用いられているのだろう。

（21）『オカルトブックリスト――オカルトを超越するための手助けとなるために　1975年版』。発行元は「かめのこ出版社」とされている。刊行年月日の記載はないが、最終ページの「おわりの言葉として」の日付は「1974．9．19」。吉永は本書第一章及び第二章で『オカルト・ブック・リスト』と記載し、刊年を一九七四年とするが、これが誤記なのか、あるいは、一九七四年刊行の『オカルト・ブック・リスト』が存在するのかは不明。本稿では『オカルトブックリスト』と記載。

（22）当時の「U超研」の実態については、わたしの主観に偏らないよう、本稿執筆にあたって、当時の会員たち四名――わたしと同学年一名、一年下二名、そして、吉永より一年下一名――からの証言、見解を聴取している。

（23）わたしに確認できた限りでは、「U超研」のメンバーで浅井、O、N以外に「ヒマラヤ聖者研究会」に在籍した人物は一人しかおらず、しかも、ごく短期間で脱会している。

（24）特別号二冊を含む。なお、『聖者』は後に『アクエリアス』と改名され、同誌が少なくとも第六号（七七年三月）まで刊行されたことは確認できた。「ヒマラヤ聖者研究会」について、吉永は以下のようにも記している――「これ（「U超研」）をフロントに宗教団体化を目論んでいた創立者［浅井］は、狙いが大きくはずれたせいか、研究会とは別に「ヒマラヤ聖者の会」（ママ）なるものを結成していた。宗教法人化も企てていたと聞いたが結局は機関誌を数号出して解散した。その機関誌を読むと、今の精神世界系の文章を先取りしたような雰囲気があったのを覚えている」（「幻想円盤金字塔異聞」）。結成の経緯、機関誌の号数などについての記述は誤りであるが、「宗教法人化」

に関しては、七七年春頃に浅井と守田が京都の某霊能者を担いで宗教法人を創立する構想を描いていたとの証言を当時の関係者から得た。

(25) ヒマラヤ神術編『ヒマラヤムービング禅入門――導師守田健に聞く』（アクエリアスセンター、一九八四年）。同書によれば、ヒマラヤ神術事務所は東京、大阪、福岡、札幌の四ヶ所にあり、さらに東京に研修室、大阪府堺市に本部道場を構えるばかりか、瞑想用の宝石や指輪なども販売している。「ヒマラヤ前生リーディング」や「ヒマラヤ運勢判断」の料金が一回七万円（会員は五万円）とあるから、〈精神世界〉のブームに乗って完全にビジネスと化していたようだ。

(26)『宇宙波動』一一号（一九七六年五月）によれば、この年の新入会員は六名。当時の関係者の証言でも、少なくとも五名はいたようだ。

(27)『宇宙波動』九号（一九七五年十月）。ただし、学外のメンバーも含まれている。七六年夏に開催された合宿については、参加者の数が記録に残っていない。

(28) 同号には、吉永ともう一人のメンバーに対する「インド・インタビュー」という記事も掲載されている。吉永が入会した年である七六年の夏に、わたしともう一人のメンバーがインド、ネパール方面へ長期の旅行に行っており、それに刺激されてだろう、彼ら二名は七八年夏にインドに出かけたのである。彼らは帰国してすぐに肝炎で入院する羽目になった。吉永の場合、これは後まで祟り、アルコールなどを絶つことになった。七六年夏の旅行についてのわたしたちへのインタヴュー記事は、『宇宙波動』一三号（七六年十一月）、一四号（七七年四月）に分載されており、吉永は聞き手の一人を務めている。

(29) もう一人の講師は井村宏次。なお、既に七五年の十一月祭で「U超研」は井村を講師として招いている。

(30) 名義は〈S．Y'〉。Y'とあるのは、横山のイニシャルもS．Yなので、それと区別するため。

(31) 「幻想円盤金字塔異聞」。

(32) 『日本のピラミッド』の奥付頁に掲げられた著者略歴では、武内裕は「日本ピラミッド学会会長」と記載されているが、もちろん虚構である。

(33) 二号の刊記は「編集　近代ピラミッド協会　発行　京大UFO超心理研究会」。この号は『本の雑誌』の同人誌コンテストで取り上げられた。

(34) 吉永進一「あとがき」(栗田英彦・塚田穂高・吉永進一編『近現代日本の民間精神療法』〔国書刊行会、二〇一九年〕)。

(35) 三号の刊記は「近代ピラミッド協会　編集発行」。

(36) 四号の刊記は「京都大学UFO超心理研究会内　近代ピラミッド協会」。同号には販売取扱店として、東京ではプラサード書店、模索社、京都ではセイレイ社、ほんやら洞、大阪ではプレイガイドジャーナル社が記載されている。一号はこの時点で品切れ。なお、四号掲載の「東京オカルト界解剖図」(無署名)が、武田洋一から得た情報などを元に吉永がまとめた読み物。

(37) 「イーデン・ウェスト・キョウト」による「ムーヴメント」の公演は、一九八〇年七月に東京の草月会館、翌八一年七月に西宮のアートスペース、京都の磔磔などで開催された。草月会館での公演については本書第二章を参照。

(38) 五号の刊記は「by Modern Pyramid Society」。同号は、吉永によれば「これがアホみたいに売れたんですね。これだけは僕の手元に二冊しかない。残りは全部売れちゃった」という(本書第二章）。

（39）原著は、Francis King, *Satan and Swastika* (London: Mayflower, 1976).

（40）James Webb, *Occult Underground* (LaSalle, Ill: Open Court, 1974 [originally published as *The Flight from Reason* in 1971]): *Occult Establishment* (LaSalle, Ill: Open Court, 1976). ウェブについては、拙著『増補　聖別された肉体』（創元社、二〇二〇年）収録の「三十年後のあとがき」を参照。

（41）川島昭夫との交友については「横山茂雄ロングインタビュー」に詳しい。川島は二〇二〇年二月に逝去。

（42）原著は、Frances Yates, *The Rosicrucian Enlightenment* (London and Boston: Routledge and Kegan Paul, 1972).

（43）『薔薇十字の啓蒙』では英国ルネッサンス期の数学者にして魔術師のジョン・ディーが一種の文化的英雄として扱われているが、自分が四〇年近く経ってから『神の聖なる天使たち―ジョン・ディーの精霊召喚　一五八一～一六〇七―』（研究社、二〇一六年）を刊行することになろうとは当時夢想だにしていなかった。

（44）『ソムニウム』の歴史については「横山茂雄ロングインタビュー」を参照。

（45）岩本道人名義で、取り上げている書物は金井南龍・他『神々の黙示録』（徳間書店、一九八〇年）。なお、同書は金井が主宰した神理研究会の刊行物『かみさまのおはなし』（一九七六年）を武田洋一が大幅に再構成、再編集したもの。金井については『霊的最前線に立て！』を参照。

（46）『特殊古本雑誌』については、「横山茂雄ロングインタビュー」を参照。部数はわずか七部か九部。

（47）ハリスとオリファントについては、『吉永進一セレクション』第一巻所収の「呼吸法とオーラ」

註(4)を参照。

(48)「序」の署名は「近代ピラミッド協会（第二次）／S∴S∴」。したがって、以降は厳密にいえば、「近代ピラミッド協会（第二次）」とすべきかもしれない。「影の水脈」は後に『定本　何かが空を飛んでいる』に収録。

(49)この前後だったと思うが、Richard Cavendish, ed., *Encyclopedia of the Unexplained: Magic, Occultism and Parapsychology*（1976）や Francis King, *Ritual Magic in England*（1970）の翻訳企画が某版元で通り、わたしは実際に作業を開始していたけれども、結局、刊行にはいたらなかった。

(50)この経緯については、『霊的最前線に立て！』を参照。

(51)稲生平太郎「円盤研究余滴」、『ピラミッドの友』六号（一九九一年三月）。同号の刊記は「編集発行・近代ピラミッド協会」。この頃、わたしは福間健二の主宰する詩誌『ジライヤ』に『何かが空を飛んでいる』を連載中だった。なお、福間は二〇二三年四月に他界。

(52)稲生平太郎「不思議な物語　⑨」、『幻想文学』一八号（幻想文学会出版局、一九八七年）。その後、ウィルソンの著作は『神経政治学』（ティモシー・リアリー、ジョージ・A・クープマンとの共著、山形浩生訳、トレヴィル、一九八九年）、『サイケデリック神秘学――セックス・麻薬・オカルティズム』（浜野アキオ訳、ペヨテル工房、一九九二年）、『コスミック・トリガー――イリュミナティ最後の秘密』（武邑光裕訳、八幡書店、一九九四年）が翻訳された。また、ようやく二〇〇七年になって、『イルミナタス！』三部作、*The Eye in the Pyramid*、*The Golden Apple*、*Leviathan* の翻訳が、それぞれ『ピラミッドからのぞく目』、『黄金の林檎』、『リヴァイアサン襲来』として集英社文庫から刊行（いずれも小川隆訳）。

（53）一九九〇年代以降から現在にいたる陰謀論についてのわたしの見解は、横山茂雄・栗田英彦「コンスピリチュアリティは「新しい」のか？――陰謀論の現在」（『コンスピリチュアリティ入門』〔創元社、二〇二三年〕所収）を参照。

（54）原著は、Robert Anton Wilson, *New Inquisition* (Phoenix, Ariz: Falcon Press, 1986).

（55）「幻想円盤金字塔異聞」。

（56）「陰謀の真実」への「前書」（無署名）（『ピラミッドの友』六号）。

（57）『新異端審問 連載第一回』への「前書」（岩本道人名義）（『ピラミッドの友』七号）。

（58）二〇〇二年の時点では、吉永は自分の立場を「他人事のように言えば、歴史に対象を求めることで、スケプティカルとスピリチュアルの間の曖昧なスタンスを保ったまま、現在に至る、ということである。ただ、「間」にいることで得られる視点もあり、中には有用なものもあるかもしれない」と述べている（本書第一章）。

（59）一九七七年にボブ・リカードがジョン・ミッチェルと共同で執筆したフォーティアン系の書物*Phenomena: A Book of Wonders*は、早くも翌年に『フェノメナ――幻象博物館――』（村田薫訳、創林社、一九七八年）として邦訳され、後には『怪奇現象博物館――フェノメナ――』（北宋社、一九八七年）の題名で再刊された。なお、Forteanという言葉は、現在では「超常現象の」という訳語が英和辞典で与えられている。

（60）『Ａｚ』一九号（一九九一年十月）。「アズ・フォーティアン・ワールド」は『Ａｚ』一六号（一九九一年四月）から二六号（一九九二年十二月）に一一回にわたって連載。ただし、「悪魔教恐怖」を扱う二六号の記事のみは、わたしの執筆ではないと思われる（文体、措辞などから推すと、吉永が執筆した可能性が高い）。一六―一八号掲載分は『ＵＦＯ手帖 6.0』（ＳＰファイル友の会、二〇二一年）、一九―二三号掲載分は『ＵＦＯ手帖 7.0』（ＳＰファイル友の会、二〇二二年）に、若干の加筆修正を施して再録された。なお、本書第五章註(27)ではなぜか触れられていないが、イギリスでは一九九〇年に「ノッティンガム事件」が非常に大きな騒ぎとなった。「ノッティンガム事件」などの「悪魔儀式虐待」については『霊的最前線に立て！』も参照。

(61)「あなたと夜と悪魔と虐待とフロイト」（岩本道人名義）（『ピラミッドの友』二〇〇一号［二〇〇〇年七月］）。

(62) 原著は、Lawrence Wright, *Remembering Satan* (New York: Knopf, 1994).

(63)「バチの八つ当たり」（無署名）（『ピラミッドの友』第六号）。

(64)『五周年記念プロローグ』には、一九七五年三月に「［Ｕ超研が］大阪の生体エネルギー研究所を初訪問。所長井村宏次氏と知り合う」と記載されているが、わたしを含む「Ｕ超研」会員の数名は前年に既に井村の知己を得ていたのである。

(65) 創刊時の誌名は『テレパシー』だったが、一九七一年から『テレパシー研究』に改題。市村には『テレパシーの神秘』（大陸書房、一九七一年）など約一〇冊の著書がある。

(66) 七〇年代前半の『テレパシー研究』掲載の記事で、井村は「P．N．P研究集団」あるいは「ＰＮＰ集団（超常現象研究集団）」を名乗っているけれども、これには実体がなかったようだ。なお、七五年の京大十一月祭では、「Ｕ超研」主催の講演会で、井村は「東洋医学と生体エネルギー」と題する講演をおこなった。彼は七七年の十一月祭でも武内裕と共に講師として招かれている（註(29)を参照）。

(67) 井村は『超感覚』の「プロローグ」で「たくさんの学生氏との交流を通して第一に感じたことは、Ｐｓｉ〔超心理、超常現象〕を科学的に研究しようとする人が案外少なかったことである」と述べており、明らかに当時の「Ｕ超研」などを念頭においている。ただし、「Ｕ超研」でも工学部のメンバーを中心にキルリアン装置は製作していた。横山茂雄「キルリアン装置遂に完成」（『宇宙波動』七・八合併号〔一九七五年七月〕）。

(68) 同書は雑誌『遊』（工作舎）に一九七八年から四年間にわたって連載された「超感覚と超技術」に大幅な増補改稿を施したものである。著書『オーラ・テクノロジー』（三修社）も八四年の刊行。その前年の八三年には、井村はチャールズ・T・タート『サイ・パワー』（工作舎）、セルマ・モス『生体エネルギーを求めて』（日本教文社）の翻訳を手がけている。

(69) 吉永進一「あとがき」（『近現代日本の民間精神療法』）。この「あとがき」の末尾で、学生時代に自分が「Ｕ超研」に所属していたこと、それがきっかけで井村と知り合ったことなどを述べるにあたって、吉永は「カミングアウト」という言葉を用いている。なお、吉永が井村を知ったのは後者が「鍼灸医になってまもなくの時期であった」との記述も見られるが、これは誤りで、一九七六年前半の時点で井村はまだ正規の鍼灸師ではない。「生体エネルギー研究所」は後に大阪市北区の天満の古いビルの一室に移転するが、天下茶屋時代について、吉永は「大学一年の時はいろんな文化衝撃を体験するものですが、ここが一番凄かった」と述べる（「幻想円盤金字塔異聞」）。

(70) 井村宏次・稲生平太郎・岩本道人「『異端』と『正統』の思考」（『別冊歴史読本　特別増刊50　禁断の超「歴史」「科学」』〔一九九四年〕）、井村宏次・稲生平太郎・岩本道人「オカルト鼎談」（「オカルトがなぜ悪い！」、「真実と信念の違い」、「批判するより勉強せよ」の三部構成）（『別冊歴史読本　特別増刊58　オカルトがなぜ悪い！』〔一九九四年〕）。なお、吉永は、「真実と信念の違い」でウィルソンに言及するだけでなく、同号に、ウィルソンの『新異端審問』の部分訳に解説を付した構成の「異端科学狩人（サイコップ）たちのオカルト狩りを笑い飛ばす」も寄稿。なお、これら二篇の鼎談は、『別冊歴史読本　特別増刊58』に掲載の井村「人類を呪縛してきたオカルト衝動」、稲生「天に光、地に妖精――UFO体験をめぐって」、岩本「オカルトという言葉の正体――未整理な「経験」に貼り付けられたラベル」、「異端科学狩人（サイコップ）たちのオカルト狩りを笑い飛ばす」（解説部分のみ）と併せ、井村宏次・稲生平太郎・吉永進一『オカルトがなぜ悪い！』（横山茂雄編、ビイング・ネット・プレス、二〇二四年）として刊行。

（71）井村が浄土真宗の団体で熱心な活動をおこなった時期があるという話はかねてから聞いていたが、それが原理主義系の「華光会」だと最近になって判明した。これは岩田文昭氏の教示による。

（72）井村の遺した文章で単行書未収録のもの、あるいは私家版のみにとどまるものは少なくない。そこから選んで数冊にまとめる作業は井村の死後ほどない時期から開始したのだが、わたしには如何ともしがたい事情によって、未だ刊行を見ていない。

（73）井村については、『霊的最前線に立て！』や横山茂雄「井村宏次さんの思い出」（ＡＳＩＯＳ編『昭和・平成オカルト研究読本』〔サイゾー、二〇一九年〕）などを参照。なお、吉永は二〇〇〇年代中頃以降は井村との交流がほぼ途絶えていた。

（74）横山茂雄「「西欧の龍」を痛撃する危険な書物――井村宏次『サイ・テクノロジー』書評」（『心霊研究』第四五八号〔一九八五年四月〕）。

（75）一九九六年頃から、『ピラミッドの友』と並行して、吉永は『MATANGO EXPRESS』と題する数頁の小冊子も不定期で発行しはじめた。題名は彼の勤務地である丹後地方と映画『マタンゴ』の語呂合わせ。手元から散逸して確認できていないが、こちらにわたしは寄稿していないと思う。

（76）『ピラミッドの友』七号には二八部発行との記載がある。

（77）一二号別冊と一三号別冊は、それぞれ、中村和裕「大友本『上津文』の〝発見〟と流布について」、横山茂雄「ディー博士と精霊」という長い論考のみを収録。後者は拙著『神の聖なる天使たち――ジョン・ディーの精霊召喚　一五八一～一六〇七――』（研究社、二〇一六年）の原型をなす。

（78）「編集後記」（『ピラミッドの友』二〇〇一号）。

（79）稲生平太郎「不思議なセルロイド　第一回」、中村酔狂（吉永進一）「サイキな人たち（2）――『ディレクターズ・ア・ブー・ブー』」。吉永は後には映画への興味が薄れたようだが、この頃は熱心だった。

（80）稲生平太郎「記憶の書」。これは拙著『アムネジア』（角川書店、二〇〇六年）の萌芽をなす。

（81）『ピラミッドの友』第二期の多くの号では、吉永が自分の愛聴する楽曲をダビングして収めた「サウンド・コンスピラシー・レーベル」と称するカセット・テープがおまけとして付いていた。一二号別冊では、横山もやれといわれて、わたしが作曲・演奏・録音した曲も収録するテープを作った思い出がある。

（82）『ピラミッドの友』一一号の目次には、*The Pyramid Companion: A Journal of Strange Ideas and Peculiar Beliefs* という英題が記されている。

（83）以下の拙稿を参照（いずれも横山茂雄名義）。「「妖精の誘惑」のためのノート」（『ジライヤ』一八号［雀社、一九九二年］）、「続『妖精の誘惑』のためのノート（一）」（『ピラミッドの友』一一号［一九九六年」）、「他界に魅せられし人々――『妖精の誘惑』のためのノート」（『幻想文学』四七号〔一九九六年〕、後に『定本　何かが空を飛んでいる』収録）。

(84) いうまでもないだろうが、中村古峡のもじり。

(85) 以下を参照。Christopher G. White, *Other Worlds: Spirituality and the Search for Invisible Dimensions* (Cambridge, Mass. and London: Harvard University Press, 2018).

(86) 本書第二章によれば、吉永がジェイムズ研究を志したのは、大学院時代に研究生と『宗教的経験の諸相』を「付き合いで読み始めた」ところ、「えらく面白い」と「はまって」しまったからだという。ジェイムズは「偶然読み始めた」という言葉も、同じ経緯を指すものだろう（「あとがき」〔『近現代日本の民間精神療法』〕）。ただし、実際には、吉永は『宗教的経験の諸相』を既に学部時代に読んでおり、その際の感想は「何を言いたいんだよ、このおっさん」だったと述べている（「サイキな人たち（3）哲学者の憂鬱」）。

(87) かなり後の二〇〇〇年、吉永は、ジェイムズ自身の神秘体験を扱う「ジェイムズ夜話」を本名で執筆（『ピラミッドの友』二〇〇一号）。さらに、これを元に「「アディロンダックの一夜――『宗教的経験の諸相』背後の2、3の物語」（『舞鶴工業高等専門学校紀要』五四号、二〇一九年）が晩年になって書かれた。

(88) ディヴィッド・ケイヴ『エリアーデ宗教学の世界――新しいヒューマニズムへの希望』（吉永進一・奥山倫明訳、せりか書房、一九九六年）。

(89) ミルチャ・エリアーデ『ホーニヒベルガー博士の秘密』（直野敦・住谷春也訳、エディシオン・アルシーヴ、一九八三年）は、わたし自身が訳者に翻訳の依頼をおこなった。なお、エリアーデの小説について、わたしは以下で触れている。稲生平太郎「不思議な物語③」（『幻想文学』一二号［一九八五年］）、稲生平太郎・石堂藍「神秘的文学夜話」（『幻想文学』六五号［二〇〇二年］）。

(90)「エレキな大将（2）」は書かれなかったが、『ピラミッドの友』一〇号には、「エレキな大将番外篇「電撃的切片」その二」（無署名）と題する、引用文だけを並べた一頁の原稿が掲載されている。なお、オカルティズムと電気の関係については『霊的最前線に立て！』も参照。

(91) これは「オバケのQ太郎（オバQ）」のもじり。

(92) 同号に吉永は「翠霞生」名義で「大陸書房のおさらい」も寄稿。ちなみに西瓜は吉永の好物だった。

(93) 巻頭の目次では吉永進一「神智学研究寸評」となっている。ちなみに、同号にわたしは本名で『聖別された肉体』補遺（一）」を寄稿しているが、これを書いたことを不覚にも失念していたので、『増補　聖別された肉体』には未収録。

(94)『ピラミッドの友』に連載の「綺書周游——一名、駄本地獄」は、わたしが二〇〇二年から三年頃にかけて柏書房のウェブサイトに掲載していた同名の戯文とはまったく別の内容。稲生平太郎「綺書周游——一名、駄本地獄〈人外魔境の巻〉」（『ユリイカ』二〇二三年七月号）も参照。なお、「読書の秋特大号」という副題の付された『ピラミッドの友』2002、つまり最終号は、「綺書周游」（煉華房腎虚名義）の「巨弾肥大連載第6回」のみで丸ごと一冊となり、他の原稿は掲載されていない。

(95) 原著は、Henry S. Olcott, *A Buddhist Catechism: According to the Canon of the Southern Church* (1881).

(96)「綺書周游——一名、駄本地獄、第四回」（「二世　濱口腎虚」名義）（『ピラミッドの友』一二号［一九九七年』）。

（97）やはり九〇年代後半に、白石喜之助『印度哲学の精華　ヨギ哲学』（新生堂、一九二七年）を入手して吉永に示したところ、ラマチャラカがこんなかたちでも紹介されていたのかと彼が驚いたのを記憶する。

（98）横山茂雄・日下三蔵編『日影丈吉全集』（全八巻＋別巻、国書刊行会、二〇〇二―二〇〇五年）。

通巻人名・団体名索引

＊欧文表記は，本文中に記されている場合に限って付した。

あ行

アイク，デイヴィッド　②272-273, 274
赤井敏夫　①356, 359
秋田雨雀　→神智学；スウェーデンボルグ；リシャール，ポール
アキノ，マイケル　②166-167
秋山真之　→大本教
芥川龍之介　→浅野和三郎；スティーブンソン，E・S
悪魔教会　Church of Satan　②165, 166
暁烏敏　①248
吾郷清彦　②296
浅井総一（A さん）　②46, 84, 294, 297, 306-308, 372 註 24
　→ヒマラヤ聖者研究会も見よ
浅井雅志　②313
浅倉久志　②36-37
朝倉松四郎　→太霊道
浅田彰　①398　②66
浅野正恭　→大本教；心霊科学研究会
浅野和三郎（憑虚）　①83, 92-95, 321, 322, 341, 342, 343, 348, 440 註 22, 490 註 28, 494 註 33　②18, 21-22, 113, 296, 312
　—と芥川龍之介　①338
　—と飯森正芳　①335-338, 340-341, 489 註 22
　—と石井ふゆ（三峰）　①336, 338
　—の大本教思想　①339-340
　—の略歴　①338-339
　→神智学；心霊科学研究会；スティーブンソン，E・S；田中守平も見よ
浅羽通明　②68
アジア同胞団　②198
アズィズ，アイア　Aziz, Aia　→テオン，マックス
足立栗園　①134, 248
アダムスキー，ジョージ　Adamski, George　②5, 6, 8, 22, 216-217, 239, 245, 254, 262, 264, 265, 280, 294, 297, 301, 363 註 8
　地球の大災害　②217, 257
　—の宇宙人像　②247-248
　—の邦訳文献　②256, 260, 281
　—の略歴　②235-236, 242-244
　→神智学も見よ
アップルホワイト，マーシャル・ハーフ（ボウ）　Applewhite, Marshall

Herff　②129, 130, 207-208, 210, 219
　—の rapture 説　②212-213
　—の陰謀論　②214-215, 221-225
　—の前歴　②205-206
　→ヘヴンズゲイトも見よ
アディヤール派　→神智学
アトキンソン，ウィリアム・ウォーカー　→ラマチャラカ，ヨギ
姉崎正治　①123, 244-245, 248, 295
アブドゥル・バハ　①302
安部磯雄　①296
アメリカ銀軍団　Silver Legion of America（銀シャツ隊，銀シャツ党）　②241, 283, 284
荒井欣一　②48, 256, 294
荒木礒天　①105
荒深道斉　②49, 50
荒俣宏（団精二）　①362　②36-37, 44, 316
有賀龍太　→武田洋一
アリストテレス　①7-8, 9, 11
アリンガム，セドリック　②256
アルファッサ（リシャール），ミラ Alfassa, Mirra　①301
　—と大川周明　①310, 311
　—と岡田式静坐法　①315-317
　—の離日後　①317-318
　—の略歴　①302-305
アルマ　Alma　→ウェア，メアリー
アレクサンダー，アグネス　①307
アンジェリ，ジェイク（チャンスレー，ジェイコブ）　②272, 278
アンジェルッチ　②244
アンゼルチ，オルフェオ　②260
アンダーソン，ジェイムズ　②197
安藤州一　①248
イーデン・ウェスト・キョウト　②55, 58, 60, 312-313, 374 註 37
飯森正芳　①264, 273, 322, 335-337, 340-341, 342, 346-347, 348, 491 註 28
　→浅野和三郎；神智学；スティーブンソン，E・S；宮崎虎之助も見よ
イェイツ，フランセス　②54-55, 313-314
イエズス会　②187, 189, 190, 192, 195
五十嵐光龍　①251
　→田中守平も見よ
生田耕作　②44, 46
石井常造　①175, 243, 275, 458 註 56, 57
石井ふゆ（三峰）　→浅野和三郎
石川貞吉　①221
石川雅章　①250, 455 註 36
石田一郎　→太霊道
石堂藍　②67-68
惟神会　→大本教
磯前順一　①412-413, 415-418, 419-420, 507 註 74
市村俊彦（超心理研究会）　②296, 326
一柳廣孝　②33
壱色春峰　①286
一燈園　→西田天香
井出治　→太霊道
伊藤延次　①206, 208, 254, 263, 265, 266-268

伊藤典夫　②36
伊藤康成　①263
稲葉実子(稲葉大霊会)　①250, 273
稲荷講社　→長澤雄楯
井上円了　①85, 108, 110, 123, 157, 226-227, 232-233, 289, 400　②16
井上哲次郎　①84, 124, 125, 226, 248
　現象即実在論　①112, 123, 332, 469 註 58
　『倫理と宗教との関係』　①167-168, 218-219
稲生平太郎　→横山茂雄
今井梅軒　→大本教
今村新吉　①89, 92
今村力三郎　①94
井村宏次(生体エネルギー研究所)　①86, 187, 222, 230　②48, 53, 73, 75, 85-89, 96, 107, 312, 315, 326-328, 343 註 26, 373 註 29, 378 註 64, 66, 379 註 69, 380 註 71
　→京都大学 UFO 超心理研究会；横山茂雄；吉永進一も見よ
イリュミナティ(啓明教団、啓明結社)　②190-195, 197, 198, 223, 274, 278, 320, 361 註 29
　—の発足と顚末　②188-190
色神博士　→吉永進一
岩崎陽山　②284-286, 368 註 22
岩田美妙(篤之介)　①175, 242, 243, 275, 458 註 55, 462 註 14
　→太霊道も見よ
岩田文昭　①355, 356, 367, 378
岩田鳴球　→大本教
岩野泡鳴　①167
岩本道人　→吉永進一
ヴァールブルグ研究所　→ウォーバーグ研究所
ヴァイスハウプト，アダム　②188-190, 192, 195, 320
ヴィアット　Viatte, Auguste　②67, 77
ヴィヴェーカーナンダ(ヴェーダーンタ協会)　②11
ヴィクター，ジェフリー・S Victor, Jeffrey S.　②154
ウィットフィールド，チャールズ　②174
ウィリアムズ，チャールズ　Williams, Charles　②42, 69
ウィリアムスン，ジョージ・ハント(ドブレノビッチ，ミシェル・D・M)　②247-248, 257, 261, 280-281, 287, 365 註 20
　—と宇宙友好協会　②260, 262, 281
　—の邦訳文献　②260
　—の略歴　②244-247
　—へのウィリアム・ダドリー・ペリーの影響　②245-246, 265, 283-284
　→神智学も見よ
ウィリス，トーマス　①12-13, 426 註 13
ウィルソン，コリン　①363　②7, 295
ウィルソン，ロバート・アントン　①380-383, 500 註 31　②75, 96, 196, 273, 332, 380 註 70
　→吉永進一も見よ
ウィルバー，K　②13
ウィンフリー，オプラ　②162, 269

ウェア，メアリー　Ware, Mary（アルマ　Alma; ユナ　Una）①303-305
ヴェーダーンタ協会　→ヴィヴェーカーナンダ
植島啓司　②61
ウェズレー，ジョン　②139, 142
上田喜三郎　→出口王仁三郎
上田閑照　②61-63
ウェブ，ジェイムズ　Webb, James　②54, 75, 76, 92-93, 101, 313, 314
ウェブスター，ネスタ　②194, 200
ウォーカー，D・P　②54-55
ウォーバーグ研究所（ヴァールブルグ研究所）②55
ウォーンケ，マイク　②157, 159
ヴォルタ　①15, 39
宇佐美景堂　②312
鵜澤總明　②286, 368 註 25
臼井甕男　①175, 243, 459 註 59, 60, 476 註 36
ウスペンスキー　②55, 313
宇高兵作　②112
内田良平　①309
宇宙研究協会 (CRC)　②294, 296
宇宙友好協会　Cosmic Brotherhood Association (CBA)　②258, 260-261, 264-265, 281, 282, 294, 295, 303
　―とジョージ・アダムスキー　②260, 281
　―とジョージ・ハント・ウィリアムスン　②260, 262, 281
　―と生長の家　②262-263
宇宙霊学寮　→田中守平
宇宙霊象研究協会　→栗田仙堂
宇宙連合　②258, 262
エアハード・セミナー・トレーニング　→est
エヴァンズ，ウォレン・フェルト　①61
エヴォラ，ユリウス　②98
エーコ，ウンベルト　②201
江口俊博　①175-176, 459 註 58
エックハルト　②62, 63
エッケル，ハンス・ハインリッヒ・フォン　②198
エッケルト，エドゥアール　②199
エディ（エッデ），メアリ・ベイカー　①63, 435 註 8
エディシオン・アルシーブ　②43-44, 70, 105, 106
エティンガー，F・Ch　①20
江渡狄嶺　①347
エドワーズ，ジョナサン　②134, 137
江間俊一　①196, 199, 242, 243, 463 註 21, 473 註 19
エマソン，ラルフ・ウォルド　①167, 313　②13
　→岡田虎二郎も見よ
江本衷　①94
エリアーデ，ミルチャ　①364　②37, 62, 66, 71, 72, 98, 316, 332
エリオットソン，ジョン　①42
エリス，ビル　Ellis, Bill　②180, 212, 214-215
エルウッド，ロバート・S，Jr　Ellwood, Robert S., Jr.　②77, 78, 98, 100
エレンベルガー，アンリ　Ellenberger, Henri　①29, 35

エロシェンコ　①307
オイケン　①124, 243
黄金の曙教団　①304
黄金のバラ十字教団　②190
オウム真理教　①366, 384, 385, 387, 408, 409, 412　②24, 28, 33-34, 104, 109, 114-115, 116, 131, 204, 323, 361 註 30
王立チベット教団　Royal Order of Tibet　②216, 243, 244
大内青巒　①98
オーエン，ロバート　①79
大川周明　①293-294, 301, 318, 319, 320, 415, 420, 485 註 27
　―とシュライエルマッハー　①295, 300
　―とカタカムナ農法　①294, 482 註 3
　―と催眠術　①226, 296-297
　―と宗教　①295-296, 482 註 4
　―と知識人宗教　①299-300
　―とポール・リシャール　①308-311, 317
　―と八代六郎　①294, 298, 299, 300
　―とルドルフ・シュタイナー　①294
　→道会も見よ
大谷栄一　①355, 356, 358
大谷宗司（日本超心理学会）　②296
大伴昌司　②36
碧海寿広　①358
大本教（皇道大本）　①75, 88-89, 91, 94, 152, 154-155, 260, 265, 331, 345, 360, 370, 390, 391, 393, 404, 449 註 2, 493 註 29　②18, 21, 249, 256, 286
金明霊学会　①325, 328, 488 註 8
皇道霊学会　①325
根本学社　①335
大日本修斎会　①93, 263, 328-329, 333, 335, 338
直霊軍　①333, 336
―と秋山真之　①341, 342-343, 347, 348, 490 註 28, 494 註 33
―と浅野正恭　①93, 342, 492 註 28
―と今井梅軒　①93
―と岩田鳴球　①93
―と岡田射雁（建文）　①85-86, 345
―と海軍軍人　①341-342, 490 註 28
―と岸一太（惟神会、明道会）　①321, 322, 342
―と木原鬼仏　①86, 113, 116-117, 345, 454 註 26, 494 註 36
―と栗田仙堂　①273
―と栗原白嶺　①74-75, 199, 263, 344, 437 註 31
―と車小房　①322
―と太霊道　①199, 203, 263-265, 344
―と滝川辰郎　①93
―と谷口正治　①75, 76, 88, 93, 274, 321, 322, 341, 345-346, 348, 468 註 44　②21
―と友清歓真　①63, 75, 274-275, 321, 322, 339, 346, 468 註 44　②21
―と福中鉄三郎　①335
―と宮飼陶羊　①273-274, 337,

343, 489 註 22, 494 註 33
—と宮沢虎雄 ①93
—の立替え立直し ①93, 264, 323, 332, 333, 334, 337, 339-340, 345, 346, 348
—の鎮魂帰神 ①57, 63, 66, 76, 88, 90, 93, 95, 116, 160, 199, 203, 220, 243, 263-265, 280, 325-327, 332, 333, 334, 338-339, 340-341, 342-343, 344, 346, 440 註 22, 490 註 28, 494 註 33 ②21, 249
大山霊泉(覚行) ①173, 175, 242, 243, 275, 286, 458 註 56, 57
→太霊道も見よ
岡田射雁(建文) →大本教
岡田虎二郎 ①67-68, 69, 243, 249, 300, 319, 415, 451 註 14 ②18-19
岡田式静坐法 ①65-68, 76, 88, 134, 158, 161-162, 198, 220, 245, 280, 296, 300, 315-316, 434 註 3, 456 註 42, 457 註 51
—とラルフ・ウォルド・エマソン ①68, 300, 436 註 20
→スウェーデンボルグ；太霊道も見よ
岡田播陽 ①347
岡田茂吉(世界救世教、大日本観音会) ①160-161, 186, 243, 321, 453 註 23 ②250
岡田喜憲(心理学協会) ①271
小川定時 ②258, 260-261, 262
押川方義 ①452 註 16, 458 註 52
→道会も見よ
オッペンハイム，ジャネット Oppenheim, Janet ②33, 77, 104
小野福平 ①242, 473 註 18
尾羽究太 →吉永進一
オフシー，リチャード ②169
オリヴァー，フレデリック・S ②239
オリファント，ローレンス ①434 註 4 ②318
オルコット(ヲルコット)，ヘンリー・S Olcott, Henry S. ①82, 108 ②10, 15, 334
オルバニーズ，キャサリン Albanese, Catherine L. ①504 註 52 ②78, 99, 101

か行

ガードナー，ジェラルド ②167
カアネ ①48
カーミナー，W Kaminer, Wendy ②174
カーリントン，H ①92 ②20
貝島太市(生気倶楽部) ①275, 453 註 22
ガイタニディス，ヤニス ①359
解放連盟(リーグ・フォー・リベレイション) ②241
鏡明 ②36
賀川豊彦 ②251
河西善治 ②53
ガスナー ①31, 32, 41, 430 註 3
粕谷真洋 →太霊道
カズンズ，ジェイムズ →神智学；リシャール，ポール
加瀬神洲 ①133, 134-135, 141, 147, 234-235, 240
片桐正雄(健寿修養会、明治修養会) ①97, 110, 113-115, 445 註 34

片山雅樹　②57
片山杜秀　①178
勝峯大徹　①247
活霊会　→永井霊洋
加藤咄堂　①125, 167, 247, 248
門脇真枝　①89
カフトン＝ミンケル　Kafton-Minkel, Walter　②239, 266
鎌田東二　②64
神の子供たち　②122, 129
上原清二　②312
ガルヴァーニ，ルイジ　①15, 22, 39
ガレノス　①8, 9, 10, 11, 26
川合清丸　①133, 162
川合信水（基督心宗）　①316, 434 註 4, 452 註 16
河合隼雄　②66
川合春充　→肥田春充
川島昭夫　②314
川島浪速　①309, 463 註 20
川島芳子　①309
川面凡児　①342
関学応用超心理研　②371 註 13
カンギレム，ジョルジュ　Canguilhem, Georges　①12, 21
観自在宗　→木村秀雄
関西学院大学 UFO 超心理研究友の会　②299
カンター，G・N　Cantor, G. N.　①19-20
カンメラー，パウル　②316
キーチ夫人（マーチン，ドロシー）　②257, 365 註 20
キール，ジョン・A　②75, 95-96, 321
岸一太　→大本教
岸本可賀美（天然社）　①342
岸本能武太　②20
北一輝　①293, 305, 309
北後静動　①114
北村小松　②256
北村透谷　①167
ギニー・アンド・ピッグ　Guinea and Pig　→ヘヴンズゲイト
木下尚江　①67, 296
木原鬼仏（通徳。催眠術研究会、心霊哲学会）　①85, 92, 97, 110-117, 161, 162, 243, 245, 345, 348, 453 註 26, 494 註 36　②312
　→大本教；福来友吉も見よ
木村鷹太郎　①123　②49, 318
木村介忠　①286
木村秀雄（観自在宗）　①156, 196, 464 註 21
　→田中守平も見よ
キャンベル　Campbell, Bruce F.　②79, 100
キャンベル，コリン　Cambell, Colin　①401, 402-403, 419, 487 註 1
キャンベル，ジョン・W　②324
救世軍　②121
求道学舎　→近角常観
京大 SF 同好会（第二期）　②292, 369 註 1
京都大学幻想文学研究会（幻文研）　①362, 363, 376　②37, 40-43, 44, 57, 68, 291-293, 340 註 3, 369 註 1
京都大学 UFO 超心理研究会（U 超研）　①361-363, 373-374, 376, 389　②40, 46, 48, 52, 53, 58, 64, 68, 73, 107, 116, 291, 292, 297, 299, 300-308, 313, 314, 322, 339 註 1

『宇宙波動』 ②298, 305, 308, 369 註 5
—と井村宏次 ②48, 326, 327, 373 註 29, 378 註 64, 66
—と近代ピラミッド協会 ②51, 309-311
—と武田洋一(武内裕) ②47-49, 51, 309-310, 378 註 66
—とヒマラヤ聖者研究会 ②84, 306-307, 372 註 23, 24
—の発足 ②293-294, 297
吉永進一の—代表時期 ②60, 308
虚偽記憶症候群財団 False Memory Syndrome Foundation (FMS 財団) ②155, 164, 169-170
清沢(徳永)満之 ①123, 230-231, 232-233, 248, 456 註 41
基督心宗 →川合信水
桐山靖雄 ①362 ②7
キルナー ①61, 456 註 42, 457 註 51
キング，フランシス King, Francis ②47, 53, 56, 57, 75, 76, 92, 313-314, 376 註 49
銀シャツ隊／銀シャツ党 →アメリカ銀軍団
近代宇宙旅行協会 ②51, 294
近代ピラミッド協会 ①361, 362, 389 ②31, 51, 60, 309-311, 324
『ピラミッドの友』 ②53, 65, 71, 103, 309, 315
『ピラミッドの友』創刊号 ①362 ②47, 51-52, 309-311
『ピラミッドの友』第二号 ②47, 56, 311, 313-314
『ピラミッドの友』第三号 ①362 ②47, 312, 315
『ピラミッドの友』第四号 ②47, 57-58, 312
『ピラミッドの友』第五号(終刊号) ②47, 58-60, 312-313
近代ピラミッド協会(第二次) ②318-319, 376 註 48
『ピラミッドの友』六号 ①501 註 35 ②319, 329, 330, 376 註 51, 377 註 56, 378 註 63
『ピラミッドの友』七号 ①500 註 30 ②321, 329, 330, 331, 377 註 57, 381 註 76
『ピラミッドの友』八号 ①500 註 33 ②329, 331, 332-333
『ピラミッドの友』九号 ②329, 330
『ピラミッドの友』一〇号 ①365, 385-386, 387, 501 註 37, 38 ②329, 330, 333, 363 註 2, 383 註 90
『ピラミッドの友』一一号別冊臨時増刊 ②329, 330
『ピラミッドの友』一一号 ②329, 333, 381 註 82, 83
『ピラミッドの友』一二号別冊 ②329, 381 註 77, 81
『ピラミッドの友』一二号 ①365 ②329, 333, 369 註 1, 383 註 96
『ピラミッドの友』一三号別冊 ②329, 381 註 77
『ピラミッドの友』二〇〇一号 ②329, 334, 378 註 61, 382 註 87
『ピラミッドの友』2002

②330, 383 註 94
金明霊学会　→大本教
クインビー，P・P　①73, 435 註 8
クーナー，ウォルフガング　②125
クーパー，ミルトン・ウィリアム　②276, 278, 361 註 33
葛生能久　①309
クック，フローレンス　①80, 81
九津見房子　①347, 495 註 38
クニッゲ　②189-190
グプタ，ヘームラバ・L　①308
久保田八郎　②256, 259, 260, 295
隈本有尚　①156
久米民十郎　→太霊道
クラーク，ジョン　②125
グラヴェサンデ　①14
クラウタウ，オリオン　①359, 360
鞍馬弘教　→神智学；三浦関造
グリーン，トマス・ヒル　①167
グリーンバウム（グリーン博士）②178
クリシュナムルティ　①302, 313　②5, 6
クリスチャン・カソリック教会　→ダウイ，ジョン・アレクサンダー
クリスチャン・サイエンス（クリスチアン、サイエンス）　①63, 84, 94, 159, 435 註 8, 439 註 17
栗田仙堂（貞輔。宇宙霊象研究協会、リズム学院）　①87, 243, 273-274, 439 註 10, 468 註 43, 469 註 59　②109
　→大本教；太霊道も見よ
栗原古城（元吉）　①91, 311, 485 註 27
栗原白嶺　→大本教；神智学；太霊道
クルーゲ，C・A・F　①30, 36-38, 47
グループ　The Group　→ヘヴンズゲイト
グルジェフ，G・I　②27, 29, 53, 55, 312
　→吉永進一も見よ
クルックス　①80, 81
車小房　→大本教
クレミュー，アドルフ　②200
黒岩周六　①120, 122, 125-129, 134, 170, 171, 229, 248, 271, 471 註 13
クロウリー，アレスター　②24, 68, 166, 167, 320
グロルマン　②191
桑田欣児（源五郎。道教）　①160, 223, 224, 242, 243, 470 註 6, 480 註 82
　桑田式霊法の内容　①285-286, 481 註 98
　真生会（宗教法人化）　①288-289
　整体療法への転向　①286-287
　帝国心霊研究会の会員数と支部の所在地　①281
　帝国心霊研究会の会誌発行部数と会員数　①282-284
　帝国心霊研究会の発行書籍の価格と内容　①279-281
　―と野口晴哉　①276, 453 註 24
　―と松原皎月　①276
　―の精神の定義　①237-238
　―の略歴　①276-279, 453 註 21
　→太霊道も見よ
桑原天然（俊郎。精神研究会）

①62, 120, 123, 138, 161, 222-223, 239, 242, 243, 245, 247, 248, 300, 415, 435 註 7, 451 註 13, 472 註 14, 473 註 18, 20, 474 註 25　②16-18, 20, 110
—と真宗大谷派　①131, 132, 167, 226, 230, 447 註 21
—の影響　①134, 137, 158, 159, 165, 233-236, 238, 271, 290, 296-297, 472 註 15
—の精神霊動論　①129-133, 134, 135, 140, 141, 147, 148, 157, 163-165, 169, 174, 224-230, 236, 290, 471 註 13
—の大我の由来　①166-168
郡司成忠　→太霊道
ケイシー，エドガー　②5, 8, 22, 48, 52, 73, 84, 294, 296, 307
啓明教団／啓明結社　→イリュミナティ
ゲーテ　②190
ケーラス，ポール　②114
華光会　②380 註 71
ゲノン，ルネ　②98
ゲラー，ユリ　①363　②5, 7, 35, 38, 295, 300, 340 註 2
ケルナー，ユスティヌル　①36
健寿修養会　→片桐正雄
健全哲学館　→鈴木美山
幻想文学会（早稲田大学）　②68
幻文研　→京都大学幻想文学研究会
原理日本社　①178, 459 註 61
工作舎　②43, 44, 61, 106, 315
幸田露伴　→栗原古城；沼波瓊音
皇道大本　→大本教
皇道世界政治研究所　②286-287, 368 註 25
皇道霊学会　→大本教
幸徳伝次郎　①296
神戸心霊協会　→関昌祐
ゴーシュ，オーロビンド　Ghose, Aurobindo　①302, 306, 311, 313, 317, 318-319
ゴールド，アラン　Gauld, Alan　①36-37
コーン，ノーマン　②198, 200
古賀治朗　②284-286, 368 註 23
古賀政男　②285
古賀廉造　①226, 472 註 15
黒魔団　②44
国民協会　→田中守平
古澤平作　①232
古代神秘薔薇十字教団　→ルイス，H・スペンサー
児玉源太郎　→田中守平
コットン，ヘンリー　①308
ゴドウィン　Godwin, Joscelyn　②79, 100, 103
後藤繁雄　②315
五島勉　①363　②295
小林参三郎　①315-317
→神智学も見よ
小林信子（静坐社）　①315, 316, 486 註 39
金光教　①325　②64
コンスタンソ，アドルフォ　②154
今東光　→神智学
近藤嘉三　①163, 170, 171, 224, 227-228, 229, 454 註 31
根本学社　→大本教

さ行

サージャント，ウィリアム　Sargant, William Walters　②139-142, 143, 150, 151
サール，ジョン　②294
サイエントロジー　②121, 122, 146, 167, 169, 231, 232
サイコップ　CSICOP (Committee for the Scientific Investigation of Claims of the Paranormal)　①366, 374, 375, 382　②75, 93-94
斎藤茂吉　①90
催眠術研究会　→木原鬼仏
サイレンス・グループ　②280
酒井勝軍　②49, 285, 286, 302, 312, 368 註 23
堺利彦　①296
櫻井義秀　①408, 499 註 19, 506 註 67
桜沢如一（日本 CI 協会）　②5, 294
サットン，ジェフリー　Sutton, Geoffrey　①15-17, 19
サナンダとサナトクマラ協会　②365 註 20
サン＝ジェルマン出版　②237
サンヘドリン　②198, 199
シェイ，ロバート　①381　②273, 320
ジェイコブズ，デイヴィッド　②179
ジェイムズ，ウィリアム　①54, 70, 79, 107, 122　②93, 136-137, 138, 142, 145, 152, 331
　→吉永進一も見よ
シェリング　①40
ジェンキンズ，フィリップ　Jenkins, Philip　②79, 100, 236, 237, 266
ジ・オカルト　②157
塩谷信男　②286
信楽香雲　→神智学；三浦関造
自己実現友愛会　→ヨガナンダ
至誠殿　①66
品田俊平（心教）　①242, 243
篠崎雅太郎　→太霊道
渋江保　①81
渋江抽斎（易軒）　①81
澁澤龍彦　①363, 374, 499 註 24　②37, 55, 85, 102, 299, 313
島薗進　①390, 391, 408, 499 註 19, 503 註 46, 506 註 66　②7, 9, 64, 108, 304
島田裕巳　②61, 64
清水芳洲（英範。修霊教化団、日本心療師会）　①199, 242, 243, 286, 287, 453 註 21, 470 註 6
志水一夫　②48, 85
嗜眠道人／市民道人　→吉永進一
下中弥三郎　②250-251, 253, 255, 256, 264, 317
　—と三浦関造　②250, 255
　→神智学も見よ
シモニーニ　②198-199
釈宗演　①247
ジャコバン党　②192, 193, 196, 198
シャピロ，エリ　Shapiro, Eli　②124
シャボティ　②197
シャルコー　①30
宗教社会学研究会（宗社研）　①365, 391　②64, 74
宗教社会学の会　①365, 391　②64,

74
宗教心理学研究所　→本山博
十菱麟　②22, 252, 296
シュウプ，アンソン・D，ジュニア Shupe, Anson D., Jr　②122, 127, 128
シューベルト，ゴットヒルフ・ハインリヒ　①37
修養団　→蓮沼門三
修霊教化団　→清水芳洲
ジュダー，スティルソン　Judah, J. Stillson　②79, 100
シュタイナー，ルドルフ　①363, 419　②24, 53
→大川周明も見よ
シュタルク，ヨハン・A　②191, 192, 193
シュライエルマッハー　①299, 413, 415
→大川周明も見よ
シュライバー，フローラ・リータ Schreiber, Flora Rheta　②147, 176
ジョーンズ，ジム（人民寺院） ②128, 142, 168, 203
ジョン・バーチ協会　②276
白鳥敏夫　②368 註 25
ジルボーグ，グレゴリ　Zilboorg, Gregory　①32
シンガー，マーガレット　Singer, Margaret Thaler　②143, 144-145, 169, 229
心教　→品田俊平
心象会　①82-83, 243, 247, 298　②20
真生会　→桑田欣児
神政龍神会　①321, 322　②249
人体ラジウム学会　→松本道別
神智学（Theosophy、神智会、セオソフィ，セオソフィカルソサエチー、テオソフィー、霊智学）　①41, 59, 60, 71, 74-75, 95, 108, 156, 239, 293, 300, 304, 312, 314, 319, 348　②10, 11, 13, 14, 15, 21, 24, 79, 80, 82, 99-101, 107, 111, 112, 216, 282, 297
アディヤール派　①302, 312, 317, 465 註 28　②56
—と秋田雨雀　①307, 313
—と浅野和三郎　①92, 341, 441 註 27　②18, 21-22
—と飯森正芳　①335, 336, 489 註 22
東方の星結社　①313
—とガイ・ウォレン・バラード ②237
—と栗原白嶺　①74-75
—と小林参三郎　①316-317, 456 註 42
—と今東光　①74
—とジェイムズ・カズンズ ①485 註 23
—と信楽香雲（鞍馬弘教） ②255
—と下中弥三郎　②255
—とジャック・ブリンクリー ①465 註 28
—とジョージ・アダムスキー ②216, 243
—とジョージ・ハント・ウィリアムスン　②280
—と鈴木大拙　①293, 465 註 28, 485 註 23

—と太霊道　①64, 215, 254
—と高橋五郎　①74, 84, 456 註 42
—と谷口正治　②21-22
—と友清歓真　①437 註 30 ②21-22
—と平井金三　①82　②15, 20
—と福島ひさ　①441 註 27
—とポール・リシャール ①300, 302, 307, 313, 317
—とボニー・ルー・ネトルズ ②205-206
—と松本道別　①64
—と三浦関造　②5, 252-253
—のマスター　②237-238
ポイント・ロマ派　①92, 305, 336, 440 註 25　②56, 241
→スティーブンソン，E・S；ブラヴァツキー，ヘレナ・ペトロヴナ；ベサント，アニー；吉永進一；リードビーター，チャールズ・W も見よ
神道天行居　→友清歓真
新仏教同志会　①125
人文書院(日本心霊学会)　①92, 94, 243, 440 註 24, 441 註 30
人民寺院　→ジョーンズ，ジム
心理学協会　→岡田喜憲
心霊科学研究会(心霊研究協会) ①86, 94, 95, 321, 341, 342, 442 註 31　②21, 296
心霊研究協会 (Psychical Society) ①48, 60, 62　②7, 238
心霊研究同志会　→二神宗禅
心霊現象研究会　①94
心霊哲学会　→木原鬼仏
翠霞生　→吉永進一
スウェーデンボルグ(スイデンボルグ、スウェデンボルグ)　①68, 80, 93, 156, 319, 348, 357　②10, 16, 216
—とJ・H・ユング＝シュティリング　①38
—と秋田雨雀　①307, 484 註 20
—と岡田虎二郎　①300
—とジョゼフ・ハドック ①46-47
—とジョン・ブーヴィー・ドッズ　①26
—と鈴木大拙　①293, 438 註 4, 484 註 20　②16, 19
—とポール・リシャール ①307
末木文美士　①99, 356, 357
杉村楚人冠　→スティーブンソン，E・S
杉本繁郎　②114
杉山重義　①442 註 31
杉山義雄　①94, 442 註 31
鈴木大拙　①357　②18, 146
→神智学；スウェーデンボルグも見よ
鈴木美山(健全哲学館)　①87, 242, 345, 439 註 10
スタンフォード兄弟(レイ & レクス・スタンフォード　Ray Stanford and Rex Stanford)　②217, 259, 260, 280, 281, 364 註 13
スティーブンソン，E・S　①156, 440 註 25
—と芥川龍之介　②111, 113-114

—と浅野和三郎　①92　②111, 113
—と飯森正芳　①335, 340-341
—と杉村楚人冠　②112, 113
ストリーバー, W　②179
ストリンドベリ, オーギュスト　②187
スピア, J・M　②12
スポールディング, ベアード・T　②8, 22, 294
スミス, エレーネ　②216
スミス, クラーク・アシュトン　②37, 292
スミス, ジェラルド・L・K　②283
スミス, ミシェル　Smith, Michelle　②157-158, 160, 269, 348 註 10
スラデック, ジョン　②37
スワガート, ジミー　②352 註 41
生気倶楽部　→貝島太市
清家新一　②297
静坐社　→小林信子
精神学院　→真島丹吾
精神研究会　→桑原天然；古屋鉄石
生体エネルギー研究所　→井村宏次
生長の家　①64, 75, 76, 321, 345　②21, 22
—と宇宙友好協会　②262-263
→谷口正治も見よ
聖堂騎士団　②193
青年教団　→松本君平
セオソフィ／セオソフィカルソサエチー　→神智学
世界救世教　→岡田茂吉
関口野薔薇　②22, 252, 296
関英男　②296
関昌祐(神戸心霊協会、霊光洞)　①92, 94
セトの神殿　Temple of Set　②166
セラーズ, ショーン　②153
セルーロ, モリス　②157
全国精神治療協会　→東洋心理協会
洗心会　→松原皎月
創価学会　②121, 256
相似象学会　②296
相馬黒光　①316
創林社　②71, 318, 342 註 22

た行

ダーサ, フィランジ　②15
大東社　②194, 198
大同一　②57
大日本観音会　→岡田茂吉
大日本催眠術協会　→古屋鉄石
大日本修斎会　→大本教
大日本帝国青年会　→田中守平
大白色同胞団　②237
太陽寺院　Solar Temple　②204, 357 註 3
大陸書房　①363　②22-23, 39, 73, 296, 370 註 9, 383 註 92
太霊道　①57, 66, 86, 87, 133, 135, 159-160, 185-186, 241, 243, 245, 249, 272, 284, 344-345, 449 註 35, 465 註 29　②20-21, 333
太霊道修養会　①268
—と朝倉松四郎　①256
—と石田一郎　①255
—と井出治　①255
—と岩田美妙　①275, 458 註 55, 462 註 14
—と大本教　①199, 263-265, 439 註 18

—と大山霊泉　①275
—と岡田式静坐法　①198, 246, 464 註 27
—と粕谷真洋　①199
—と久米民十郎　①199, 465 註 28
—と栗田仙堂　①87, 199, 207, 213, 253, 273-274, 468 註 43, 479 註 75
—と栗原白嶺　①199, 263, 344, 437 註 31
—と桑田欣児　①276-278, 287, 453 註 21, 480 註 82
—と郡司成忠　①464 註 26
—とジェイ・イングラム・ブライアン　①199, 465 註 28
—と篠崎雅太郎　①256
—とジャック・ブリンクリー　①199, 465 註 28
—と高木秀輔　①275-276, 457 註 51, 462 註 14
—と高橋五郎　①72, 199, 465 註 28
—と谷口正治　①76, 88, 185, 274, 345, 468 註 44
—と辻村楠造　①274, 464 註 26
—と天皇制国家　①219, 274, 469 註 59
—と友清歓真　①185, 274-275, 464 註 26, 468 註 44
—と中根環堂　①88, 199, 253, 256, 465 註 28
—と中村春二　①464 註 26
—と牧虎文　①464 註 26
—と松本道別　①199, 219, 274, 469 註 59
—と間宮春四郎　①255
—と望月大祐　①255
—と森山弘助　①199
—と山崎増蔵　①464 註 26
—と山村イヲ子　①273, 465 註 28, 468 註 43, 479 註 75
—と柚園秀芳　①274
—と横田宗太郎　①256
—の会費　①273, 279-280, 465 註 31, 466 註 32
—の学校化　①203-204, 252, 263
—の教義　①72, 87, 155, 165-166, 167, 169, 174, 177, 182, 211-217, 219, 237, 344, 468 註 47, 469 註 58
—の宗教化(太霊道神教)／宗教性　①200, 204-209, 216, 243, 263-269, 288-289, 466 註 36
—の精神療法運動　①202-204
—のメディア戦略　①197-198, 252-258
—の理想郷建設　①261-263
→神智学；田中守平も見よ
ダウイ，ジョン・アレクサンダー(クリスチャン・カソリック教会)　①63, 435 註 8
ダヴェンポート，F・M　Davenport, Frederick Morgan　②137-138
タウンゼンド，チョーンシー・ヘア　①30, 42-46, 47
高木秀輔(霊道救世会)　①173, 242, 243, 275, 448 註 28, 457 註 51, 462 註 14
→太霊道；ラマチャラカ，ヨギも見よ

高田集蔵　①336, 337, 341, 346-348
　→飯森正芳；宮崎虎之助も見よ
高梨純一　②259, 294
高橋巖　①363　②53
高橋五郎　①62, 81, 84, 86-87, 91, 94, 246　②19, 312
　→神智学；太霊道も見よ
高山宏　②55, 69
滝川辰郎　→大本教
滝澤利行　①134
宅間巌　①132-133, 222, 223, 230-232, 234, 243, 289, 451 註 13
竹内章　①235
竹内亀尾　①152-153, 154
竹内健　②303
竹内周子　①133, 136-138, 141, 223, 235, 243
竹内楠三　①81, 123, 248
竹下一郎　②296
武田洋一（有賀龍太、武内裕、武田崇元）①362, 363, 364, 372, 374, 376, 378-379, 389, 391, 399, 503 註 44　②50-51, 60, 64, 75, 374 註 36, 375 註 45
　『日本のピラミッド』①378　②35, 38-39, 49-50, 60, 301-302, 311, 374 註 32
　『復刊　地球ロマン』①378　②51, 53, 60, 73, 92, 107, 302-303, 311, 313
　『迷宮』①379　②23, 47, 59-60, 107-108, 315
　→京都大学 UFO 超心理研究会も見よ
武邑光裕　①81　②60, 66
タゴール　→リシャール，ポール
多田鼎　①248
立ちのぼる曙光　②198
田中正造　①67, 434 註 4, 461 註 8
田中守平（天蒙、天洋、天来）①87, 133, 135, 153-154, 155, 159-160, 165, 179, 181, 185-187, 201, 204, 207, 208, 219, 224, 242, 243, 249-251, 252, 255, 258, 290, 344-345, 365, 450 註 5, 464 註 21, 465 註 29　②20, 312, 333
　第一期　少年期　①188
　第二期　上京から直訴事件　①189-190
　第三期　修養と霊能開発　①190-192
　第四期　青年会時代（大日本帝国青年会）①192-194, 249, 462 註 16
　第五期　霊子術時代　①194-197
　第六期　太霊道時代　①197-201
　宇宙霊学寮（東京霊理学会）①195, 197, 252
　地元の有力者としての―　①200, 261-262, 268, 460 註 1, 461 註 4
　―と浅野和三郎　①199, 263-265, 344
　―と五十嵐光龍　①250-251, 455 註 36
　―と木村秀雄　①196, 250, 251, 455 註 36, 464 註 21
　―と児玉源太郎　①192-193, 249, 462 註 16
　―とタラハン王／達爾罕王

①195, 250
—と松本君平　①269, 272
—と松本道別　①199, 205, 274
—と目黒幸太郎　①195, 250-251, 273, 455 註 36
—と守田利遠　①250, 463 註 20
—の政治活動(国民協会)　①188-191, 197, 209-211, 220, 258-260
—のメシア的使命感　①193-194, 201, 211, 258
→太霊道も見よ
田邉信太郎　①220
谷口正治(雅春)　①64, 75, 76, 94, 95, 243, 468 註 44　②22, 252, 262-263, 312
→大本教；神智学；生長の家；太霊道も見よ
谷本富　①248
種村季弘　②37, 299
玉利喜造　①172-173, 177, 457 註 50
タラハン王／達爾罕王　→田中守平
団精二　→荒俣宏
近角常観(求道学舎)　①228, 232-233, 248, 459 註 61
チャーチワード，ジェームズ　②287, 296, 368 註 25
チャルディーニ，ロバート・B　Cialdini, Robert B.　②128, 143
チャンスレー，ジェイコブ　→アンジェリ，ジェイク
中央青年会　→道会
超感覚研究会　②326
超心理研究会　→市村俊彦
調和道協会　→藤田霊斎
直霊軍　→大本教
塚本邦雄　②36
辻村楠造　→太霊道
対本宗訓　②317
筒井康隆　②36
提健男　①342
綱島梁川　①123, 228, 248
常光浩然　①99
つのだじろう　②295
ディー，ジョン　②54, 334, 375 註 43
ディヴィッシュ，プロコプ　①20-21
デイヴィッドソン，ピーター　Davidson, Peter　①304
帝国心霊研究会　→桑田欣児
デイビス，ローラ　②149
ティレット　Tillet, Gregory　②79, 100
ティングレー，キャサリン　②241
テオソフィー　→神智学
テオン，マックス　Theon, Max (Bimstein, Louis Maximillian; アズィズ，アイア　Aziz, Aia)　①301, 303-305, 318
デカルト　①6, 17, 19, 21, 23, 27, 28, 53, 54, 59, 399　②17
—の動物精気　①7, 8-11, 12-13, 25
出口王仁三郎(上田喜三郎)　①89, 93, 243, 264, 322, 333, 334, 338-340, 347-348, 440 註 22, 494 註 33　②16, 21
—と長澤雄楯　①325
—と三田村四郎　①347
—の思想(大日本修斎会設立時)　①327-332

—の入信と鎮魂帰神の法　①324-327
→大本教も見よ
出口なお　①93, 264, 266, 322-327, 328, 332, 333, 334, 339, 348　②21
デ・グリムトン夫妻(プロセス Process)　②167
手塚治虫　②71, 295
デニケン，エーリッヒ・フォン　①363　②5, 7, 50, 245, 248, 287, 297, 302
デュフェイ　①14
デュモン，セロン　→ラマチャラカ，ヨギ
天華洋行　②112
天行居　→友清歓真
伝道義会　①342
天然社　→岸本可賀美
天風会　→中村天風
テンプル騎士団　②191
テンプル騎士団の厳格戒律　②190-191
テンプル司祭団　②191
ド・アンド・シ　Do and Ti　→ヘヴンズゲイト
東亜青年救世義団　→松本君平
統一教会　①366, 506 註 66　②121, 122, 125, 128, 146, 168
統一哲医学会　→中村天風
道会(日本教会)　①243, 247, 297-298　②20
中央青年会　①298
—と大川周明　①294, 296, 297-298, 316
—と押川方義　①298
—と西川光二郎　①296
—と肥田春充　①316
—と平井金三　①247, 298　②20
—と藤田霊斎　①247, 298, 316, 451 註 15
—と村井知至　①298
不朽青年会　①298
→松村介石も見よ
東京心霊科学協会　②296
東京霊理学会　→田中守平
東方の星結社　→神智学
頭山満　①308, 309
東洋心理協会(全国精神治療協会)　①196, 463 註 21
ドーリル，M　②252
と学会　①374　②33-34, 85, 104, 114
徳富蘇峰　①57-58　②286
徳永満之　→清沢満之
徳永光男　②259-261
ド・サンスボワ，デュポテ　de Sennevoy, Dupotet　①38, 42
徳教　→松本君平
ドッズ，ジョン・ブーヴィー　Dods, John Bovee　①24-27, 120-122, 140-141, 148, 446 註 1
→スウェーデンボルグも見よ
ドブルウシュカ，モーゼズ　②197-198
ドブレノビッチ，ミシェル・D・M　→ウィリアムスン，ジョージ・ハント
富永勇　①229, 230, 473 註 18
富山太佳夫　②69
友清歓真(九吾。神道天行居)　①63-64, 75-76, 243, 468 註 44　②

21-22
—と長澤雄楯　①332, 346
→大本教；神智学；太霊道も見よ
ド・モンラヴァル，タルディ　①34
ド・ラ・ブルトンヌ，レチフ　①21, 428 註 34
鳥居龍蔵　②49
トレルチ，エルンスト　①401, 402, 414, 419

な行

永井隆　①142, 179
永井霊洋（嘉太郎。活霊会）　①120, 134, 141-149, 179-181, 236, 448 註 31, 35
中江兆民　①124, 129, 168
中岡俊哉　②95, 295
中川智正　①384　②90, 323, 343 註 28
中川信夫　②42, 293
中里介山　①347
中里義美　②286, 368 註 25
長澤雄楯（稲荷講社）　①325-326, 327, 332, 346, 365, 473 註 20　②21
→出口王仁三郎も見よ
長澤鼎　②318
中沢新一　②61, 67
中島今朝吾　②286, 368 註 25
中西牛郎　②334
中根環堂（滄海）　→太霊道
中村嘉寿　②286
中村和裕　①187, 275, 466 註 32
中村古峡（日本精神医学会）　①86, 89, 90, 94, 199, 275, 440 註 21, 457 註 51
中村酔狂　→吉永進一
中村天風（三郎。天風会、統一哲医学会）　①286, 457 註 49　②21
→ラマチャラカ，ヨギも見よ
中村春二　→太霊道
中野文隆　②296
長本兄弟商会　②92
ナチス　②178, 200, 283
並木英子　①356, 360, 473 註 20
並木伸一郎　②295
楢崎皐月　①482 註 3　②296
西川光二郎　→道会
西田天香（一燈園）　①152, 175
西谷啓治　②61
西村真次　①81
西山茂　①152, 391, 397, 449 註 2
二世　濱口腎虚　→横山茂雄
新渡戸稲造　②18
日本 CI 協会　→桜沢如一
日本 GAP　②260, 295, 297
日本宇宙現象研究会　②295
日本教会　→道会
日本神学連盟　②296
日本心療師会　→清水芳洲
日本心霊科学協会　②296, 326
日本心霊学会　→人文書院
日本精神医学会　→中村古峡
日本空飛ぶ円盤研究会　②256, 262, 294
日本超心理学会　→大谷宗司
日本ピラミッド学会　②374 註 32
ニュートン　①13, 17　②22
忽滑谷快天　①247, 438 註 4
→ラマチャラカ，ヨギも見よ
沼波瓊音（武雄）　①311, 485 註 27
ネイサン，D　Nathan, Debbie　②169

ネトルズ，ボニー・ルー　Nettles, Bonnie Lu（ピープ）　②129, 205-206, 207, 210, 227
　→神智学も見よ
ネルソン，バック　②256
野口晴哉　①161, 203, 288, 453 註 24
　→桑田欣児も見よ
野尻抱影　①92
ノストラダムス　②5
ノレ，ジャン・アソトワーヌ　①14, 31

は行

バーカー，アイリーン　Barker, Eileen　②125, 128
バーカー，グレイ　②276, 280
バーカン，マイケル　Barkun, Michael　②223, 246, 275, 280, 283, 284
バーク，エドマンド　②192
バークリー，ジョージ　①20
バーゴイン，トマス　Burgoyne, Thomas　①304
ハースト，パティ　②142
バートン，リチャード　①20
ハーマン，ジュディス・L　Herman, Judithe　②149-150, 177, 274, 355 註 62
ハイアラーキー　②237-238, 253-255
ハウ，エリック　Howe, Ellic　②54, 75, 76, 92, 313, 314
ハウ，リンダ・モールトン　②277
ハウフェ，フリーデリケ　①36, 41
白隠　①68, 105, 133, 161, 451 註 15
橋本健　②258, 296
バス，エレン　②149
パズダー，ローレンス　Pazder, Laurence　②157-159, 160, 269
蓮沼門三（修養団）　①152, 457 註 51
禡祖黙徳君平　→松本君平
蜂谷昭雄　②37, 40-42, 44-45, 54, 71, 87, 292, 369 註 1
バッカー，ジム　②352 註 41
パッカード，V　②143
ハドック，ジョゼフ　Haddock, Joseph　①30, 46-48
パトリック，テッド　②123
花井卓蔵　①94
ハニー，C・A　②244
ハネグラーフ　Hanegraaff, Wouter J.　②13, 79, 80, 101, 102, 103, 339 註 7
バプティスト　②206
パブロフ　②139-140
ハモンド，コリドン　②178
早川紀代秀　②114-115
林銑十郎　②286, 368 註 25
バラード夫妻（ガイ・ウォレン／エドナ）　②237, 249
　ガイ・ウォレン・バラードとAMORC　②237
　―とウィリアム・ダドリー・ペリー　②241
　→神智学も見よ
パラケルスス　①11-12, 23, 27, 32, 38, 426 註 13, 432 註 23　②82
原田玄龍　①85, 97, 109-111, 115, 161
原坦山　①97, 109-110, 111, 115-117, 161, 245, 247, 437 註 34, 475 註 25, 494 註 36
　―の既成仏教批判　①99-101

—の坐禅法　①105-106
—の心身論　①101-105
—の心身論の立ち位置(東西心身論との比較)　①106-107
—の心身論の歴史的意味　①107-109
—の略歴　①98-99
パラディーノ　①82
ハリス，トマス・レイク　①434 註 4　②216, 318
ハリソン，シャーリー　Harrison, Shirley　②121
バリュエル，オーギュスト　Barruel, A.　②188, 192-193, 194, 198-199
バルレ，F-Ch　Barlet, F-Ch.　①304-305
ハレ・クリシュナ　②121, 124, 168
万国イスラエル同盟　②200
反省会　②15
阪大超自然現象研　②371 註 13
ピーターソン，ジュディス　②178
ビーバーシュタイン　②200
ピープ　→ネトルズ，ボニー・ルー
東雅夫　②67-68
日高敏隆　②40, 316
肥田(川合)春充　①158, 452 註 16
　→道会も見よ
ヒトラー，アドルフ　②241, 283
ヒマラヤ神術　②308, 373 註 25
ヒマラヤ聖者研究会(UFO グループ，ヒマラヤ聖者の会)　①362　②73, 87, 294, 297, 308, 369 註 5
　→京都大学 UFO 超心理研究会も見よ
檜山鉄心(鋭)　①133, 134, 138, 140-141, 147, 199, 242, 243, 246-247, 275, 448 註 28, 452 註 17, 456 註 45, 457 註 51, 462 註 14, 475 註 30
—の心身修養法　①139-140
—の精　①170-171, 236-237
—の霊動姿勢法　①158-159
ピュイセギュール　①30, 33-35, 54
馮虚　→浅野和三郎
平井金三　①81, 82-83, 243, 248, 298, 300, 405, 415, 483 註 10, 487 註 43　②15, 59, 312
　→心象会；神智学；道会も見よ
平岡正明　②36
平田篤胤　①133　②37, 41, 43, 61, 66
平田元吉　①81, 83, 438 註 7
平野威馬雄　②256, 258, 259
平野元良(重誠、革谿)　①133, 161, 316
ヒントン，C・H　②331
ファーガソン，マリリン　②273
ファン・ヘルモント，ヤン・バプティスト　①12, 32, 426 註 13
フィアール　②196
フィニイ，チャールズ・G　Finney, Charles G.　②135, 151
フィンドホーン　②243
フェーヴル，アントワーヌ　Faivre, Antoine　①358-359　②77, 97
フェスティンガー，レオン　②257
フェヒナー　①83
フォート，チャールズ　②94, 324
フォールウェル，ジェリー　②168, 271, 352 註 41
深澤英隆　①299, 412-415, 417, 418-419, 420
不朽青年会　→道会

福島ひさ　①322, 324, 325, 336
→神智学も見よ
福中鉄三郎　→大本教
福来友吉　①57, 81, 82, 83, 84, 89-90, 92, 169, 243, 248　②19, 20
—と木原鬼仏　①85
→心象会も見よ
藤澤親雄　②286, 368 註 25
藤田庄市　②34-36, 90, 114-115
藤田霊斎(蓮堂。調和道協会)　①69, 134, 158, 230, 245, 248, 451 註 15　②18
→道会も見よ
藤教篤　①84
藤原咲平　①84
二神宗禅(心霊研究同志会)　①94
二木謙三　①69, 90, 134, 248　②18
二人　The Two　→ヘヴンズゲイト
フラー　Fuller, Robert C.　②77, 98
フライ，ダニエル・W　②244, 256
ブライアン，ジェイ・イングラム　Bryan, J. Ingram　→太霊道
ブラヴァツキー(ブラバトスキ)，ヘレナ・ペトロヴナ　①60, 62, 74, 82, 92, 314　②10, 19, 52, 82, 98, 102, 238, 239, 240
ブラウニング，エリザベス　②103
ブラウニング，ロバート　②103
ブラウン，トマス　Brown, Thomas　①43, 433 註 30
プラサード書店　②26, 58, 59, 74, 91-92
プラサド，ハラ　①308
ブラックウッド，アルジャナン　②70
フラッド，ロバート　①32, 426 註 13
ブラッドショー，ジョン　②149, 174
ブラム，デボラ　Blum, Deborah　②78
フランク，ヤーコプ　②197
フランクリン，ベンジャミン　①15, 17
ブランチ・ダヴィディアン　Branch Davidian　②203, 357 註 1
フリーメーソン(メーソン)　②10, 155, 188, 190, 192, 193-195, 221
十八世紀ドイツの—　②197-198
メーソン＝ユダヤ人説　②198-200
フリッカー，J・L　①21
プリマス同胞団　②212
ブリンクリー，ジャック　Brinkley, Jack Ronald　→神智学；太霊道
プリンス，モートン　②147
フルールノア　①91
古田武彦　②302
古屋鉄石　①196, 242, 243, 271, 463 註 21, 465 註 29, 472 註 15
精神研究会(大日本催眠術協会)　①203, 252, 452 註 17
ブレイド，ジェイムズ　①30, 433 註 30
フレンチ，ロジャー・K　French, Roger K.　①8, 13, 27
フロイト，ジグムント　②62, 139, 147, 176, 301
ブローン，ベネット　②178
プロセス　Process　→デ・グリムトン夫妻

フロム，エーリッヒ　②146
ブロムリー，デイヴィッド・G Bromley, David G.　②122, 127, 128, 172–173
フンボルト，F・A・フォン　①22, 39
平民社　①296
ベイリー，アルフレッド・C　②252, 260
ヘヴンズゲイト　Heaven's Gate（HIM、Total Overcomers Anonymous、ギニー・アンド・ピッグ、グループ、ド・アンド・シ、二人、ボウ・アンド・ピープ）②129, 357 註 1, 358 註 5
—とインターネット　②227–229
—と洗脳　②206–207, 229–230
—と霊魂の救済　②218–219
—の rapture 説　②212–213
—の陰謀論　②214–215
—の主な教義　②208
—の救済の変遷　②209–211
—の変遷　②206–207
→アップルホワイト，マーシャル・ハーフも見よ
ベークマン　①113
ベサラム，トルーマン　②244, 256
ベサント，アニー(ベーゼント，アンナ）①74, 302, 307, 312–313 ②100
ベッカー，ハワード　Becker, Howard　①401, 402
ベックフォード，J　②126
ベネット，コリン　Bennett, Colin ②243
ペリー，ウィリアム・ダドリー ②246, 249, 320
—とジョージ・ハント・ウィリアムスン　②245, 265, 283–284
—とバラード夫妻　②241
—と三浦関造　②252, 254–255, 285, 368 註 21
—と日本　②284–286, 368 註 22
—の略歴　②241–242, 283–284
ベルグソン　①124, 243
ヘルダー　②190
ベルトロン　①16, 17
ベルネーム　①30
ペンダーグラスト，マーク Pendergrast, Mark　②164
ポイント・ロマ派　→神智学
ボウ　→アップルホワイト，マーシャル・ハーフ
ボウ・アンド・ピープ　Bo and Peep　→ヘヴンズゲイト
ポー，E・A　①42
ボース，ラス・ビハリ　①308, 316
ボーデ，ヨハン　②192
ホール，スタンレー　②94
星天学　①242
ポドモア　Podmore, Frank　①32
ホプキンズ，バド　②179
本田親徳　①325–326, 330, 346 ②21

ま行

マーチン，ドロシー　→キーチ夫人
マイヤーズ(マイヤー)，フレデリック・W・H　Myers, F. W. H. ①31, 41, 127, 435 註 7, 455 註 40,

456 註 44
サブリミナル説 ①49–54, 60–61, 167
前川理子 ①151
前川道介 ②69
前田霊泉 ①286
牧虎文 →太霊道
マクヒュー，ポール ②355 註 64
マクファーレン，キー ②160, 161, 172
マクレーン，シャーリー ②25, 72
真島丹吾（精神学院） ①243, 247–248
マダム・シモン ①302
マック，ジョン ②179
マックスウェル ①32
マッケナ，テレンス ②333
マッコイ，ジョン ②246, 260, 280
マッソン，ジェフリー ②176
松原皎月（剛。覚仙、霊仙。洗心会） ①160, 223, 242, 243, 276, 452 註 20
→桑田欣児も見よ
松村介石 ①82, 243, 247, 298, 452 註 16, 483 註 10 ②18, 20
—と大川周明 ①298
→心象会；道会も見よ
松村雄亮 ②257, 262–265, 294
地球の大変動 ②258–261
—の陰謀論 ②262–263
松本君平（禡祖黙徳君平。東亜青年救世義団、青年教団。徳教） ①269–272
—と李人稙 ①269
松本清張 ②302
松本道別（人体ラジウム学会） ①64, 160, 173, 203, 242, 243, 260, 275, 276, 346, 365, 438 註 7, 452 註 19, 453 註 24, 457 註 51
→神智学；太霊道；田中守平も見よ
松山康国 ①311
真光 ②52
間宮春四郎 →太霊道
黛敏郎 ②294
マンソン，チャールズ ②156, 157, 167, 168, 203
三浦修吾 ①347
三浦関造 ②5, 252–254, 256, 257, 285, 286, 296
—とウィリアム・ダドリー・ペリー ②252, 254–255, 285, 367 註 21
—と信楽香雲（鞍馬弘教） ②255
—と下中弥三郎 ②250, 255
竜王会 ②252, 254, 296
→神智学も見よ
ミシェル，エイメ ②256
三島由紀夫 ②256, 294
溝田象堂 ①286
三田村四郎 →出口王仁三郎
三井甲之（甲之助） ①175–178, 233, 459 註 61
緑の党 ②273
皆神龍太郎 ②114
宮飼陶羊 →大本教
宮崎虎之助 ①307, 335, 336–337, 347
宮崎力堂 ①286
宮沢虎雄 →大本教；心霊科学研究会
ミューラー，マックス ①300

三吉霊峰（彦一） ①246, 455 註 33
ミラー，アリス ②176
未来科学研究会（同志社大学）
②299, 326
ミラボー ②191
ミリシア（民兵） ②223-224, 270,
272, 278, 362 註 33
ムーア，ジョージ ①24
ムッソー，グジュノ・デ ②199-
200
村井知至 ①298, 300, 319, 415
→道会も見よ
村上重良 ②65
村上辰午郎 ①90
明治修養会 →片桐正雄
明照教 ①342
明道会 →大本教
メーソン →フリーメーソン
メーテルリンク ①81, 91, 485 註 27
②20
目黒幸太郎 →田中守平
メスマー，フランツ・アントン
①16, 29-30, 39, 40, 45, 60, 162, 430
註 3, 431 註 10, 432 註 23 ②10,
82, 149, 177
治療体系と科学者からの拒絶
①31-33
動物磁気説 ①17-19
メルトン，J・ゴードン Melton,
Gordon ②11, 77, 80, 99
メンジャー，ハワード ②244
モーガン，ウィリアム ②195
モース，サミュエル ②194
モース，ジェディダイア ②194
モーデュイ，P・J・C ①15, 17
モズレー，J Moseley, James W.
②244
望月真次 →吉永進一
望月大祐 →太霊道
本山博（宗教心理学研究所） ①374,
499 註 24 ②73, 85, 296
モラル・マジョリティ ②168
森作太郎 ①95
森田義郎（義良。立憲青年連合団）
①174-175, 458 註 52
守田健（M さん） ②84, 294, 297,
306-308, 373 註 24
→ヒマラヤ神術；ヒマラヤ聖者
研究会も見よ
守田利遠 →田中守平
森田正馬 ①90, 91, 440 註 21
森山弘助 →太霊道
モルモン ②121, 203

や行

矢追純一 ②295
八代六郎 →大川周明
安田均 ②292
安丸良夫 ①323-324, 390
柳川啓一 ②61, 64, 65
山岸会 ②7
山口三之助 ②111
山口昌男 ②55
山崎増蔵（増造） →太霊道
山田孝道 ①247
山田信一 ①243, 275, 457 註 48, 51
→ラマチャラカ，ヨギも見よ
山野浩一 ①378 ②36
山村イヲ子 →太霊道
山本佳人 ②294, 296-297
湯浅泰雄 ②65
柚園秀芳（要蔵） →太霊道

ユナ　→ウェア，メアリー
湯本武比古　①226, 471 註 14
由良君美（由良ゼミ）　②64, 69-70, 316
ユング，C・G　①54, 61, 117　②12, 62, 65-66, 301, 316-317
ユング＝シュティリング，J・H　Jung-Stilling, Johann Heinrich　①22-23, 38-39
ヨガナンダ（自己実現友愛会）　②5, 253
横田順彌　①81
横田宗太郎　→太霊道
横山茂雄
　Yさん　②40, 41, 42, 43, 44, 52, 53, 56, 61, 69, 70, 94, 104, 107, 293, 313, 316, 324, 340 註 4
　稲生平太郎　①498 註 18, 499 註 25　②265, 320, 321, 325, 342 註 20, 22, 356 註 72, 359 註 16, 360 註 21, 361 註 27, 363 註 2, 371 註 17, 19, 376 註 51, 52, 379 註 70, 381 註 79, 80, 383 註 89, 94
　—と井村宏次　①366, 379　②299, 326-328
　—と『宇宙波動』　②301, 370 註 12, 373 註 28, 379 註 67
　『特殊古本雑誌』　②41, 317-318, 341 註 5
　—と『ソムニウム』　②43, 315-316
　—と『フォーティアン・タイムズ』　②324-325
　二世　濱口腎虚　②334, 383 註 96
　煉華房腎虚　②383 註 94
　→京都大学幻想文学研究会；京都大学 UFO 超心理研究会；近代ピラミッド協会；近代ピラミッド協会（第二次）も見よ
吉永進一
　『MATANGO EXPRESS』　②380 註 75
　S. Y’　②374 註 30
　色神博士　①ii, 362　②312
　岩本道人　①365, 385, 500 註 30, 33, 501 註 37, 38　②31, 57, 69, 319, 331, 332, 334, 342 註 22, 375 註 45, 377 註 57, 378 註 61, 379 註 70
　尾羽究太　②333
　嗜眠道人／市民道人　②318
　翠霞生　②383 註 92
　—と G・I・グルジェフ　②24, 58, 60, 313
　—と井村宏次　①360, 362-363, 366, 367, 376-378, 387, 389, 399　②59, 85, 87, 89, 108, 327, 328, 379 註 69, 380 註 73
　—とウィリアム・ジェイムズ　①364, 383, 389, 395-396　②72-73, 91, 317, 331-332, 382 註 86, 87
　—と『宇宙波動』　①498 註 9　②308-309, 316, 373 註 28
　—とロバート・アントン・ウィルソン　①366, 380, 381, 383, 384-387, 388-390, 405, 501 註 34　②96, 319-323, 325
　中村酔狂　②331, 381 註 79
　—のオカルト概念　①394-396

—の神智学研究　①357, 359, 362, 364, 368-370　②31, 52, 56, 58, 72, 102, 311, 318, 333, 334, 342 註 22, 383 註 93
望月真次　②310
吉永テーゼ　①358, 403
→カンメラー，パウル；京都大学幻想文学研究会；京都大学UFO 超心理研究会；近代ピラミッド協会；近代ピラミッド協会(第二次)も見よ
吉本伊信　②27
吉本隆明　①392-393, 416, 506 註 67
四方田犬彦　②61, 69
ヨルゲンセン，ダニー　Jorgensen, Danny L.　①403

ら行

ライト，ローレンス　Wright, Lawrence　②325
ライヒ，ヴィルヘルム　①170　②12, 28, 177, 301, 303, 309
ライフ・スペース　②27
ライヘンバッハ，カール・フォン　①170
ライン，ジョセフ・B　①374, 499 註 24　②73, 85
ラヴィ，アントン　LaVey, Anton Szandor　②153, 166
ラクソーのヘルメス同胞団　Hermetic Brotherhood of Luxor (H・B・L)　①304　②319
ラジニーシ　②23, 53, 59, 121, 339 註 2
ラファエル，サリー・ジェシー　②162
ラマチャラカ，ヨギ　Ramacharaka, Yogi（デュモン，セロン）　①69, 162　②111, 384 註 97
思考の物質化とオーラ説　①72-75
—とウィリアム・ウォーカー・アトキンソン　①71, 239, 456 註 46
—と高木秀輔　①476 註 36
—と中村天風　①75, 172, 475 註 35
—と忽滑谷快天　①69, 70, 454 註 29, 475 註 35
—と山田信一　①172, 476 註 35
—のプラナ　①69-72, 171-172, 239-240
—の邦訳・紹介　①69, 436 註 22, 454 註 29, 475 註 35
ラミレス，リチャード　②153
ラング，アンドリュー　②331
ランツ，アドルフ　②332
ランドルフ，パスカル・ビヴァリー　②102
ランパ，ロブサン　②256
リアリー，ティモシー　①381, 385　②320
リーグ・フォー・リベレイション　→解放連盟
リード，エドワード・S　Reed, Edward S.　①122
リードビーター(レッドビータル)，チャールズ・W　①74-75, 316, 456 註 42　②22, 82, 100, 238, 240
リヴェラ，ジェラルド　Rivera, Geraldo　②162-163, 350 註 20, 23
リエボー　①30

リカード，ボブ　②94, 324, 377 註59
リシャール，ポール　Richard, Paul　①305, 306, 318, 319
　—と秋田雨雀　①307, 313, 484 註21
　—とジェイムズ・カズンズ　①307
　—とタゴール　①307, 484 註22
　—と日本の右翼思想家　①309
　—の思想　①310-315
　—の離日後　①317-318
　—の略歴　①301-302
　→大川周明；神智学；スウェーデンボルグも見よ
リシャール，ミラ　Richard, Mirra　→アルファッサ，ミラ
李人稙　→松本君平
リズム学院　→栗田仙堂
リチャードソン，J　Richardson, James T.　②165
立憲青年連合団　→森田義郎
リフトン　②139
竜王会　→三浦関造
リューバ，ジェイムズ・H　②136
リンゼイ，デイヴィッド　②37
リンゼイ，ハル　Lindsey, Hal　②167, 213, 214
ルイス，H・スペンサー（AMORC、古代神秘薔薇十字教団）　②240
ル・ドリュ，ニコラー＝フィリップ　①16
霊界倶楽部　①199
霊光洞　→関昌祐
霊智学　→神智学
霊道救世会　→高木秀輔
レヴィ，エリファス　①60
レズリー，デズモンド　②243
レッドビータル　→リードビーター，チャールズ・W
レレ，ヴィシュヌ・バサカ　Lele, Vishnu Bhasakar　①306
煉華房腎虚　→横山茂雄
ローラン，ジャン＝ピエール　Laurant, Jean-Pierre　②77, 98
ロス，コリン　②178
ロスタン，レオン　①38
ロスチャイルド　②198
ロッジ，オリヴァー　①80, 91, 94, 243　②20
ロドファー夫妻　②244
ロバーツ，J・M　②47, 57
ロバーツ，オーラル　②352 註41
ロバートソン，デイヴィッド　②273, 274, 275
ロバートソン，パット　②271
ロビソン，ジョン　②194-195
ロビンス，トマス　②127

わ行

鷲尾諦仁　①229, 230
渡辺大起　②260, 261
渡辺薫美　②112
渡辺藤交　①92, 173, 233, 242, 243　②312
　→人文書院も見よ
ワン・ワールド・バンカース・ザイオニスツ　②254
ヲルコット　→オルコット，ヘンリー・S

ローマ字

Albanese, Catherine L.　→オルバニーズ，キャサリン
Almeida, August　②213
American Family Foundation (AFF)　②169
AMORC　→ルイス，H・スペンサー
A さん　→浅井総一
Balch, Robert W.　②206-207, 229
Bay, David　②224-225
Becker, Howard　→ベッカー，ハワード
Bell, Art　②226
Bo and Peep Group　→ヘヴンズゲイト
Braude, Ann　②77
Brown, Courtney　②226
Buescher, John B.　②78
Cambell, Colin　→キャンベル，コリン
Carroll, Bret E.　②78
Cavendish, Richard　②76, 376 註 49
CBA/ Cosmic Brotherhood Association　→宇宙友好協会
Church of Light　①304
CIA　②178, 224
CRC　→宇宙研究協会
Crow, Charles L.　②76
CSICOP　→サイコップ
Darby, John Nelson　②212
Deveney, John Patrick　②79
est (Erhard Seminars Training)　②27, 121, 146
Farsight Institute　②226
Gevits, Norman　②78
God's Salvation Church (Chen Tao)　②231
Godwin, Deveney　②79
Group, The　→ヘヴンズゲイト
Hadden, J. K.　②207
Higher Source　②207
HIM (Human Individual Metamorphosis)　→ヘヴンズゲイト
Japan Skeptics　②94
Jorgensen, Danny L.　→ヨルゲンセン，ダニー
J アノン　②279
Kerr, Howard　②76
Kurtz, Paul　②75, 93
Leonard, Todd Jay　②78
Lewis, C. S.　②41
Lewis, Jessie Penn　②214
Lundgren, Jeffrey　②203
MJ12　②225, 278, 361 註 33
Moore, R. Laurence　②76
M さん　→守田健
Owen, Alex　②77
Peters, John Durham　②78
PTL クラブ　②352 註 41
Q アノン　②272, 278-279, 281
Satter, Beryl　②78, 99
Sconce, Jeffrey　②78
Shramek, Chuck　②226
Spear, J. M.　②78
Strieber, Whitley　②226
Sword, Helen　②78
S. Y'　→吉永進一
Taylor, David　②206
Tiryakian, Edward　②76
Total Overcomers Anonymous　→へ

ヴンズゲイト
Truzzi, Marcello　②75, 93
Tweed, Thomas A.　②79, 100–101
UFO グループ　→ヒマラヤ聖者研究会
U 超研　→京都大学 UFO 超心理研究会
Versluis, Arthur　②79, 80, 101
Voas, David　②273
Ward, Charlette　②273

著者紹介

吉永進一（よしなが しんいち）

1957-2022 年。舞鶴工業高等専門学校元教授。京都大学大学院文学研究科博士後期課程宗教学専攻学修退学。

主な業績：『日本人の身・心・霊』（復刻版編集、クレス出版、2004 年）、『催眠術の黎明』（復刻版編集、クレス出版、2006 年）、*Religion and Psychotherapy in Modern Japan*（Routledge Contemporary Japan Series, 54）（Routledge, 2014, 共編）、『ブッダの変貌』（共編、法藏館、2014 年）、『近現代日本の民間精神療法』（共編、国書刊行会、2019 年）、『日本仏教と西洋世界』（共編、法藏館、2020 年）、『神智学と仏教』（法藏館、2021 年）、『術と行の近代』（復刻版共編、クレス出版、2021 年）、『神智学とアジア』（共編、青弓社、2022 年）、『増補改訂　近代仏教スタディーズ』（共編、法藏館、2023 年）。

編者紹介

横山茂雄（よこやま しげお）

1954 年生まれ。奈良女子大学名誉教授。博士（文学）。京都大学大学院文学研究科修士課程英米文学専攻修了。

主な業績：『異形のテクスト』（国書刊行会、1998 年）、『定本 何かが空を飛んでいる』（稲生平太郎名義、国書刊行会、2013 年）、『神の聖なる天使たち』（研究社、2016 年）、『増補　聖別された肉体』（創元社、2020 年）、『コンスピリチュアリティ入門』（共著、創元社、2023 年）。

吉永進一（よしながしんいち）セレクション　第二巻
洗脳（せんのう）・陰謀論（いんぼうろん）・UFO カルト
ISBN 978-4-336-07554-3

2024 年 12 月 16 日　初版第 1 刷発行

著　者　吉永　進一
編　者　横山　茂雄

発行者　佐藤　丈夫

〒174-0056　東京都板橋区志村 1-13-15
発行所　株式会社　国書刊行会
電話 03（5970）7421　FAX 03（5970）7427
E-mail: info@kokusho.co.jp　URL: https://www.kokusho.co.jp

落丁本・乱丁本はお取替えいたします。

装幀　山田英春

DTP　プレアデス

印刷　株式会社シナノパブリッシングプレス

製本　株式会社ブックアート